北京市社会科学基金项目

世界权力的转移
政治领导与战略竞争

阎学通 著

北京大学出版社
PEKING UNIVERSITY PRESS

图书在版编目(CIP)数据

世界权力的转移:政治领导与战略竞争/阎学通著. —北京:北京大学出版社,2015.9
ISBN 978-7-301-25487-5

Ⅰ.①世… Ⅱ.①阎… Ⅲ.①国际关系—研究 Ⅳ.①D81

中国版本图书馆 CIP 数据核字(2015)第 225345 号

书　　　名	世界权力的转移：政治领导与战略竞争 SHIJIE QUANLI DE ZHUANYI: ZHENGZHI LINGDAO YU ZHANLÜE JINGZHENG
著作责任者	阎学通　著
责 任 编 辑	徐少燕
标 准 书 号	ISBN 978-7-301-25487-5
出 版 发 行	北京大学出版社
地　　　址	北京市海淀区成府路 205 号　100871
网　　　址	http://www.pup.cn
电 子 信 箱	ss@pup.pku.edu.cn
新 浪 微 博	@北京大学出版社
电　　　话	邮购部 62752015　发行部 62750672　编辑部 62765016/62753121
印 刷 者	北京宏伟双华印刷有限公司
经 销 者	新华书店
	730 毫米×1020 毫米　16 开本　18.5 印张　248 千字 2015 年 9 月第 1 版　2022 年 7 月第 7 次印刷
定　　　价	49.00 元

未经许可，不得以任何方式复制或抄袭本书之部分或全部内容。
版权所有，侵权必究
举报电话：010-62752024　电子信箱：fd@pup.pku.edu.cn
图书如有印装质量问题，请与出版部联系，电话：010-62756370

序　言

从 2004 年起，笔者与徐进博士开始研究先秦时期的国家间政治思想，力图从中借鉴有益的思想认识，丰富和发展现代国际关系的现实主义理论。我们先整理编辑了先秦诸子的相关思想，于 2008 年出版了《中国先秦国家间政治思想选读》一书。之后应用现代国际关系的理论观念解析先秦诸子的相关思想，并在此基础上讨论了中国的崛起战略，于 2009 年出版了《王霸天下思想及启迪》一书。2011 年普林斯顿大学出版社翻译了笔者的一些文章及评论，并将其汇集成册，出版了 *Ancient Chinese Thought, Modern Chinese Power*。该书出版后，美国、英国、澳大利亚、加拿大、印度、丹麦、伊朗的一些学者发表了书评。美国《纽约时报》还专门邀请笔者就如何运用该书思想解释中美战略竞争的问题撰写了一篇文章。该书的核心思想被学界同仁称为"道义现实主义"(moral realism)。

这项研究成果被冠以"道义现实主义"的名称，说明它得到了学界的肯定，但与此同时也引发了许多批评。有关批评多种多样，其中有两种观点激励我进一步将道义现实主义理论体系化。一是有些学者认为，强调道义作用的理论不是现实主义的理论，甚至有人认为"道义现实主义"这个提法本身就是自相矛盾的。这个批评促使我进一步研究了"道义"与"利益""权力""实力""权威"之间的关系，弥补了原来思想中的缺陷。二是许多人认为，道义现实主义提出的外交战略无法被共产党执政的中国政府所采纳。这个批评促使我研究了中国崛起战略需要提出何种普世价值观的问题。

认为现实主义理论是不讲道义的，这种成见是人们主观上将学术流派分类的结果，而不是现实主义理论本身的产物。20世纪60年代，国际关系学界对不同流派的理论进行了梳理和归纳。在这个过程中，人们需要用简化的方法区分不同流派的核心观念，于是将理想主义简化为注重道德和法律的思想，将现实主义简化为注重实力和利益的理论，将自由主义简化为注重制度和规范的理论，将认知理论简化为注重观念和经验学习的理论。当现实主义被界定为从国家利益角度分析国际政治形态的理论时，人们便想当然地认为现实主义理论是不讲道义的。

在日常生活中，人们经常把"利益"和"道义"视为水火不容的对立事物。"国家利益"经常被人们理解为物质性的，于是把讲道义和国家在其他精神方面的需求都视为与国家利益对立的事物。义利之争，源远流长，古代的思想家们在其治国的策论中，就有许多关于"义利"之争的篇章；在现代社会，这种义利之争也很常见。在美国有关对外决策的学术著作中，有许多关于意识形态和国家利益何者起决定性作用的争论；"文化大革命"后，中国政府于20世纪80年代提出不能以意识形态指导对外政策的原则，而后又在90年代明确了以国家利益为对外政策出发点的理念。这些例子说明，人们在现实生活中常常将利益和道义两个概念对立起来，于是也误以为将国家利益视为外交政策出发点的现实主义理论必然是不讲道义的。

道义现实主义理论注重道义的重要作用，但并不认为道义是无条件地发挥作用的，而是认为道义的作用受到国家实力和客观环境的限定。对于世界主导国或崛起大国来讲，讲道义对于维护它们的世界主导地位和其所主导的国际秩序具有重要作用，但对于中小国家来讲，则不必然有利。道义现实主义认为，道义在21世纪的大国崛起过程中是有作用的，因为21世纪是核武器、知识经济和全球化三个要素并存的时代。核武器使全面战争不再是争夺国际主导权的有效手段，知识经济使占领自然资源产地积累财富不再是唯一路径，而全球化使非传统安全威胁加剧，从而扩大了主导国与世界各国的共同安全利益。现实主义理论所定义的国家利益是综合性的，包括了政治利益，而道义制高点或道义合法性则是世界主导国的重要政治利益。

中国政府是否会实施讲道义的王道外交战略，这是一个非常现实的政治问题。特别是在中国政府长期坚持韬光养晦对外战略的情况下，人们怀疑中国政府是否会实施王道战略是非常合理的。韬光养晦战略的重要原则是"不当头"和"不结盟"。这两项原则的本质是尽量少承担国际责任和不为他国提供安全保障。而王道战略的核心是通过承担国际责任提高本国的国际权威，这显然与韬光养晦相对立。道义现实主义认为，中国实力地位的提高将扩大中国实施王道战略的客观需求，而中国领导集体的变更将改变他们对实施王道战略必要性的主观认识。中国的新领导集体于2012年开始执政，于2013年实施了推动国内改革进入深水区的政策，首次将"改革创新"的政策引入外交领域，这意味着中国领导集体对外交改革的主观认识开始发生重大变化。

2013年，中国对外战略从韬光养晦转向奋发有为，这一转变为道义现实主义提出的王道战略提供了现实的政治基础。中共中央召开的周边外交工作会议提出了对周边国家要"亲、诚、惠、容"的外交原则，并且指出："这些理念，首先我们自己要身体力行，使之成为地区国家遵循和秉持的共同理念和行为准则。"①

本书对道义现实主义的国际关系理论进行了全面阐述，并建议中国选择王道的崛起战略。然而，笔者在此并不是说，今后中国政府必将采取王道战略，而是说有了采取王道战略的基础。2014年10月，中央政治局第十八次集体学习会专题讨论了如何借鉴中国古代政治思想增强现代国家治理能力的问题。习近平在会上说："我国古代主张民惟邦本、

---

① 钱彤：《习近平在周边外交工作座谈会上发表重要讲话》，《人民日报》2013年10月26日，第1版。

政得其民，礼法合治、德主刑辅，为政之要莫先于得人、治国先治吏，为政以德、正己修身，居安思危、改易更化，等等，这些都能给人们以重要启示。治理国家和社会，今天遇到的很多事情都可以在历史上找到影子，历史上发生过的很多事情也都可以作为今天的镜鉴。"①

有了以王道思想治理国家的理念并不意味着就能有效实施，中国政府2013年发动的全面改革面临着极左和极右两股势力的强烈干扰。就在本书付梓之际，《红旗文稿》杂志发表了《坚持人民民主专政：并不输理》的文章，引发支持和反对两派的激烈争辩；同时，反对中央政府制定的香港特首普选规则的"占中"运动，使香港陷入1997年回归后的最大混乱，两派人士激烈冲突。中国政府能否采取王道崛起战略，还得看政府能否有效防范极左或极右势力坐大。新中国成立以来的历史表明，极左思潮给国家带来的灾难远大于极右思潮。

在创建道义现实主义理论的过程中，笔者有几个理论研究的体会，在此与读者分享。进入21世纪以来，中国国际关系学界产生了创建新理论的热情，但在如何实现这一目标的路径上，有较大分歧。我不仅参与了争论，而且参加了理论创建，并得出三个自认为较为重要的体会。

一是创建国际关系理论要与当前的国际现象相联系。国际关系理论研究的最主要目的是帮助人们理解当前的国际关系现象。今天的国际关系现象就是明天的历史事实。当创造出的新理论无法解释当前的国际关系现象时，就说明该理论缺乏解释效力。创建道义现实主义理论所联系的最主要的客观现象就是中国崛起。

二是创建的理论概念要清晰，特别要明确该理论所解释的事务范围。理论概念模糊的优势是可适用于任何情况，但缺点是因为无条件地可适用于任何情况所以变得没有科学意义。虽然从概念到概念的理论创建可

---

① 《习近平在中共中央政治局第十八次集体学习时强调，牢记历史经验历史教训历史警示，为国家治理能力现代化提供有益借鉴》，人民网，2014年10月13日，http://politics.people.com.cn/n/2014/1013/c1024-25825659.html。

以自圆其说，但却解释不清具体的客观现象。道义现实主义将其理论限定于解释大国崛起的成败，就是为了避免因扩大解释范围而失去实际意义。

三是忍痛修改理论假设。提出一个理论假设并不难，难的是这个假设能够得到客观事实的支持。研究人员无力改变客观世界，因此就需要修改自己的理论假设使之符合客观现象。在道义现实主义理论创建的过程中，对政治领导类型与国际规范类型两者之间关系的假设进行过无数次修改，而且每次修改笔者都非常不情愿。否定自己的新思想是痛苦的，但没有这种否定就难以使理论符合客观事实。

本项研究得到了北京市哲学社会科学规划办公室的支持，得到了北京市社会科学基金项目的资助，在此表示感谢。本书在编写的过程中得到了马燕冰研究员和杨原博士的大力帮助。马燕冰研究员为本书做了精细的编辑和校对，并提出了修改意见。杨原博士为本书的注释做了完善工作，并就理论观点提出了修改意见。参加本书校对工作的还有何颖、王鹏、韩泽、常洁、粟燕清。在此，我向他们表示衷心的感谢。希望本书的出版，能促进道义现实主义理论的进一步发展。

我与李佩芝于1977年考入黑龙江大学英语系，此后我们相识相爱，相濡以沫，如今青丝已成华发。1995年我在自己的第一本著作《中国国家利益分析》的序言中感谢她相夫教子的贡献。其实，自1982年大学毕业以来，佩芝一直是我的学术帮手。从我读研究生时起，她就帮我校对作业，此后三十多年里她帮我校对了无数的作业、文章、译著和著作。每次校对她都会提出修改意见，这对完善最终的研究成果起了重要作用。在此，我将此书献给她，以感谢她对我的学术成就作出的贡献。

阎学通
2015年5月于清华园

目　　录

序　言　　1

理论原理

第一章　道义现实主义理论原理　　3
　第一节　现实主义理论中的道义　　4
　第二节　道义现实主义的理论推论　　15
　第三节　道义现实主义的理论逻辑　　23

第二章　国际主导国和国际规范的演化　　35
　第一节　对主导国作用的解释不足　　36
　第二节　领导性质与常规原则　　39
　第三节　国际规范的演变　　45
　第四节　历史案例　　53

第三章　世界权力中心转移与国际体系转变　　63
　第一节　世界权力中心转移的方向　　64
　第二节　权力转移与体系转变的关系　　73

第四章　崛起战略的现代普世价值　　87
　第一节　王道与霸道的区别　　88

第二节 以"仁"促进国际公平规范 91
第三节 以"义"促进国际正义原则 93
第四节 以"礼"促进新型大国竞争 95
第五节 道义价值观的实践基础 98

借鉴与应用

第五章 道义现实主义理论的形成及解释 103
第一节 理论的普世性问题 104
第二节 理论的分析方法问题 113
第三节 古代道义与现代政治的问题 117
第四节 道义现实主义理论的时代意义 123

第六章 荀子关于国家间关系的思想 128
第一节 分析方法 129
第二节 对国家实力的认识 135
第三节 对国际权力的认识 143
第四节 对国家间秩序的认识 149

第七章 先秦诸子关于国家间关系的思想 157
第一节 思想分析方法 158
第二节 国家间秩序 162
第三节 国家间领导权 172
第四节 霸权的转移 179
第五节 理论启示 186

第八章 《战国策》中的霸权观念及战略 191
第一节 霸权的实力基础 192
第二节 规范对霸权的作用 200

第三节　争霸的基本战略　　203

　　第四节　对国关理论和崛起战略研究的启示　　209

第九章　道义现实主义的崛起战略　　214

　　第一节　政治战略　　215

　　第二节　外交战略　　224

总结　　238

附录　先秦诸子有关国家间政治的警句　　255

参考文献　　264

索引　　277

图表目录

图 1-1　实力要素之间的关系　　　　　　　　　　　　　　21
图 1-2　国家战略利益和思想观念与战略取向的关系　　　　24
图 1-3　综合实力、政治领导、国家战略利益、思想观念的关系　25
图 1-4　崛起国领导类型与战略取向的关系　　　　　　　　27
图 2-1　主导国领导性质与国际常规互动行为原则演化的关系　40
图 2-2　主导国行为影响常规原则的路径　　　　　　　　　45
图 2-3　国际规范演化过程　　　　　　　　　　　　　　　52
图 3-1　政治领导类型与国际体系变化的关系　　　　　　　81
图 6-1　决策者与国家间秩序　　　　　　　　　　　　　　131
图 6-2　不同层次变量的关系　　　　　　　　　　　　　　134
图 6-3　实力不均衡发展原理　　　　　　　　　　　　　　141
图 6-4　人性恶和社会等级对国家间秩序的影响　　　　　　154
图 6-5　中国西周时期的"五服体系"　　　　　　　　　　155
图 7-1　对战争根源与实现和平的途径的认识分歧　　　　　163
图 7-2　政治实力与国家间主导权转移　　　　　　　　　　183

表 1-1　国家类型、领导类型和战略取向　　　　　　　　　29
表 3-1　部分国际体系构成要素的比较　　　　　　　　　　76
表 6-1　大国性质与国际秩序　　　　　　　　　　　　　　130
表 6-2　荀子关于权力性质及其基础的认识　　　　　　　　149
表 7-1　对国家间关系的分析层次与哲学观念　　　　　　　158
表 7-2　对天下性质和王权基础的认识　　　　　　　　　　172

理论原理

野息介野

第一章　道义现实主义理论原理[①]

> 夫国大而政小者，国从其政；国小而政大者，国益大。
> 　　　　　　　　　　　　　　　——《管子·霸言》

道义现实主义理论研究的核心问题是：崛起国是如何取代现行世界主导国的地位的，即"世界权力中心"转移的原理。道义现实主义理论对于上述问题给出的核心解释是：崛起国的成功在于其政治领导力强于现行世界主导国。在一定程度上，这个解释也适用于许多弱国战胜强国的国际政治现象。从理论建设的角度讲，道义现实主义面临着两个重要的挑战：一是重视道义的理论是否属于现实主义的理论；二是将政治领导（political leadership）作为自变量之一能否建立起科学的系统性理论。本章将从三个方面回答这两个问题，即现实主义理论中的道义、道义现实主义理论的推论和道义现实主义的理论逻辑。

[①] "道义现实主义"是澳大利亚国立大学副教授张峰提出的一个概念。他将西方现实主义国际关系理论与中国古代道义观相结合的理论思想称为"道义现实主义"。Zhang Feng, "The Tsinghua Approach and the Inception of Chinese Theories of International Relations," *The Chinese Journal of International Politics*, Vol. 5, No. 1, Spring 2012, pp. 95—96.

第一节 现实主义理论中的道义

一、对现实主义的误解

在摩根索（Hans J. Morgenthau）建立古典现实主义国际关系理论之初，一些人就误认为现实主义理论否认道义原则对国家行为的影响。汤普森（Kenneth W. Thompson）和克林顿（W. David Clinton）注意到："摩根索为此比任何现实主义者受到的批评都多。"① 对现实主义理论有这种误解的不仅是推崇理想主义、法理主义、道德主义、自由主义、建构主义等流派的学者，甚至连一些现实主义学者也有类似的认识。2013年笔者曾与"进攻性现实主义"学者米尔斯海默（John Mearsheimer）教授进行讨论，他在批评笔者把道义引入现实主义理论的做法时说："对于一个真正的现实主义者而言，实际上最应该避免的就是道义感，最应该避免的就是四处都要插一脚。"② 他还说："阎教授提出中国实施的是以道义优先的外交战略，在我看来，这使中国显得更加危险。相信我，因为我就来自这样一个国家。美国是世界上道义感最强烈的国家，美国奉行的道义优先的外交原则使得我们陷入了各种各样的国际纠纷之中，也让我们显得更具侵略性。"③

重新回顾一下摩根索在其《国家间政治：权力斗争与和平》一书中有关道义的论述，读者就能发现，现实主义理论并非不讲道义，而是强调要恰当地评估国际道义的作用。摩根索说："讨论国际道义时要严防

---

① Hans J. Morgenthau, *Politics Among Nations: The Struggle for Power and Peace*, 7th Edition, eds. by Kenneth W. Thompson and W. David Clinton, 北京大学出版社2004年影印版, p. xxiii.
② 《阎学通对话米尔斯海默：中国能否和平崛起？》，《凤凰大学问》第80期，2013年11月29日，http://news.ifeng.com/exclusive/lecture/special/yanxuetong/#pageTop。
③ 同上。

两个极端：既不能过高估计伦理对国际政治的影响，也不能过低估计它的影响，不能否认政治家和外交官的行为也受物质权力之外其他因素的驱动。"① 在他提出的六项政治现实主义原则中，有两项是关于道义的。一项原则强调国际道义是具体的而不是抽象的。他认为："现实主义坚持国际道德原则不能抽象地用来作为国家行为的依据，而是要根据具体的时间、地点和环境来决定其是否适用。"因此，"国家无权以其所代表的人民的名义说'为了正义，不惜毁灭世界'"。另一项原则是讲，一国自己的道德标准并不等于国际道德标准。"政治现实主义拒绝把某一国的道德法律当做普世的治理原则。"②

在该书中，摩根索用了两章来讨论国际道义问题。他不是论证道义在国际政治中能否发挥作用，而是论证以民族道义取代国际道义是错误的，甚至是有害的。他认为实行国际道义在国际政治中所起的正面作用是不可否认的，但是需要区分真的国际道义和假的国际道义。他说："把人们实际遵循的道德规则与人们假装要遵循的道德规则混为一谈，或者与著作家们写出来要求大家遵守的道德规则混为一谈，这两者都是错误的。"③在现实的国际政治中，人们面临着一个道德困境。一方面，人们要遵守不能剥夺他人生命的国际基本道德原则；另一方面，在以消灭对方力量为主要目标的战争中，人们又要遵守忠于自己国家的道德原则。摩根索将这一对道德矛盾称为"超越民族道德与民族道德之间的冲突"④。他认为，忠于自己国家的道德在民族国家出现后逐渐成为主导性的道德规范，这使不能剥夺他人生命的普世性道德式微了。因此，他反对以维护一国的道德规则为理由对外发动战争，反对将一国的道德规则当做国际上普遍的道德规则。他公开指出美国为了所谓的"人权"而发

---

① Hans J. Morgenthau, *Politics Among Nations: The Struggle for Power and Peace*, p. 240.
② Ibid., p. 12.
③ Ibid., p. 240.
④ Ibid., p. 260.

动战争的决策是错误的。① 摩根索的这种认识与其同时代的知识分子在将爆发第一次世界大战的原因归于民族主义观念这一点上是相同的。然而，这正说明他并非否定道义的作用，而是认为国家依据正确的道义观念行事对于国际政治秩序有正面作用。

米尔斯海默认为，笔者强调中国的对外政策应该讲道义是危险的。他的理由看上去似乎与摩根索相似，实际上他是误用了摩根索的原理。摩根索认为将一国自己的道义理念作为普世的国际道义理念是危险的，但他并不认为遵守普世的国际道义理念是危险的，而是担心普世的国际道义理念不断式微。米尔斯海默则误以为笔者所强调的道义是中国自己独有的道义原则，而非普世性的道义原则。事实上，道义现实主义所提倡的道义原则都是普世性的，而非民族性的，例如，公平、正义、文明、诚信。②

此外，道义现实主义与摩根索在如何实践国际道义原则上的认识也是相同的。摩根索认为，道义是不能用武力输出的，而只能通过自身的样板作用吸引别国。他说：

> 约翰·昆西·亚当斯（John Quincy Adams）认为，美国不应把它自己的治理原则强加给其他人，而应靠美国的榜样作用来吸引其他人。其实，这才是美国通常所遵循的原则。虽然，托马斯·潘恩（Thomas Paine）说，美国革命"不是只为美国人的，而是为全人类的"。但实际上，美国的政策一直是不使用火与剑输出美国长期付诸实践的那些普世性原则，而是以其成功的榜样昭示于世界。一方面，这说明美国的早期观念与美国和世界实际关系之间的巨大差别；另一方面，这也说明美国的早期观念与所谓的威尔逊观念是非常不

---

① Hans J. Morgenthau, *Politics Among Nations: The Struggle for Power and Peace*, p. 267.
② Yan Xuetong, "New Values for New International Norms," *China International Studies*, Vol. 38, No. 1, Jan./Feb. 2013, pp. 15—28.

同的。①

摩根索的观点与中国文化中"以身作则"的概念非常相似。在回应米尔斯海默的批评时,笔者以儒家"来而不拒、不往教之"的政治观念与基督教促人皈依理念的区别为据,解释了为何中国的对外政策注重普世性的道义原则是没有战争危险的。② 依据上面引用的摩根索的判断,美国一些早期思想家认为,只要不以武力输出道义,就可以防止以实施道义为借口发动战争的危险。然而,美国以实施道义的名义不断发动战争的长期实践,又使得美国的国际关系理论家们误把"履行道义"和"武力输出道义"看做是相同的。

以摩根索为代表的古典现实主义理论,研究了遵循道义与发动战争之间的关系,但没有研究遵循道义与提升国家综合实力之间的关系,没有研究遵循道义与增强一国的国际领导权之间的关系,也没有研究遵循道义在推动国际规范演化中的作用。这给道义现实主义理论留下了发展空间。不同历史时期的国际道义原则的具体内容是不同的,因此在发展道义现实主义理论时,需要避免只关注对国际道义原则的价值判断而忽视了分析遵循国际道义原则的社会功能。

二、遵循道义与提升国家实力和权力的关系

既然道义现实主义属于现实主义理论,其理论分析就须坚持从权力、实力和利益的角度分析国家行为的原则。为此,我们需要从语义上厘清"权力""实力""利益""道义"四者之间的关系。

在英语中,"power"是个多义词,包含"控制""权威""权力"

---

① Hans J. Morgenthau, *Politics Among Nations: The Struggle for Power and Peace*, p. 266.
② 《阎学通对话米尔斯海默:中国能否和平崛起?》,《凤凰大学问》第 80 期,2013 年 11 月 29 日,http://news.ifeng.com/exclusive/lecture/special/yanxuetong/#pageTop。

"影响""实力""能力"等多种意思。① 故此，在研究国际关系的英文著作或文章中，"power"一词经常被不加区分地用以表达"权力"和"实力"这两个概念。摩根索也意识到，只有明确区分"权力"和"实力"这两个概念的内涵，才能清晰地表达有关国际关系理论的含义，因此他在《国家间政治：权力斗争与和平》一书中用"power"和"elements of power"来分别代表"权力"和"实力"②。然而，"elements of power"既可以理解为"权力要素"，也可以理解为"实力要素"。摩根索对"elements of power"的界定虽然包括了地理、自然资源、工作能力、军事能力、人口、民族性格、民族道德、外交质量、政府质量等，但这并未使他改变"实力要素的总和构成权力"的基本认识。③ 客观上，在摩根索的这部著作中，"power"时而表达为"权力"，时而表达为"实力"，有时甚至包括了双重含义。由于未能严格区分"权力"和"实力"，摩根索的理论有两个缺陷。一是他提出了以"power"作为界定国家利益的原则，但却无法说清"power"本身是一种国家利益，还是界定国家利益的基础。如果"power"是"权力"，它就是一种国家利益；如果是"实力"，它则是界定国家利益的基础。④ 与之相联系的第二个缺陷是，他无法说明"power"是外交政策追求的目标，还是实现目标的工具。如果"power"是"权力"，那么它就是政策追求的目标；如果是"实力"，那么它就是实现目标的工具。正是由于没有严格区分"权力"和"实力"的不同，摩根索也无法判断"道义"与"power"之间的关系到底是什么。

在汉语中，"权力"（power）和"实力"（capability/strength）是两个语义不同的概念，前者是指政治影响力，后者是指行为能力。比如警

---

① *Webster's New Collegiate Dictionary*, Massachusetts: G. & C. Merriam Company, 1977, p. 902.
② Hans J. Morgenthau, *Politics Among Nations: The Struggle for Power and Peace*, pp. 13, 122.
③ Ibid., Chapter 9, pp. 122—162.
④ 阎学通：《中国国家利益分析》，天津人民出版社1996年版，第47—50页。

察的管辖权是权力，而运动员的竞技水平则是实力，两者是不会混淆的。得益于汉语中"实力"和"权力"之间的明确区别，使用中文阐述国际关系理论的学者可以更清楚地厘清"实力"和"权力"分别与国家利益是什么关系，以及"道义"与"权力"和"实力"分别是什么关系。这可能是道义现实主义理论能够由中国学者创造的一个语言优势。

道义现实主义理论认为，权力是国家利益的最主要部分，因此它是国家外交政策要实现的目标。国家利益的内容可以分为政治、安全、经济和文化四类，不过这四类利益都会涉及权力。国家主权是政治利益、战争权是安全利益、发展权是经济利益、宗教信仰权则是广义的文化利益。[1] 从国际政治的角度讲，领土主权、海洋权益、国际组织投票权、外空开发权等都属于国家利益。在我们明确了权力属于国家利益后，就可以避免像摩根索那样，在用"power"界定国家利益时出现了以利益界定利益的循环论证。

道义现实主义理论认为，实力是界定国家利益的基础，因此也是实现国家利益的工具。实力是指一个国家所拥有的物质和非物质力量，其构成要素可分为政治、文化、军事和经济四类。政治是操作性实力，后三者是资源性实力。[2] 这四类实力要素构成的综合实力成为一国界定其国家利益的基础。[3] 例如，霸权国的实力决定了其利益是维持现行国际权力的分配状况，而崛起大国的实力增长决定了其利益是重新分配国际权力，地区大国的利益是保持其地区主导权而不是争夺世界主导权，次区域大国则仅以保持自身的次区域主导权为其利益。冷战后的一个明显实例是，美国拥有世界上最强大的综合实力，因此维护全球霸权就成了美国的利益。相比之下，苏联解体后形成的俄罗斯失去了超级大国的实

---

[1] 阎学通：《中国国家利益分析》，第23页。

[2] Yan Xuetong, ed., *Ancient Chinese Thought, Modern Chinese Power*, Princeton: Princeton University Press, 2011, pp. 100—102.

[3] 阎学通：《中国国家利益分析》，第47—49页。

力，于是争夺世界霸权也就不成为其利益了。

以实力界定国家利益具有限定国家利益上下限的优势。界定出国家利益的上限，可避免将不现实的奢望误作为国家利益去追求，从而有了正确判断国家行为的理性标准。例如，"9·11"事件发生后美国小布什（George Walker Bush）政府提出要在地球上根除恐怖主义的绝对安全战略目标，结果严重损耗了美国的实力，也未能达到目的。恐怖活动和盗窃行为一样，都是人类自古以来就有的现象，国家可能具有减少恐怖主义危害的实力，却无根除它的实力。通过实践检验，美国政府很快意识到根除恐怖主义是超越自身实力的奢望和非理性行为，于是将国家的战略安全利益目标下调为削弱恐怖主义威胁，而不是彻底根除它。

界定国家利益的下限，有助于避免因无视他国的基本利益而导致的灾难性对抗，从而有了判断本国政策的合理性标准。例如，2012年中日海军的实力在同一级别之内，双方在钓鱼岛上的分歧是可以根据搁置争议原则维持现状的。然而，日本政府却忽视了中国的海军实力决定着中国的利益底线，中国不可能容忍日本对钓鱼岛进行"国有化"。日本政府的一意孤行，导致中国政府宣布了钓鱼岛的领海基线，开始对这一地区进行海上和空中巡航。[①] 由于日本无视中国实力所决定的利益底线，不合理地界定了日本的利益目标，导致其非理性政策失败。

明确了权力与实力的区别，我们还需要明确什么是道义，以便分清遵循道义与提升自身权力和实力的关系。国际道义原则的具体内容是随着时代的变化而变化的，但也有一些普世性的国际道义是在许多历史条件下都不改变的，如遵守盟约、不斩使节、偿还债务、礼遇首脑等。这些长久不变的国际道义原则往往是低层次的道义标准，然而正是由于其标准较低，所以才能得到世界各国的广泛遵守。这如同绝大多数人虽然

---

① "China Ships in Disputed Waters: Japan Coast Guard," *Press TV*, August 2, 2013, 9:17AM GMT, http://www.presstv.ir/detail/2013/08/02/316811/china-ships-in-disputed-waters-japan.

做不到像雷锋那样无条件地助人为乐，但却普遍实践着不偷窃的道德原则。低层次的道义原则是绝大多数国家普遍实践的原则，因此，在国际政治中，低层次的道义原则所产生的社会影响力大于高层次的道义原则。例如，绝大多数国家都可以长期遵守盟约，但只有较少数国家能经常对遭受自然灾害的国家提供经济援助。

道义对权力的影响主要有两种情况。一种是遵循或违背国际道义原则具有提高或削弱本国权力合法性的作用，但并不必然会相应地增强或降低本国的实力。正面的例子是，巴勒斯坦反对以色列以建定居点的方式蚕食其领土的政策是符合国际道义原则的，因此1955—2013年间，巴勒斯坦得到了联合国大会合法通过的77次谴责以色列的决议的支持。① 巴勒斯坦遵循道义原则的行为虽然提高了它维护领土主权的合法性，但并未增强其维护领土主权的实力，它依然无力阻止以色列扩建定居点。反面的例子是，2012年执政的日本安倍政府为了扩军，试图以否定日本二战罪行的方法摆脱扩军的国际约束。安倍以总理大臣的身份亲自参拜供奉日本甲级战犯的靖国神社，这种违背国际道义原则的行为，不仅遭到中韩等在二战中遭受日本侵害的国家的反对，而且连欧洲媒体也普遍批评安倍政权，甚至连日本最主要的盟友美国也命令其驻日大使馆发表声明"表示失望"②。安倍政府的不道义行为虽然弱化了其扩大军备的合法性，但这并没有降低日本扩军的实力，安倍政府在2013年增加了3%的国防开支，超过了当年GDP的增长速度。③

另一种情况是，遵循或违背国际道义原则不仅具有增强或削弱自身

---

① "UN Resolutions Targeting Israel and the Palestinians," *If Americans Knew*, http://www.ifamericansknew.org/stats/un.html.

② Takashi Oshima, "U. S. Expresses Disappointment at Abe Visit to Yasukuni Shrine," The Asahi Shimbun, December 27, 2013, http://ajw.asahi.com/article/behind_news/politics/AJ201312270048.

③ Bill Sweetman, "Japan Increases Defense Spending," *Aviationweek*, December 17, 2013, http://www.aviationweek.com/Article.aspx?id=/article-xml/awx_12_17_2013_p0-648057.xml.

权力合法性的作用，同时也具有增强或降低自身实力的作用。遵循国际道义原则有助于增强本国的内外政治动员能力，而政治动员能力则可以转化为物质实力。例如，美国于1990年发动的海湾战争是为了惩罚吞并科威特的伊拉克萨达姆政府，这符合联合国维护国家主权独立的道义原则，于是有二十多个国家派军队支持美军作战。[1] 从美国方面来讲，遵循国际道义大大增强了美国进行这场战争的军事实力。而萨达姆政府违背国际道义吞并科威特的行为，虽然没有降低自身的作战实力，却拉大了它在海湾战争中与多国部队的实力对比。也就是说，在违背道义的行为不降低一国绝对实力的情况下，仍有可能降低一国的相对实力。

三、国际权威与国际主导权的关系

现实主义理论将生存视为首要的国家利益，因为当一个国家不复存在时，就没有国家利益可言了。这就是为什么现实主义理论在涉及生存安全的讨论中会忽视道义的作用。然而，生存是最基本的国家利益，并非全部的国家利益。对于崛起大国和世界主导国来讲，它们的生存利益是有基本保障的，其日常面临的最主要利益冲突不是生存威胁，而是国际权力再分配的冲突，即一方扩大其国际主导权和另一方维护其已有国际主导权的冲突。在这种利益冲突中，实现自身利益所需要的实力就与道义有了直接关系。对于崛起国和世界主导国来讲，遵守低水平国际道义原则事关其战略信誉，而战略信誉的高低又对其扩大或维持自身的国际主导权具有战略性的作用。

荀子说："义立而王、信立而霸，权谋立而亡。"[2] 这句话是说，建立王权需要以实施道义为基础，建立霸权需要以建立信誉为基础，既无道义也无信誉、搞阴谋的国家会灭亡。借鉴荀子的这一观念，道义现实

---

[1] 《世界知识年鉴1991—1992》，世界知识出版社1992年版，第2页。
[2] 《荀子·王霸》。

主义认为，建成一种可持续的世界主导权需要奠定道义基础，其中建立战略信誉是最低的道义要求。讲道义和有诚信都是为了建立自身的国际权威，没有权威是无法有效组织和领导国际社会的。一国的世界权威是以其他国家自愿接受其领导为前提的。在任何文明、宗教、政党、社会（包括黑社会团体）中，讲诚信都是建立领导者权威的必要条件。在国际社会中，拥有国际战略信誉是一国建立国际权威和世界领导地位的重要条件。

在我们强调遵循道义对于建立国际权威的重要性时，需要区分国际权威与国际权力的不同性质。建立国际权威与遵循国际道义直接相关，而拥有国际权力则不是道义范畴的事务。"权力"是指靠强制力进行领导的力量。警察对交通的管理是一个典型的例子。美国之所以被称为"世界警察"，是因为美国经常靠军事实力迫使其他国家遵守美国提倡的国际规则。与权力的性质不同，"权威"是指靠他人的信任进行领导的力量。如医生对患者的治疗指导就是个典型的例子。从理论上讲，崛起国可以单靠提高其物质实力增加其国际权力，但这并不能使它建立起国际权威，因为国际权威建立在遵循道义的战略信誉基础之上。在国际权力相等的情况下，一国的国际权威有高低之别。

苏联解体后，世界上没有任何国家或集团具备制衡美国的实力，因此美国的国际权力大增，拥有了世界上最大的国际权力。虽然美国长期保持了这一地位，但其国际权威却在进入21世纪后不断下降。冷战期间，美国向世界宣传《美苏关于限制反弹道导弹系统条约》（《ABM条约》）是世界和平的基石，是防止核战争的保证。然而，克林顿执政后期却开始考虑单方面退出这一条约，为美国部署反导武器系统解除国际条约方面的障碍。由于克林顿政府也担心这种政策会严重削弱美国的国际战略信誉，迟迟未敢做出退出《ABM条约》的决定。[1] 2001年小布什一

---

[1] James M. Lindsay, Maurice R. Greenberg, and James M. Goldgeier, "By Focusing Now, Clinton Can Renegotiate ABM Treaty," *Los Angeles Times*, April 2, 2000, http://www.cfr.org/world/focusing-now-clinton-can-renegotiate-abm-treaty/p6347.

世界权力的转移

执政就宣布退出《ABM 条约》，同年还取消了对印度核试验的制裁。[①]这两项政策使美国的战略信誉开始下降。2003 年的伊拉克战争证明，为了发动这场战争，美国编造了伊拉克拥有大规模杀伤性武器的借口[②]，这使美国的国际权威严重衰落，连其欧洲传统盟友都反对美国发动那场战争。2005 年美国政府又与不加入《核不扩散条约》的印度进行核技术合作[③]，这使得美国的国际战略信誉进一步下跌。2008 年金融危机暴露出美国金融界的欺诈行为，2011 年标准普尔将美国的信用级别从 AAA 降至 AA＋。[④] 2011 年，美国在"阿拉伯之春"运动中抛弃传统盟友埃及总统穆巴拉克，令其在中东阿拉伯盟友中的战略信誉大幅受损。[⑤]甚至连以色列都认为美国缺少战略信誉。[⑥] 如今美国的国际战略信誉不仅远低于 1991 年海湾战争时期，而且也不如 20 世纪 90 年代末。

---

① The White House, "U. S. Withdrawal From the ABM Treaty: President Bush's Remarks and U. S. Diplomatic Notes," *Arms Control Association*, https://www.armscontrol.org/act/2002 _ 01- 02/docjan-feb02; "US Lifts India and Pakistan Sanctions," *BBC News*, Sunday, 23 September, 2001, 13:17 GMT 14:17 UK, http://news.bbc.co.uk/2/hi/americas/1558860.stm.

② Marjorie Cohn, "Iraq: A War of Aggression. No WMDs, No Connection to Al Qaeda," *Global Research*, March 19, 2013, http://www.globalresearch.ca/iraq-a-war-of-aggression-no-wmds-no-connection-to-al-qaeda/5327548.

③ Jim VandeHei and Dafna Linzer, "U. S., India Reach Deal On Nuclear Cooperation," *The Washington Post*, Friday, March 3, 2006, http://www.washingtonpost.com/wp-dyn/content/article/2006/03/02/AR2006030200183.html.

④ "Angry Geithner Once Warned S&P about US Downgrade: Filing," *Business News*, January 22, 2014, 11:47am, http://www.thestar.com.my/Business/Business-News/2014/01/22/Angry-Geithner-Once-Warned-SaP-About-US-Downgrade.

⑤ Deborah Amos, "Arab Leaders Feel U. S. Abandoned Egypt's Mubarak," *NPR*, February 09, 2011, 4:00 AM ET, http://www.npr.org/2011/02/09/133614346/Egypt-Arab-Leaders.

⑥ Herb Keinon, "Israeli Critics Open Up on US 'Abandonment of Mubarak," *The Jerusalem Post*, 01/31/2011 23:33, http://www.jpost.com/Diplomacy-and-Politics/Israeli-critics-open-up-on-US-abandonment-of-Mubarak.

第二节 道义现实主义的理论推论

只有当一种新理论以现实主义理论的假定为基础时，这种新理论才有可能成为现实主义理论的一个流派；只有当一种理论在几个假定上做出的推论是相互关联且不矛盾时，这种理论才可能是科学的理论。上一节我们讨论了道义现实主义理论中有关道义、利益、实力、权力、权威等核心概念的含义及其关系。本节将在现实主义基本假定的基础上，讨论由上述概念构成的理论推论。

推论1：逐利是国家行为和国际规范演化的根本动力。

现实主义假定人性是自私的，因而假定由人构成的国家也是逐利的。我们可以在婴儿身上发现逐利行为，但看不到符合社会文明规范的行为，因此我们可以认为逐利是人的本性，而遵循社会规范则是人的后天习俗。国家政策是由人制定的，因此人的逐利本性也必然是国家行为的动力。在这一假定的基础上，道义现实主义做出两个推论：一是逐利是国家行为的首要动力，但不是全部动因；二是国际规范的演化也是由国家的逐利行为推动的。

对于道义现实主义者来讲，在假定逐利是国家行为首要动力的同时，还认为人的不同观念会影响其决策。荀子说："凡性者，天之就也……不可学，不可事，而在人者，谓之性；可学而能，可事而成之在人者，谓之伪，是性伪之分也。"[1]这是说，人的本性都是天生的，不是通过后天学习可以培养出来的，凡是通过后天学习可以培养出来的行为观念是"伪"。借鉴荀子的这个观念，道义现实主义认为，后天培养出来的思想

---

[1] 《荀子·性恶》。

观念,即荀子所说的"伪",对国家的决策也有着至关重要的影响,但是人逐利的本性和思想观念这两者对国家决策的影响是不同的。人逐利的本性是先天的,所有的人都相同,因此人逐利的本性对所有决策者的影响都相同;然而,观念是后天形成的,每个决策者的思想观念都不同,因此观念对每个决策者的影响是不同的。在上一节我们可以看到,克林顿和小布什在是否退出《ABM条约》问题上的策略选择就不同。

道义现实主义认为,思想观念对战略决策的影响主要表现在两个方面:一是对国家利益的排序,即在特定条件下将什么利益作为国家最主要的追求目标;二是以哪种方法获利最为可取。也就是说,思想观念只影响决策者判断哪种利益更重要以及用什么方法获取,而不影响决策者对国家利益是否客观存在的判断,也不影响其政策是否应以获利为目的。特别需要指出的是,在思想观念对国家利益判断的作用这一问题上,道义现实主义与建构主义的认识并不一样。前者认为,国家利益是客观的,决策者的观念只影响他们对国家利益排序的判断和对获取利益方法的选择;而后者认为国家利益不是客观的,国家利益本身就是由社会环境建构出的一个概念。[1]

道义现实主义者还认为,世界主导国逐利是其建立国际规范和推动国际规范演化的原动力。[2] 维持任何一种国际秩序都需要以军事实力和国际规范两者相结合为基础,缺少任何一个都无法长期维持。对世界主导国来讲,维持其主导的国际秩序是其最大的战略利益,因为这个秩序保证了该国拥有最大的国际权力。为了长期保持这种国际秩序,世界主导国需要建立一种有助于维持这一秩序的国际规范。这种国际规范具有保持国际秩序稳定和降低维护国际秩序成本的双重功能。当然,国际规

---

[1] Alexander Wendt, *Social Theory of International Politics*, Cambridge: Cambridge University Press, 1999, pp. 233—238.

[2] 阎学通、杨原:《国际关系分析》(第二版),北京大学出版社2013年版,第287页。

范对世界主导国的行为也有约束，但总体来讲是利大于弊。当某种规范对世界主导国是弊大于利时，它就会对这种规范进行修订，从而推动规范的演化。例如，2008年全球金融危机发生后，面对即将失去世界贸易第一大国主导地位的趋势，美国提出要以公平贸易原则取代其原先提倡的自由贸易原则，并且参加和推动"跨太平洋伙伴关系协议"（TTP）和"跨大西洋贸易与投资伙伴关系协议"（TTIP），以取代世界贸易组织（WTO）的国际贸易规则。[①]

推论2：无序体系中不同类别国家的安全自保战略不同。

现实主义假定国际社会是个无序体系，即国际社会没有垄断了军事暴力的机构，因此所有国家都只能进行安全自保，于是形成了各种安全困境。[②] 在这个基本假定的基础上，道义现实主义结合不同类型国家功能不同的现实，对结构现实主义和进攻性现实主义的两个推论进行了修订。一是世界主导国的类型差别决定了其提倡的国际规范不同；二是国家类型的不同决定了安全自保战略的不同。

结构现实主义者认为国家的功能是相同的，其在国际体系中的作用也是相同的。沃尔兹（Kenneth Waltz）说："在无序领域，单位（国家）起相似功能且倾向于保持不变。同类单位努力保持独立，甚至争取独裁。在等级领域，单位的功能不同，它们倾向于增强各自的特殊功能。"[③] 沃尔兹为了阐述理论的简洁，将国家"黑箱化"，于是不考虑国家类别的差异造成其在国际体系中的不同作用。道义现实主义则认为，国家的类别不同是一种客观现实，回避这一客观现实必然导致理论解释与客观规律之间的不一致。如美国与梵蒂冈是两个类别完全不同的国家，它们在

---

① Kinga Brudzinska and Maya Rostowska, "North American's New Tread Deals: From NAFTA to TPP and TTIP," *PISM Bulletin*, No. 22 (617), February 18, 2014, pp. 1—2.

② 阎学通、杨原：《国际关系分析》（第二版），第32—33、137—139页。

③ Kenneth N. Waltz, *Theory of International Politics*, 北京大学出版社2004年影印版，p. 104.

国际体系中的功能是完全不同的。前者主导着政治、安全和经济等领域的国际规范的制定,后者则主导着天主教的宗教秩序和规范的改革。道义现实主义认为,只有区分国家的类别,才能解释为何世界主导国类别的变化会导致国际规范的变化,乃至国际体系类别的变化。荀子将先秦时的主导国划分为王权、霸权和强权三类。[①] 以他的分类原则为标准,第二次世界大战爆发前的欧洲列强都是殖民主义的强权国家,第二次世界大战结束后的美国和苏联则是霸权国家。由于世界主导国的类型不同,二战后形成的国际规范就不同于二战之前。二战结束前的国际规范是吞并原则,其后是争霸原则而不允许吞并他国。[②]

  进攻性现实主义者认为,由于在无序体系中国家需要安全自助,因此大国都要进行军事侵略。米尔斯海默反对国家有不同类别的观点,并说:"国际体系迫使大国最大化地扩大它们的相对权力,因为那是安全最大化的最佳方法。换句话说,生存催生侵略行为。大国具有侵略性行为,并非因为它们想要这样做或是具有内在的主导欲望,而是因为它们要将生存机会最大化,就不得不追求更多的权力。"[③] 米尔斯海默的这一观点存在着逻辑问题,因为相同原因导致的问题并不意味着只有一种解决方法。例如,中医和西医可用不同的方法治愈相同的疾病。道义现实主义认为,侵略是大国追求更多权力的一种常见的战略选择,但却不是唯一的选择。国家类别的不同、国际规范的不同、国际地位的不同、武器技术的不同,这些差别都可能使不同类别的大国采取不同的战略去获取更多的权力。例如,第一次世界大战之前,欧洲列强采取到欧洲之外

---

  ① 《荀子·王霸》。
  ② 《联合国宪章》第二条第三款规定,"各会员国在其国际关系上不得使用威胁或武力,或以与联合国宗旨不符之任何其他方法,侵害任何会员国或国家之领土完整或政治独立"。李铁城:《联合国的历程》,北京语言学院出版社1993年版,第647页。
  ③ John J. Mearsheimer, *The Tragedy of Great Power Politics*, New York: W. W. Norton & Company, 2001, p.21.

的地区开拓殖民地的战略争夺霸权;一战后,德意日以吞并邻国的战略争夺霸权;冷战期间,美苏用代理人战争的战略争夺霸权。在无序的国际社会中,小国没有大国那样的安全自保能力,因此倾向于将本国的安全委托给大国的策略。① 这种安全委托策略使得许多中小国家并不拥有完整的主权,由于采取了这种策略,就连日本这个经济大国也没有完整的主权。这也是安倍政府将成为"正常国家"作为日本政治目标的原因。② 如果从国家类别上区分,我们至少可以将现代民族国家分为完整主权国和半主权国两类。

推论3:权力的零和性导致大国崛起的结构性矛盾和体系压力。

现实主义理论将权力定义为国家间支配和被支配的关系。③ 基于这个定义,所有现实主义者都假定权力具有客观上的零和性,即一方权力的增加是以另一方权力的减少为前提的。在这个假定的基础上,道义现实主义做出两个推论:一是崛起国与现行主导国之间的结构性矛盾不可避免;二是实力差距的缩小将使崛起国面临日益严重的崛起困境。

"结构性矛盾"是指崛起国与主导国在权力再分配过程中产生的矛盾,这是一个由相互竞争国的实力差距缩小而自然形成的矛盾,是无法避免的。④ 大国崛起是崛起国的综合实力与世界主导国的综合实力差距不断缩小的过程。随着双方综合实力的接近以至改变强弱地位,双方的国际权力也随之改变。国际体系是封闭性的,国际权力不可能无限扩大,于是在大国崛起的过程中就出现了世界主导国不愿因自身实力相对下降而减少其国际权力,而崛起国则因自身实力上升要求增加其国际权力的

---

① 孙学峰:《东亚准无政府体系与中国的东亚安全政策》,《外交评论》2011年第6期,第33—49页。

② Samir Tata, "Japan's Quest For A New Normal-Analysis," *Eurasia Review*, May 6, 2013, http://www.eurasiareview.com/16052014-japans-quest-new-normal-analysis.

③ 阎学通、杨原:《国际关系分析》(第二版),第107—108页。

④ 同上书,第124页。

现象，因此形成了双方在国际权力再分配上的矛盾。这种矛盾的主观政策表现是，世界主导国主张维持现有的国际秩序，而崛起国主张建立新的国际秩序。其实这种矛盾的客观本质就是主导国要维持现有的国际实力结构，而崛起国要改变现有的国际实力结构。这就是为什么这种矛盾被称为"结构性矛盾"。20世纪30—40年代，德国与英国的矛盾就是典型的结构性矛盾。

"崛起困境"是指随着崛起国实力的迅速增长，该国对外部世界影响所产生的反弹力度在不断增大，其面临的国际体系压力也迅速上升。[①]这个推论其实就是力学的第三定律，即作用力与反作用力相等，只不过在这里用于描述崛起国实力越强大其面临的国际安全压力就越大的规律。这个规律符合第一节中关于以实力界定利益的原则。随着崛起国实力的增大，其国家利益向外部拓展的规模加大且海外利益增多，其利益面临的外部安全威胁就增大。与此同时，这个规律也符合权力零和性的假定。崛起国海外利益拓展得越快，与他国发生的利益冲突就越多，与其发生利益冲突的国家数量也越多，从而形成了他国反弹强度增加和反弹国家数量增加的现象，这就是人们所说的体系性压力上升。一个佐证是，中国2008年举办北京奥运会之后，出现了"中国责任论"；2010年中国GDP超过日本后，这种国际舆论急剧上升。[②]

推论4：政治实力变化可改变实力对比。

现实主义者都接受国家实力发展是不平衡的这个假定。[③]大国实力发展速度不一致，导致国际体系的实力结构改变，这种改变是世界权力中心转移的前提。在国家实力发展不平衡这个假定的基础上，道义现实

---

① 孙学峰：《中国崛起困境》，社会科学文献出版社2013年版，第24页。
② 金灿荣：《从"中国威胁论"到"中国责任论"，中国如何应对》，新华网，2010年8月23日，http://finance.qq.com/a/20100823/004394.htm。
③ 阎学通、杨原：《国际关系分析》（第二版），第110—113页。

主义做出两个推论：一是国家的政治领导力决定一国综合实力的升降；二是国家政治领导力的差别决定了国际格局的变化。

道义现实主义是一种政治决定论的理论，它推论国家政治领导力的差别决定一国的综合实力能否持续增长及其增长的快慢。国家的综合实力由操作性实力要素和资源性实力要素两类构成，前者是指政府的领导能力，后者是指可供决策者运用的军事、经济和文化等社会资源。当政府的领导能力强时，国家的综合实力增长就快，反之则缓慢、停滞甚至衰败。政府的领导力强，则对内具有迅速增强经济实力、军事实力和凝聚人心的作用，对外具有增加盟友和扩大国际支持的作用。将政治实力视为综合国力的根本因素，才能理解实力发展不平衡的原因所在。软实力的构成分为文化实力和政治实力，在这两者中，政治实力是其他实力要素能否发挥作用的基础。例如，美国的军事实力、经济实力和文化实力在2003—2006年间都持续上升，但小布什政府于2003年发动了缺乏国际法理基础的伊拉克战争，使得其国内外的政治动员能力即政治实力严重下降。这三年间美国的综合国力显现为萎缩状态，国际地位呈下降趋势。这个例子和苏联解体的例子都说明，政治实力是操作性实力，军事实力、经济实力和文化实力是资源性实力，没有前者，后者就无法发挥作用。据此，我们可以用图1-1表示各实力要素之间的关系。

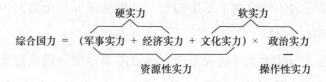

图1-1 实力要素之间的关系

以CP表示综合国力，M表示军事实力，E表示经济实力，C表示文化实力，P表示政治实力，根据图1-1，我们可得到一个简化的综合国力公式：

$$CP = (M + E + C) \times P$$

政治实力决定论的综合国力方程，所体现的是管子所说的"夫国大而政小者，国从其政。国小而政大者，国益大"①。这个认识与前面关于遵循道义可增强国家的实力和提高行为合法性的观点是一致的。无论是中国历史还是世界历史，都表现为一个强国的兴起或一个帝国的衰败皆与其国家领导力的强弱成正相关。

道义现实主义认为大国的领导性质差别具有改变国际格局的作用。国际格局是由大国实力结构和大国战略关系两者构成的，因此国际格局的转变不仅取决于大国的实力对比，同时也取决于大国战略关系的变化。② 国际格局从冷战时期的两极转变为冷战后的一极，不仅是美苏的实力对比发生了重大变化，而且伴随了俄罗斯失去大批盟友。大国战略关系变化在很大程度上取决于盟主的道义水平。有诚信的大国能建立起可靠的同盟，且能扩大同盟规模。反之则失去盟友，趋向孤立。从结盟的角度讲，盟主战略信誉的高低，直接影响着同盟持续的时间、成员数量的增减和团结的程度。对于盟主的诚信与同盟的可靠性两者间的关系，郤缺说："叛而不讨，何以示威？服而不柔，何以示怀？非威非怀，何以示德？无德，何以主盟？"③这是说，盟主只有具备了划分敌友的原则和助友惩敌的政策，才能维持同盟的可靠性。冷战时期，美国建立的北约和苏联建立的华约这两个军事同盟，可以从正反两个方面说明盟主具有战略诚信的重要性。

关于道义与政治领导的关系，有一点需要澄清。道义现实主义并不认为讲道义就排除了使用武力，而是认为绝不使用武力是不讲道义的。在无序的国际体系中，中小国家无力自保安全，于是采取将安全委托给

---

① 《管子·霸言》。
② 阎学通、杨原：《国际关系分析》（第二版），第44—45页。
③ 《左传·文公七年·晋郤缺言归卫地》。

大国的战略。如果一个强国采取绝不使用武力的政策，则意味着它不会使用武力来保护受侵略的中小国家。对于中小国家来说，这样的大国是没有道义的，也是没有国际战略信誉的。

第三节 道义现实主义的理论逻辑

人类历史上已多次发生过世界权力中心转移的现象。道义现实主义试图解释这一现象背后的共性逻辑。具体而言，就是解释为何崛起国能够在自身实力弱于世界主导国的条件下赢得竞争，取代其国际主导地位。本节将讨论国家的领导类型、战略选择、战略信誉、国际规范和国际秩序这些事物之间的逻辑关系。

一、政治领导类型与战略选择

杰克逊（Robert H. Jackson）和罗斯伯格（Carl G. Rosberg）认为，国家的政治领导类型对和平、秩序、稳定等非物质性安全的作用比其他任何因素都重要。[①] 借鉴这一观念，道义现实主义理论将以弱胜强的国际现象归结为弱方的政治领导力胜于强者的政治领导力，且国家政治领导力的强弱主要取决于其政治领导的类型。道义现实主义理论的核心逻辑非常简洁，即一国对外战略的选择是由该国客观的国家战略利益和对利益的排序及利益实现方法的思想观念这两个要素决定的。国家战略利益和思想观念又分别由该国的综合实力和领导类型所决定（参见图1-2）。政治领导与综合实力有内在联系，为了区分领导类型和综合实力两个自变量，道义现实主义理论将综合实力设定为静态的，即实力等级

---

① Robert H. Jackson and Carl G. Rosberg, *Personal Rule in Black Africa: Prince, Autocrat, Prophet, Tyrant*, Berkeley: University of California Press, 1982, p. 3.

不因领导类型的变化而发生即时改变，对战略利益具有客观界定作用；领导类型则是动态的，即在综合实力等级不变的条件下可发生类型改变，并在既定综合实力的基础上发挥主观作用。国家的政治领导类型是指一国决策的核心集体，而不宜将其限定为最高领导一人。从外交决策的角度讲，战略选择不是最高领导人的个人选择，而是一个决策集体的集体选择。在现代社会的多党联合政府中，政府领导的类型与最高领导人的类型有可能是不一致的。不过，最高决策者的政治特点对决策集体的领导类型具有最大的影响力，因此最高决策者可视为领导集体的类型代表。

图 1-2　国家战略利益和思想观念与战略取向的关系

为进一步深化图 1-2 的逻辑关系，我们需要对国家的综合实力和领导类型进行分类，并在此基础上根据综合实力等级界定国家的主要战略利益，根据领导类型推导出其思想观念倾向。

本书根据综合实力将国家划分为主导国、崛起国、地区大国和小国四类。主导国，是指在一个独立的国际体系中具有主导体系事务实力的国家，不必然是全球性的主导国。例如，华夏体系不是全球性体系，但是一个独立的国际体系。这个体系不同时期的主导国都属于此类（如春秋时期的五霸）。崛起国，是指与主导国的实力差距正在缩小并分享主导国国际权力的国家（如20世纪50年代的苏联和现在的中国）。地区大国，是指在一个独立的国际体系内，虽然受域外大国的影响，但仍具有主导某一局部地区事务实力的国家，可以是现在人们常说的区域大国（如现今的德国或巴西）和次区域大国（如现今的印度或南非）。小国，是指在次区域内无主导地区事务实力的国家。以上的国家实力划分是依据它们的相对实力划分的，而非绝对实力。例如，加拿大的综合实力与澳大利亚相似，但前者位于北美洲与美国相邻，因此加拿大不是区域大国而只是个小国，后者位于大洋洲，域内其他国家的实力都弱于它，因此澳大利亚是个地区大国。依据上面四个实力等级，我们可以界定，主导国和崛起国都将体系主导权视为其主要战略利益，地区大国只追求其所在地区的主导权，而小国的战略利益则主要是维护其生存权。（见图1-3）

本书将国家的政治领导类型分为无为、守成、进取和争斗四种类型。国家政治领导的类型不是由国家实力和国家性质所决定的，而是由领导人的性格、年龄、成长环境、世界观等诸多因素所决定的（领导类型形成的原因不是本书讨论的内容）。这里所划分的四类政治领导在任何国家都有可能出现。无为型，是指没有明确的政治目标，缺少拓展国家利益的动力，相信无为而治的哲学，因此是观念决定论者。守成型，是指主张维持现状，并在无外来军事入侵威胁的情况下将经济利益视为最高利益、将经济实力视为综合实力的基础，因此是经济决定论者。进取型，是指重视提高本国的国际地位，相信事在人为的哲学理念，将国家兴衰归于政治领导能力的强弱，因此是政治决定论者。争斗型，是指主张以强力手段实现目标，相信军事是最有效的击败对手的手段，因此是军事决定论者。（见图1-3）

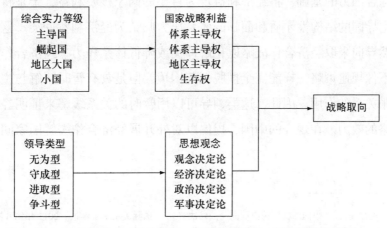

图1-3 综合实力、政治领导、国家战略利益、思想观念的关系

根据图1-3中的四类国家和四种政治领导类型，可以排列组合成16种战略选择。这里仅以崛起国的四种领导类型的战略选择为例进行分析。所有崛起国都将不可避免地面临崛起困境。虽然各类国家的崛起困境在原理上相同，但四种不同类型的政治领导会采取不同的战略来应对。下面我们将分别介绍这四种战略。

无为型领导倾向于采取规避困境战略。动物都具有规避危险和困难的天生本能，人亦如此。例如，在国家用"和平统一"的策略实现不了目的和用"武力统一"的策略有战争危险的两难处境中，放弃统一目标就能摆脱困境，即所谓"退一步海阔天空"。这种规避战略虽然失去了统一国家的机会，但免除了战败的危险，于是便成为无为型领导的最爱。崛起困境使崛起国面临着不断上升的国际体系压力，而这种压力主要来自于崛起国与主导国之间的结构性矛盾。然而，只要崛起国主动放弃所追求的战略利益，双方关系的紧张即刻便能缓解。实施规避战略有两个优势：一是对崛起国的领导能力要求很低；二是可通过缓解与主导国矛盾的方法证明规避策略的正确性。在中国，支持规避战略的人常以老子的无为而治哲学思想为支撑。①

守成型领导倾向于开展经济合作战略。持经济决定论的领导，把经济视为综合国力的基础，将经济利益定为首要的国家核心利益，于是将崛起国与主导国的结构性矛盾和面临的体系压力归结为经济利益冲突。这种观念自然导向采取经济合作战略以化解冲突或降低体系压力。经济合作策略虽然不像规避策略一样能完全摆脱崛起困境，但是具有暂时缓解与主导国的紧张关系的作用。因此，这类领导可以用暂时的关系缓解来证明经济合作策略的效力。在现今的中国，提倡以对外开展经济合作缓解国家间紧张

---

① 王红续：《新中国外交的价值取向与战略决择》，《国际关系学院学报》2011年第6期，第11页。

关系战略的人，多坚信经济基础决定上层建筑的哲学理念。①（见图1-4）

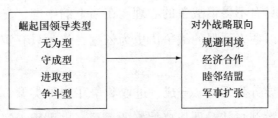

图1-4　崛起国领导类型与战略取向的关系

进取型领导倾向于实施睦邻结盟战略。进取型领导依据国力增长的程度寻求增加本国的国际权力，这将导致崛起国与主导国的结构性矛盾加剧，主导国对崛起国的防范也将增强。由于崛起国在其影响力扩展的过程中必然是从周边国家向外部延伸，因此为了突破主导国的防范，进取型领导倾向于采取与周边国家结盟从而获得国际支持的策略。这种战略具有与主导国在崛起国周边发生军事冲突的风险，因此这种战略要求崛起国领导具有较大的领导魄力。如今，结盟观念已被批判为"冷战思维"，因此采取睦邻结盟战略需要更强的战略意志。② 在中国，支持睦邻结盟战略的人多为现实主义者，他们以当前中国在国际上缺少坚定的战略支持者的现实作为战略依据。③

争斗型领导倾向于采取军事扩张战略。以暴力方式获利是人的本性之一，而且暴力手段具有迅速实现目标的特点。当崛起国的实力不如主导国时，争斗型领导会对实力弱于本国的国家进行军事攻击，甚至会冒

---

① 谢旭人：《发展互利共赢的中美经济合作关系》，中华人民共和国商务部网站，http://www.mof.gov.cn/zhengwuxinxi/caizhengxinwen/201005/t20100523_319021.html。

② 何天天：《尹卓：军事集团化有冷战思维　结盟不符合中俄利益》，人民网，2014年5月19日，http://news.ifeng.com/a/20140519/40363851_0.shtml。2014年4月，普京在访华前接受采访说："俄罗斯不会考虑与中国结盟。""这种联盟形式已经过时。""中俄不搞军事同盟原因复杂，港媒称曾有惨痛教训。"环球网，2014年4月22日，http://mil.sohu.com/20140422/n398629853.shtml。

③ 吴旭：《中国应放弃不结盟政策》，《中国新闻周刊》2012年1月10日；阎学通：《权力中心转移与国际体系转变》，《当代亚太》2014年第4期，第21页。

险攻击与其实力相等的国家。军事扩张战略面临的失败风险很大，因此这要求决策者具有不畏惧战争的心理。在当下的中国，支持采取军事扩张战略的人常以西方列强的战争历史为依据，认为只有实行军事扩张才能获取国际主导权。①

将国家领导分为无为、守成、进取和争斗四种类型，不仅可以解释崛起国领导的类型与其对外战略偏好的关系，也可用于解释主导国、地区大国和小国的对外战略选择。国际政治中一个常见的现象是，在国家实力没有变化的情况下，国家领导人的变更往往导致该国对外战略的改变。例如，在2010—2013年间，日本的综合实力没有发生质变，一直是个地区大国，但由于2010年执政的菅直人（Naoto Kan）政府和2012年执政的安倍政府是两种不同类型的领导，因此日本在2010—2013的四年里采取了两种截然不同的对外战略。菅直人政府是守成型领导，因此采取了以经济合作为主轴的对外政策，提出要与中国建立战略互惠关系，以保持日本的东亚地区大国地位。② 安倍政府是争斗型领导，因此采取与中国进行军事对抗的战略，来维持日本在东亚的大国地位。③

有关"战略"的定义很多，但笔者认为默里（Willanson Murray）的定义较为可取。他认为："战略是一个过程，一种不断的调整，以便在一个偶然性、不确定性和含糊性占优势的世界上适应变动的条件和环境。"④战略是指根据环境变化不断进行调整的行动方案，因此上述四种战略并非

---

① 赵丕：《关于新军事变革若干问题的战略思考》，《战略研究》2013年第2期，第11页。
② 王欢：《菅直人将公布新外交政策 称与中国建立战略互惠关系》，环球网，2011年1月17日，http://world.huanqiu.com/roll/2011-01/1433322.html。
③ Tarun Khanna, "Japan Ready to Confront China, Says PM Shinzo Abe," *Zee News*, October 26, 2013, 22:35, http://zeenews.india.com/news/world/japan-ready-to-confront-china-says-pm-shinzo-abe_886170.html。
④ 威廉森·默里、马克格·利姆斯利：“导言：论战略”，载〔英〕麦戈雷格·诺克斯、埃尔文·伯恩斯坦编：《缔造战略：统治者、国家与战争》，时殷弘等译，世界知识出版社2004年版，第1页。

固定模式。虽然各国的具体战略千差万别，但依据图1-3的原理，我们可以推演出四类国家的四类领导的不同对外战略取向（见表1-1）。

表1-1 国家类型、领导类型和战略取向

领导类型＼国家类型	无为	守成	进取	争斗
主导国	安全绥靖（英国张伯伦）	军事收缩（美国奥巴马）	军事干涉（美国克林顿）	全面遏制（美国杜鲁门）
崛起国	安全规避（日本宇野宗佑）	拓展全球经济合作（日本海部俊树）	睦邻结盟（苏联赫鲁晓夫）	军事扩张（苏联勃列日涅夫）
地区大国	防外部介入（印度古吉拉尔）	强化区域经济合作（德国默克尔）	地区同盟（俄罗斯普京）	军事对抗（日本安倍）
小国	对外中立（瑞士轮值总统）	不结盟（肯尼亚肯亚塔）	参加同盟（新加坡李光耀）	自我封闭（朝鲜金正恩）

表1-1所列出的国家类型、领导类型和战略取向都是典型化的，在各类型之间必然还有很多程度不同的过渡类型。读者根据过渡类型与典型类型之间的差别作相应的调整，可推论出过渡类型领导的战略选择。需要注意的是，一国战略的成败是多方战略博弈互动以及战略实施的结果，因此不能在战略选择和战略成败之间建立简单的因果关系。管子说："国修而邻国无道，霸王之资也。"① 这是说，一方战略的正确与否并不决定成败。

二、战略信誉与国际秩序

道义现实主义认为，在国内政治层面，政府讲道义的核心是仁爱，而在国际政治中，一国政府讲道义的核心是具有良好的战略信誉。国家领导类型的不同，决定了一国政府是否看重自身的国际战略信誉。在上

---

① 《管子·霸言》。

述四个领导类型中，无为型和争斗型领导是不在乎其自身的国际战略信誉的；守成型领导愿以低成本维护自身的国际战略信誉，但不愿付出太多；进取型领导则将自身的国际战略信誉视为重要的国家利益。崛起国的领导对本国国际战略信誉的重视程度，对国际格局的实力对比、建立国际新秩序和维持该秩序的稳定性都有影响。

崛起国具备战略信誉有助于它改变现有的国际格局。政治实力是操作性的实力，具有使综合实力倍增的作用。① 因此，在物质实力弱于主导国的情况下，崛起国可通过增强本国政治实力的方法改变双方的实力对比。良好的国际战略信誉是崛起国重要的政治实力构成要素，对提高崛起国综合实力的具体作用是增加盟友数量和扩大国际政治支持度。增加盟友意味着扩大了崛起国可运用的国际物质力量，扩大国际政治支持度则意味着压缩了主导国所能运用的国际物质力量。当崛起国所领导的国际力量大于主导国所领导的国际力量时，世界主导权就会易手，崛起国将取代主导国成为世界领导国家。通过结盟承诺为弱国提供安全保障是国家建立国际战略信誉的主要途径。因此，盟友的多寡和增减是一国战略信誉高低和变化的重要指标。冷战结束后，美国的北约盟友数量曾不断增加②，但"阿拉伯之春"发生后，美国在中东的盟友开始减少。③

崛起国的战略信誉高还有助于其建立新的国际秩序。建立国际新秩序是对国际权力进行再分配。大国的实力对比变化是国际权力再分配的基础，但是国际权力重新分配的结果并不必然与大国实力对比完全匹配，因为这个结果还要受到崛起国战略信誉高低的影响。崛起国的战略信誉高，有较多的盟友，其国际权力再分配的方案就容易被国际社会接受，

---

① Yan Xuetong, ed., *Ancient Chinese Thought, Modern Chinese Power*, pp. 101—102.

② 〔美〕伊万·迪内夫·伊万诺夫：《转型中的北约——新联盟、新任务和新能力》，赵文亮译，世界知识出版社2013年版，第201—213页。

③ Deborah Amos, "Arab Leaders Feel U.S. Abandoned Egypt's Mubarak," NPR, February 09, 2011, 4:00 AM ET, http://www.npr.org/2011/02/09/133614346/Egypt-Arab-Leaders.

反之则难以被接受。在崛起为世界领导国的过程中,美国在两次世界大战后提出的建立国际新秩序的方案被接受的不同情况,可以说明战略信誉的作用。例如,第一次世界大战后,美国政府提出了建立国联的倡议,但是美国参议院却拒绝接受《凡尔赛和约》,其结果是美国做出了不参加国联的决定。① 这如同一个男人以妻子不同意为由而毁约。美国政策的前后不一致,是其缺乏国际战略信誉的表现,因此美国有关组建国联的建议得不到大国的普遍支持。与之相反的案例是,第二次世界大战爆发后,美国政府改变其孤立主义政策,在参战前就给盟友提供军事支持,参战后又成为盟军的主要作战力量,这极大地提高了美国的国际战略信誉。二战即将结束时,美国政府关于建立联合国的倡议立刻得到了多数国家支持,当时50个国家的153名代表于1945年6月签署了《联合国宪章》。②

崛起国的战略信誉高还有助于建立新的国际规范。建立一种国际新秩序不仅需要进行国际权力的再分配,还需要建立新的国际规范。学界普遍认为,崛起国在建立新国际规范的过程中具有关键性的作用,但多数学者是从崛起国的实力角度分析崛起国的作用,即崛起国有物质能力奖励遵循新规范的国家和惩罚违反新规范的国家。③ 然而,道义现实主义认为,崛起国之所以能够建立起新的国际规范,还有一个重要原因就是它能身体力行地执行新规范,即以身作则。④ 遵循本国提出的国际规范是大国维护自身战略信誉的重要基础之一。凡是采取遵循已签署的国际条约的行为,均被视为是有国际战略信誉和讲道义的;而那些采取双

---

① 王绳祖主编:《国际关系史》第四卷,世界知识出版社1995年版,第100页。
② 同上书,第519页。
③ G. John Ikenberry and Charles A. Kupchan, "Socialization and Hegemonic Power," *International Organization*, Vol. 44, No. 3, 1990, pp. 290—292.
④ Yan Xuetong, "International Leadership and Norm Evolution," *The Chinese Journal of International Relations*, Vol. 4, No. 3, Spring 2011, pp. 241—243.

重标准的行为,则被认为是不讲道义和缺乏国际战略信誉的。

  拥有国际战略信誉对于维持一种国际秩序要比建立一种新的国际秩序更为重要。从理论上讲,不能排除崛起国单靠物质实力就能建立起一种新国际秩序的可能性,但崛起国却无法单靠物质实力维持这种国际秩序的长期稳定。崛起国成功地建立起一种国际秩序后即成为该体系的主导国,长期维持这种秩序的必要条件之一是新国际规范得到普遍执行,而新国际规范普遍执行的必要条件之一是主导国自己具有遵守新国际规范的战略信誉。崛起国践行新国际规范的信誉高低,与它维持这种国际秩序时间的长短成正相关。崛起国的战略信誉高,就拥有国际权威,有了国际权威,其主导国地位和其主导的国际秩序就能长期维持,反之亦然。

  从政治性质的角度,道义现实主义将国际领导类型分为王权、霸权和强权三类。强权国遵循实力规范,即弱肉强食的丛林法原则;王权国遵循道义规范,即其行为符合当时的道义原则;霸权国遵循双重标准规范,即对盟友实行道义规范,对敌国实行丛林法原则。[①] 国际规范是在国际互动的过程中形成并得以维护的。王权国是指遵循道义和具有战略信誉的国际体系主导国。它可通过三个基本路径维护相关的国际规范,即通过自身实践国际规范促使其他国家效仿,通过褒奖践行国际规范的国家促使规范内化,通过惩罚违反国际规范的国家维护国际秩序。[②] 故此,由王权国主导的国际体系持续性强。中国古代的西周是中国学界公认的国家间体系持续稳定的例子。与王权国相比,强权国是缺乏战略信誉的大国,其自身行为具有弱化道义原则而强化实力原则的作用,起不到维护道义规范和促其内化的作用。故此,强权国主导的国际体系动荡

[①] Yan Xuetong, "International Leadership and Norm Evolution," *The Chinese Journal of International Relations*, Vol. 4, No. 3, Spring 2011, p. 240.

[②] Ibid, pp. 241, 244, 245.

不定，缺乏稳定性。① 如秦朝一统天下后只维持了二十多年就是个典型例子。霸权国践行双重标准原则，在同盟内部具有一定的战略信誉，具有维护同盟内部秩序稳定的作用，但缺乏维护整体国际体系长期稳定的作用。② 中国春秋时期的齐国可作为此类国际政治领导的参考。

有一点需要澄清，道义现实主义并不认为讲国际战略信誉和遵循道义可以无条件地发挥作用，而是认为只有在生存安全有了基本保障且有较强物质实力的基础上，讲道义才能有利于维护崛起国的战略利益。讲道义具有增强崛起国领导力的作用和建立或维持国际新秩序的作用，但却未必能维护中小国家的战略利益。建立和维持一种国际秩序是崛起大国或主导国的战略利益，但不必然成为中小国家的利益。由于没有强大的物质力量为后盾，中小国家经常将本国的生存利益置于维护国际秩序之上。故此，在多数情况下，中小国家对于本国战略信誉的重视程度远低于崛起国或主导国。

在国际权力是如何发生转移的问题上，道义现实主义与其他现实主义流派的研究角度不同，不是从如何维持霸权的角度进行研究，而是从如何取代霸权的角度进行研究。形成这个视角差别的原因非常简单，其他现实主义流派的创建者都是美国学者，他们关心的是如何保持美国在世界上的霸权地位，而道义现实主义是由中国学者创建的理论流派，他们关心的是中国如何成功崛起，实现中华民族的复兴。虽然研究的视角不同，但是两者研究的国际现象却是同一个，即国际主导权的转移。

道义现实主义是现实主义理论中的一个流派，因此道义现实主义继承了现实主义的基本假定，只是对权力转移的原理和路径有了新的发现。

---

① Yan Xuetong, "International Leadership and Norm Evolution," *The Chinese Journal of International Relations*, Vol. 4, No. 3, Spring 2011, p. 244.

② Ibid, p. 245.

道义现实主义理论引入了政治领导力和国际战略信誉这两个重要变量，并且将政治领导力视为崛起国战略选择以及崛起成败的核心因素。道义现实主义在肯定物质实力是崛起国成功的基础的同时，提出其政治领导力是国际实力对比变化的根本，即崛起国讲道义或战略信誉高可提高其国际政治动员能力，从而改变国际格局，以至建立起新的国际规范或国际体系。道义现实主义的这种政治决定论思想来源于中国先秦时期的哲学思想。正是这种政治决定论的哲学理念使道义现实主义对国际权力转移原理有了比结构现实主义和进攻性现实主义更深入的认识。

  道义现实主义为现实主义国际关系理论开辟了一个新的发展方向，即从政治领导类型的角度解释和分析世界主导国的对外战略取向、国际格局的转化机制、国际规范的演化趋势、国际秩序的稳定与否以及国际体系的类型转变。根据不同的标准，政治领导可以划分成不同的类别。这如同根据动物的食性，可将动物划分为食草动物、食肉动物和杂食动物，而若以每日活动周期为准，则可分为昼行性动物和夜行性动物。将政治领导这一变量引进国际关系的理论建设，同样需要根据所研究的问题来决定划分政治领导类型的标准。将一种政治领导的划分标准用于研究不同的国际问题，其结果将是削足适履。在国际关系理论研究中，对外决策和国际规范是两个相对独立的事物，因此对政治领导类型的划分标准也不完全相同。国际规范同时是国际秩序和国际体系的构成要素，其演化对国际秩序和国际体系都具有重大影响，因此下一章将讨论政治领导在国际规范演化中的作用。

第二章　国际主导国和国际规范的演化

> 小国之事大国也，德，则其人也；不德，则其鹿也，铤而走险，急何能择？
>
> ——《左传·文公十七年》

建构主义学者认为，国际互动可促使国际行为原则向友好互助的方向发展，而不会倒退为相互敌视与对抗。① 然而，"互动"这个概念却解释不了为什么同为互动行为，有些促进了合作而有些则加剧了冲突。例如，从2003年8月至2008年12月这五年多的时间里，中国、美国、俄罗斯、日本、韩国和朝鲜进行了七轮有关朝鲜核问题的六方会谈，其间各国互动不断，但结果不是朝鲜接受核不扩散的规范，而是于2009年

---

① Alexander Wendt, *Social Theory of International Politics*, pp. 250—251.

5月25日进行了第二次核试验。① 道义现实主义理论认为,世界主导国的类型对国家互动的结果具有决定性的影响。如果这种影响能长期持续,则会决定国际规范的演化方向。本章将从世界主导国的性质角度解释国际行为原则演变的过程、方向及质变。

第一节 对主导国作用的解释不足

世界主导国对于国际行为原则的演化具有重要作用,这是一个常识。国际关系专业中关于政治领导的早期研究,主要集中于对外决策理论的研究。20世纪60年代,这类研究成果很多。学者们多从决策者个人的性格、生理、教育背景、宗教信仰、个人经历、专业知识等角度解释他们的决策行为。② 这些研究很少涉及主导国的领导作用对国际行为原则演化的影响,但是关于领导人分类的一些知识是可借鉴用来研究这一问题的。例如,斯奈德(Robert C. Snyder)等人在20世纪60年代提出的领导者的行为动机可分为"为了"型(in-order-to)和"因为"型(because-of)两类。这种领导人类型的分类提供的启迪是,动机是"为了"型的领导人具有建立新国际行为原则的作用,而"因为"型的领导人则缺少这种作用。③

然而,以"为了"和"因为"为标准划分领导人的类别,很难解释在现实政治中相同类型的领导人采取了不同的国际行为原则的现象。例

---

① 百度百科"六方会谈"词条,http://baike.baidu.com/view/529755.htm#1,2009年9月20日访问;《朝核第七轮六方会谈团长会在京举行》,http://news.cctv.com/world/20081208/107870.shtml,2009年9月20日访问;《就朝鲜宣布进行第二次核试验,中国外交部发表声明》,《人民日报》2009年5月26日,第3版。

② James E. Dougherty and Robert L. Pfaltzgraff, Jr., *Contending Theories of International Relations: A Comprehensive Survey*, New York: Addison Wesley Longman, Inc., 2001, p.559.

③ Ibid.

第二章　国际主导国和国际规范的演化

如，美国总统约翰逊（Lyndon Baines Johnson）和小布什都属于"为了"型的领导人，但前者推行《不扩散核武器条约》，限制与非法核国家合作，而后者则违反核《不扩散核武器条约》，与印度进行核合作。[①] 显然，要理解领导人类别对于国际行为原则的影响，我们需要以他们对国际行为原则的偏好为标准划分国家领导人的性质类别。

研究国际规范的理论家们普遍认为，主导国行为原则的变化是国际行为规范变化的前提。他们认为，新的国际行为规范形成的基本模式是三个阶段：主导国提出，多数国家效仿，然后内化成为国际规范。[②] 芬尼莫尔（Martha Finnemore）研究了自1821年起的一百五十多年的人道主义干涉规范的演化。她将人道主义干涉规范演化的主要原因归于欧洲人对非欧洲人的观念变化，即欧洲人将非欧洲人视为与欧洲人同等的人。[③] 只有认为非欧洲人也是"人"后，欧洲国家对非欧洲国家事务的干涉才成为人道主义干涉。在当代国际关系史中，欧洲一直是国际政治的领导力量。芬尼莫尔的分析说明她将主导国的观念变化作为国际规范演变的原因。当然，她并不认为只要主导国的观念改变了，国际规范就能相应地发生变化。她认为国际规范的演化需要多方面的条件，其部分原因是国际共识受到了挑战，成功的挑战才能促使规范演变，反之则不能。[④] 研究规范的理论家们普遍意识到了新规范与原有规范之间具有竞

[①] "为了"型是指为实现一个目的而采取主动出击政策。约翰逊为了阻止东南亚国家落入共产党政权发动了越南战争，小布什为了提高在中东的主导地位发动了伊拉克战争。

[②] Martha Finnemore and Kathryn Sikkinnk, "International Norms Dynamics and Political Change," *International Organization*, Vol. 52, No. 4, Autumn 1998, pp. 887—917.

[③] Ibid., pp. 159—160.

[④] Martha Finnemore, "Constructing Norms of Humanitarian Intervention," *The Culture of National Security: Norms and Identity in World Politics*, ed. by Peter J. Katzenstein, New York: Columbia University Press, 1996, p. 160.

争关系，有些新规范竞争成功，有些则在竞争中失败。①

芬尼莫尔对主导国与规范演化关系的分析有因果关系不明之嫌。她一方面说人的观念变化将改变规范的内容，另一方面又说规范可构建人的国家利益观念。② 在她的分析中，观念既是规范演化的原因又是结果。建构主义者在方法论上的最大缺陷是他们所分析的不同概念常常是同时产生的，由于无法从时间上分离两个概念，因此无法确认不同概念之间是因果关系还是共生关系。为了避免这一缺陷，道义现实主义把行为作为观察对象，也就是说，以主导国的行为作为其领导国类别的判断标准，从时间的先后次序上判断主导国的行为是否对他国的行为构成了影响。

面对主导国推行新规范有时成功有时不成功的现象，伊肯伯里（G. John Ikenberry）和库普乾（Chales A. Kupchan）研究了霸权国成功推行新国际规范的路径和条件。从霸权国如何使新规范社会化的角度总结出领导国促使新国际规范被普遍接受的三条路径，即霸权国通过接触劝说、经济和军事诱惑、强制改变他国内政的方式，使他国执行新国际规范。③ 他们认为，劝说的路径是先改变一国的行为规范，然后导致该国行为的改变；诱惑和强制的路径则是先改变一国的政策行为，然后导致该国行为规范的改变。④ 他们认为，通过上述三条路径成功地使国际社会普遍接受新国际规范，还需要两个必要条件：一是新规范有利于霸权国的利益；二是其他国家的精英们能认识到新规范的重要性。⑤ 这项研究使我们认识到，主导国推动新国际规范的方法与新国际规范的形成具有相

---

① Ronald L. Jepperson, Alexander Wendt, and Peter J. Katzenstein, "Norms, Identity, and Culture in National Security," *The Culture of National Security: Norms and Identity in World Politics*, ed. by Peter J. Katzenstein, p. 56.

② Ibid., pp. 154, 159.

③ G. John Ikenberry and Charles A. Kupchan, "Socialization and Hegemonic Power," *International Organization*, Vol. 44, No. 3, Summer 1990. p. 290.

④ Ibid., pp. 290—292.

⑤ Ibid., p. 292.

关性。

但笔者认为，伊依肯伯里和库普乾关于霸权国推行新国际规范的路径分类方法有问题。劝说、诱惑和强制不是并列的概念，劝说的内容既可以是诱惑也可以是威胁，因此劝说与诱惑和强制有重叠之处。他们认为劝说与诱惑和强制的路径次序不同，因此把劝说设为一个独立的路径。然而，这样做的结果是使内化的进程与结果无法区分。内化是一国在不断重复采取符合某种国际规范行为的过程中将这一规范变成自己下意识的行为原则的过程。说服、诱惑和强制三者都是促使他国接受新国际规范的方法，被说服的国家遵守新国际规范的行为并不必然出自对新国际规范的信仰，很可能也是受利益的驱使。因此，这三者实际上并无内化进程次序上的差别。此外，他们在案例分析中将美国总统威尔逊（Woodrow Wilson）在第一次世界大战后推行建立国联这一新国际规范的失败全部归咎于欧洲国家精英的不接受[1]，这种解释的说服力不强。威尔逊建议的新国际规范在美国国内也未得到积极支持，美国国会最终没有批准美国参加国联。[2] 从方法论上讲，判断主导国性质的依据，应是其执行国际规范的行为表现，而不应是其所宣扬的国际规范的内容。在国际政治中，言不由衷是一个普遍现象，因此在言行不一致的情况下，应以国家行为作为判断标准。

第二节　领导性质与常规原则

一、领导性质在规范演化中的作用

本章所要回答的核心问题是，主导国的领导性质（以下简称为"领

---

[1] G. John Ikenberry and Charles A. Kupchan, "Socialization and Hegemonic Power," *International Organization*, Vol. 44, No. 3, Summer 1990, pp. 295—299.

[2] 王绳祖主编：《国际关系史》第四卷，第97—101页。

导性质"）在国际规范的演变中起什么作用。这个核心问题可以分解为四个小问题：（1）如何区分主导国的领导性质类别；（2）主导国的领导性质通过哪些路径影响国际常规互动行为原则（以下简称"常规原则"）的演化；（3）领导性质的变化对常规原则的演化方向有何影响；（4）主导国的领导作用影响常规原则量变和质变的条件有什么不同。

由于人们通常把国际规范理解为约束暴力行为的规则，因此本章采用"常规互动行为原则"（简称"常规原则"）的说法来描述在既定历史时期国际上通行的互动行为习惯，这种习惯包括了暴力的互动习俗。笔者对常规原则演化的基本理论假设是，主导国的领导性质决定了该国的国际行为，而该国的国际行为促使他国在国际互动中采取相同的行为原则；随着越来越多的国家采取这种相同的行为原则，这种行为原则就普遍化为常规原则了。（如图 2-1 所示）

图 2-1　主导国领导性质与国际常规互动行为原则演化的关系

无论是什么原因改变了主导国的领导性质，主导国的性质改变使其对外政策的行为原则发生变化。这种变化会使主导国从样板、支持和惩罚三个路径影响国家间的互动行为，随着多数主要国家的互动行为原则趋于相同，这种行为原则就演化为国际体系的主导性互动行为原则。当这种行为原则与人们的价值取向相符时，就成为人们常说的国际规范。

二、常规原则、领导性质及互动

本章的理论假设包含了三个核心变量。自变量为主导国的领导性质，其三个变量值为强权、霸权和王权。因变量为国际常规互动行为原则，其三个变量值为实力原则、双重标准原则和规范原则。主导国领导性质的变化并不能直接改变常规原则，而是通过主导国在国际互动中的政策行为影响常规原则的演化。因此，主导国与他国的互动行为（以下简称为"互动行为"）是领导性质变化与常规原则演化之间的中介变量，其两个变量值为常规互动与非常规互动。

1. 常规原则

行为原则不同于行为规范。根据克拉斯纳（Stephen D. Krasner）的定义，"原则是对事实、因果关系、正确行为的信仰"，"规范是权力与责任方面的行为准则"[①]。笔者虽然采用克拉斯纳的定义，但认为"行为原则"与"行为规范"这两个概念不是并列关系，而是从属关系。"行为原则"是个大概念，"行为规范"属于其第三项构成要素，即对正确行为的信仰，不包括对事实和因果关系的信仰。[②] 国际常规互动行为原则是指多数主要国家的共同行为指导方针。常规原则并非都是符合道义的，国际规范仅指符合道义的那部分常规原则。

国际社会是人类行为的社会，因此这个社会体系的运行也必然受到人的自然属性和社会属性的双重支配。故此，我们需要从国际社会的自然属性和社会属性两个角度分析行为原则或行为规范。

在自然属性的支配下，国家采取弱肉强食的实力原则。实力原则是指国家依靠实力使其利益最大化的信念。例如，欧洲国家在16—19世纪争夺殖民地时采取的先占原则就是实力原则。[③] 实力原则是一种内生的自然行为原则，因此在没有其他因素干扰的情况下，它就天然地成为国

[①] Stephen D. Krasner, "Structural Causes and Regime Consequences: Regimes as Intervening Variables," *International Regimes*, edited by Stephen D. Krasner, Ithaca and London: Cornell University Press, 1983, p. 2.

[②] 一些学者将"行为规范"狭义地理解为是对非暴力的合作的信仰。这种将国家间所有暴力行为排除在"行为规范"之外的做法是不合理的。从历史的角度讲，国家对外采取的暴力合作行为也可以是符合国际规范的。

[③] 安国政、郭崇立、杨振武主编：《世界知识大辞典》（修订版），世界知识出版社1998年版，第1542页。

家的行为原则。这如同水往低处流的原理一样,在无阻碍的状态下,水天然地向低处无休止地流动。孔子认为国家以军事暴力行为维护自身利益是天然的本能行为。他说:"蜂虿挟螫而生见害,而校以卫厥身者也。人生有喜怒,故兵之作,与民皆生。"①

在社会属性的支配下,国家采取约定俗成的规范原则。规范原则是指国家依据国际社会规定的方式实现其利益的信念。例如,到1997年,有165个国家签署《禁止化学武器公约》,这就属于规范原则的行为。②规范原则是后天的社会行为原则,它在主观认识的作用下才能成为国家的行为原则。也就是说,当规范原则抑制住实力原则的作用时,规范原则才能产生作用。这如同人为地修建了水渠,才能引导水的流向,防止其随地漫流。荀子说:"势位齐而欲恶同,物不能澹则必争,争则必乱,乱则穷矣。先王恶其乱也,故制礼义以分之,使有贫富贵贱之等,足以相兼临者,是养天下之本也。"③

在无政府性质的条件下,实力原则和规范原则同时支配着国家行为,但在不同的历史时期,两者对多数主要国家行为的支配作用大小不同。当前者占主导地位时,我们将此时的国际体系的常规原则定类为实力原则;当后者占主导地位时,则定类为规范原则。然而,在很多情况下,两者的作用难以截然分开,此时我们将常规原则定类为双重标准原则。例如,《不扩散核武器条约》(又称《核不扩散条约》)就是一个双重标准原则,它禁止非核武器国家拥有核武器,但不禁止核国家拥有。④ 依据实力决定是否拥有核权力,这体现的是实力原则;但无核国家自愿参加这个条约又体现了规范原则。无论从逻辑上推演还是从历史中观察,双重标准原则都比其他两类原则更频繁地成为常规原则。

---

① 《大戴礼记·用兵》。厥:其,他的。
② 安国政、郭崇立、杨振武主编:《世界知识大辞典》(修订版),第728页。
③ 《荀子·王制》。
④ 安国政、郭崇立、杨振武主编:《世界知识大辞典》(修订版),第227页。

2. 领导性质

领导性质是指主导国的政策行为属性，不同的行为属性引导国际体系常规互动原则演化的方向不同。虽然一国具体的政策行为很可能同时受实力原则、规范原则和双重标准原则所支配，但不同主导国家所采取的占支配地位的行为原则是不同的，据此我们可以将它们的领导性质进行分类。对外行为是大国领导性质的外在表现。本章将以主导国的行为来定义其领导性质。荀子曾依据主导国的行为差别做出了王、霸、强的性质分类。他说："王夺之人，霸夺之与，强夺之地。"① 借鉴荀子的概念，本章将主导国的领导性质分为强权、霸权、王权三类。强权是指奉行实力原则；王权是指遵循规范原则；霸权则指实行双重标准原则，即对盟友采取规范原则但对敌国采取实力原则。

3. 互动

互动与常规性互动是两个不同的概念。"互动"一词在字典上的解释为"相互作用，相互影响"②。因此，互动在国际关系中是指国家之间针对他方行为采取的行为反应。国家间的互动是国际关系的具体表现，没有互动就没有国际关系。在15世纪之前，欧洲、亚洲、美洲和非洲的国家之间几乎没有互动，因此各地区构成独立的国际体系。学界普遍认为，15世纪前世界上同时存在着几个不同的国际体系，而不存在全球性的国际体系。③ 无论全球的还是地区的，任何国际体系内部的国家之间都有互动，但不同国际体系的常规性互动特点不同。④ 具体时期具体范围内的普遍性互动特点属于常规原则。这就是说，国际互动包括两类互

---

① 《荀子·王制》。
② 吴光华主编：《现代英汉综合大辞典》，上海科学技术文献出版社1990年版，第1213页。
③ 〔英〕巴里·布赞：《世界历史中的国际体系》，刘德斌译，高等教育出版社2004年版，第215—222页。
④ Robert Gilpin, *War and Change in World Politics*, 北京大学出版社2005年影印版, p.27.

动行为：符合常规原则的互动和不符合常规原则的互动。前者为常规性互动，后者为非常规性互动。

常规性互动是指在一个国际体系的既定时期内，多数主要国家依据相同行为原则回应对方的行为。反之，采取与多数主要国家不同的行为原则，则属于非常规性互动。在一个国际体系内，一国的行为属于常规性互动还是非常规性互动，并不取决于该国的行为是暴力的还是非暴力的，而取决于它是否符合多数主要国家的行为原则。如果符合，那么无论是否暴力都不受国际谴责；而非常规性互动行为即使是非暴力的，也会受到谴责。例如，执行自由贸易原则是21世纪的常规性互动行为，采取贸易保护主义政策虽不是暴力行为但仍受国际谴责。一般来讲，常规互动行为被视为符合国际规范的行为。但是，采取符合常规互动原则的行为并不必然受益，也有受害的可能。例如，春秋时期，宋襄公在泓水之战时遵守不攻击未完成队列的敌军的战争规范，结果被楚军打败。[①]

常规性互动与非常规性互动对国际规范的影响不同。常规性互动具有普及和强化现行规范的作用，而非常规性互动则有改变现行规范的作用。例如，第一次世界大战后，战胜国瓜分战败国的殖民地并对战败国提出巨额战争赔款，这是战胜国以实力原则回应战败国实力原则的互动。这种常规性互动强化了当时的实力原则规范，使得一战后多数大国采取强权政策，以致发生了第二次世界大战。相反，第二次世界大战后，美国作为最强大的战胜国对战败的德国和意大利进行了经济援助。这在当时是一种非常规性互动行为，其结果是促使国际规范从实力原则向规范原则转化。

---

① 《左传·僖公二十二年·子鱼论战》。

第三节 国际规范的演变

在分析主导国的领导性质对国际规范的变化产生影响的原理之前,我们需要区分行为原则内化的过程和结果。有学者认为,国际规范内化(internalization)有被迫行为、逐利行为和合法行为三种程度上的区别。[①]笔者认为,这种分类混淆了内化的路径与结果。内化是指从有意行为向下意识行为的演进过程,因此被迫行为或逐利行为都是国际规范内化的路径,并不是内化的结果。合法行为是指下意识的行为,因此是内化的结果而非路径。下面分别讨论领导性质对行为原则内化为国际规范的路径和结果的影响。

一、互动路径

主导国的行为原则通过行为表现出来,其行为通过三条路径影响其他国家所采取的行为原则,即示范—效仿、支持—强化和惩罚—维护。(参见图2-2)

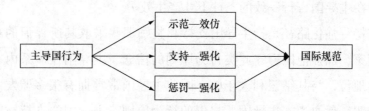

图2-2 主导国行为影响常规原则的路径

示范—效仿路径,是指其他国家效仿主导国的行为原则。主导国的国际地位使其行为原则被视为其成功的原因之一,于是其他国家会效仿。

---

① Alexander Wendt, *Social Theory of International Politics*, p. 268.

主导国行为的样板作用对其行为对象和旁观者都有影响。春秋时期就有了这种认识，郑国大臣子家对晋国执政卿赵宣子说："小国之事大国也，德，则其人也；不德，则其鹿也，铤而走险，急何能择？"① 大国有道德，小国的行为就像人一样；大国没道德，小国就像鹿一样，做事不择手段。特别是在与他国发生利益矛盾时，主导国以协商的方式解决，会促使对方采取规范原则；而若主导国以强力方式解决矛盾，则会促使对方采取实力原则回应。前者促进规范原则的扩展和内化，后者则促进实力原则的扩展和内化。小布什和奥巴马在东欧反导问题上对俄罗斯分别采取了实力原则和规范原则，结果是俄罗斯以实力原则回应小布什，以规范原则回应奥巴马。② 小布什在东欧部署反导系统，俄罗斯就向其飞地加里宁格勒部署短程导弹。奥巴马停止在东欧部署反导系统，俄罗斯也放弃在加里宁格勒的导弹计划。③

示范—效仿路径与伊肯伯里和库普乾的劝说路径有本质的不同。劝说是霸权通过当面的语言交流方式促进他国遵守其所提倡的行为原则，而示范—效仿路径是主导国靠以身作则的行为方式影响他国采取相同的行为原则。劝说可以是诱惑也可以是威胁，而以身作则则是样板作用。劝说可在主导国不遵守其所倡导的行为原则的条件下发生效力，而以身作则只在主导国言行一致的条件下才产生效力。

支持—强化路径是指主导国支持和奖励那些采取其所提倡的行为原则的国家，加强他国遵守此类行为原则的信念。主导国在体系内有较高的实力地位，与其结盟利大于弊，因此主导国常常拥有很多盟友。与主导国结盟，就要遵守主导国所提倡的行为原则。主导国的支持被其盟友

---

① 《左传·文公十七年》。
② 张光政：《俄罗斯放弃在加里宁格勒部署导弹》，《人民日报》2009年9月20日，http://news.qq.com/a/20090920/000230.htm。
③ 赵嘉麟：《俄暂停在加里宁格勒州部署短程导弹》，新华网，2009年1月28日，http://news.sina.com.cn/w/2009-01-28/171417118397.shtml。

视为自身行为合法性的依据,这就深化了其盟友对此类行为原则的信念。冷战结束后,美国不支持西方国家内部的分离主义,但却鼓励西方国家支持非西方国家的分离主义。美国这种政策促进了西方国家在分离主义问题上采取双重标准规范的内化。西方在南斯拉夫支持科索沃独立,但反对英国的苏格兰独立。

惩罚—强化路径是指主导国惩罚违反其所提倡的行为原则的国家,促使这些国家建立遵守此类行为原则的信念。惩罚原本是实力原则行为,其示范作用本应促进实力原则规范的内化。但是,如果惩罚的对象是违背现行规范原则的国家,则有促进规范原则内化的作用。主导国对违反规范原则的国家进行惩罚,增加了对方违反规范原则所付出的代价,这会促进该国和其他国家在此后采取符合规范原则的行为。伊拉克1990年武力吞并科威特,违背了《联合国宪章》中不得以武力侵害他国领土完整或政治独立的规范。[①] 美国1991年1月发动海湾战争对伊拉克进行了惩罚。[②] 这种惩罚有助于伊拉克和其他国家遵守《联合国宪章》中的相关规定。反之,如果主导国对违反其所提倡的原则的国家不进行惩罚,则会弱化这种行为原则实施的普遍化。

惩罚—强化路径比伊肯伯里和库普乾的强制路径所包括的内容要广泛得多,其影响也广泛得多,而非局限于对被惩罚国家的个别影响。他们提出的通过改变他国政权来推行规范的方法,仅是惩罚—强化路径中的一种特例。这种方法仅是主导国在特殊情况下对个别国家使用的方法,而非日常对多数国家普遍采取的方法。主导国可以采用多种不同措施惩罚违反其提倡的行为原则的国家。经济制裁、政治谴责、断绝外交关系、军事封锁等措施,都具有促使他国改变其原有行为原则的作用。

[①] 李铁城主编:《联合国的历程》,第647页。
[②] 《世界知识年鉴1991—1992》,第1—4页。

二、国际规范的演化

主导国的领导性质决定了它的行为,其行为对国际规范的影响有三条路径。据此,通过分析主导国的行为在三条路径上有什么影响,就可以看出主导国的领导性质如何影响国际规范的演化。

1. 国际规范的演化方向

强权国奉行实力原则,其行为具有弱化规范原则而将实力原则强化为国际规范的作用。强权国的样板作用是促使更多国家效仿其实力原则。它带领或鼓励盟友对敌国采取实力原则的政策,促使其盟友坚信实力原则是有益的。强权国在以实力原则回应他国的规范原则行为时,实际上是对违反实力原则行为的惩罚,这会严重弱化其他国家执行规范原则的信念,促使它们转向采取实力原则。战国晚期,秦国是典型的强权主导国。在实力原则支配下,秦国不断兼并他国领地,其他诸侯国将其视为"虎狼之国"①。秦国违约兼并遵约国领地的行为,促使其他诸侯国更加摒弃规范原则而采取实力原则的政策。例如,秦国有一次在与赵国的媾和中,提议赵国割让六城给秦国以结束敌对战争。赵国大臣虞卿对赵惠文王说:"且秦,虎狼之国也,无礼义之心。其求无已,而王之地有尽,以有尽之地,给无已之求,其势必无赵矣!"②赵王接受了虞卿的建议,相信进行战争比签订和约更有利于生存,于是与齐国结盟,共同采取实力原则继续抗秦。③

王权国奉行规范原则,其行为具有弱化实力原则而将规范原则强化为国际规范的作用。在样板路径上,王权国遵守规范原则的行为,可促使其他国家形成采取规范原则有利于国家强大的观念。荀子说的"义立

---

① 《战国策·楚策一·苏秦为赵合从》《战国策·西周策·秦令樗里疾以车百乘入周》。
② 《战国策·赵策三·秦攻赵于长平》。
③ 同上。

而王",反映了人们对于遵守规范原则与成为领导国关系的认识。① 王权国具有建立国际规范的最大物质力量,在实施奖励和惩罚的两条路径上,它不仅可以奖励遵守规范原则的国家,更可以用武力推行规范原则。王权国遵循国际规范开展的自我约束行为,为其奠定了武力推行规范原则的合法性。《吕氏春秋》中说:"古圣王有义兵而无偃兵。"② 这反映出古人就认为主导国具有武力推行规范原则的合法性,而且其合法性在于其行为的正义性。"禹伐三苗"是王权国以武力推行规范原则的一个事例。"伐"在汉语中指正义力量对非正义势力的军事攻击。

霸权提供的领导在性质上位于强权与王权之间,其奉行的是双重标准原则,即对盟友采取规范原则,对敌国采取实力原则。霸权国的行为具有强化双重标准原则为国际规范的作用。霸权国符合规范原则的行为主要影响与盟友之间的互动原则。战略诚信是霸权的基础之一,只有采取规范原则才能建立起战略诚信,如子服惠伯所说:"夫盟,信之要也。"③《左传》中有"信不由中,质无益也"④ 的认识。为了增强同盟的牢固性和争取更多盟友,霸权国依据规范原则为盟友提供安全保障。霸权国在盟友间推行规范原则的路径与王权一样,也是恩威并举,如郤缺所说:"叛而不讨,何以示威?服而不柔,何以示怀?非威非怀,何以示德?无德,何以盟?"⑤

霸权国采取的实力原则行为主要影响与敌对国家之间的互动原则。其实力原则行为促使敌对国以实力原则相回应。例如,苏联解体后,俄罗斯总统叶利钦(Boris Nikolayevich Yeltsin)迫切希望加入西方阵营,按西方的规范原则行事。然而,由美国主导的北约却利用叶利钦遵守西

---

① 《荀子·王霸》。
② 《吕氏春秋·孟秋纪·荡兵》。
③ 《国语·鲁语下·子服惠伯从委平子如晋》。
④ 《左传·隐公三年·周郑交质》。
⑤ 《左传·文公七年·晋郤缺言归卫地》。

方规范原则的机会，实施北约东扩战略，挤压俄罗斯的战略空间。北约以实力原则行为回应了俄罗斯的规范原则行为，使俄打消了遵守规范原则的信念。普京主政后，俄罗斯重新采取以实力原则为主的对外政策。①2008年当美国放纵格鲁吉亚以武力解决南奥塞梯问题时，俄罗斯不仅迅速出兵格鲁吉亚，而且宣布承认南奥塞梯和阿布哈兹独立。② 2014年，俄罗斯更是用武力吞并乌克兰的克里米亚半岛，以回应美国组织北约向乌克兰扩张的政策。③

霸权国的双重标准原则行为是以敌友关系为出发点的，逻辑上是自洽的，因此对国际规范演化方向的影响也不会产生矛盾。霸权国的行为促使他国也依据敌友关系决定其行为原则，即以规范原则对友，以实力原则对敌。例如，目前西方国家普遍容忍以色列的核项目，但不容忍伊朗的核项目。双重标准原则不仅适用于处理盟友和敌人的关系，还适用于应对同类和非同类国家的关系。例如，1968年问世的《核不扩散条约》对有核国家和无核国家实行双重标准的原则，现已发展成为全球性的国际规范。④

2. 国际规范的质变

国际规范的演化是个缓慢的渐进过程。一般来讲，国际规范的质变过程是以百年为单位的，由于演化缓慢，因此难以确定质变的时间点。但如果延长观察的时间段，也能观察到主导国的领导性质对国际规范质变的作用。

---

① 俄罗斯战略形势评估课题组：《俄罗斯强势崛起述评》，《现代国际关系》2009年第2期，第19—24页。

② 朱锋：《俄格冲突的国际政治解读》，《现代国际关系》2008年第11期，第6—12页。

③ Will Englund, "Kremlin Says Crimea Is Now Officially Part of Russia after Treaty Signing, Putin Speech", *The Washington Post*, March 18, 2014, http://www.washingtonpost.com/world/russias-putin-prepares-to-annex-crimea/2014/03/18/933183b2-654e-45ce-920e-4d18c0ffec73_story.html.

④ 安国政、郭崇立、杨振武主编：《世界知识大辞典》（修订版），第227页。

主导国的领导性质变化，可以给国际规范的质变开创起点。主导国的领导性质改变，意味着主导国的行为原则改变。我们可以从"样板—效仿""支持—强化""惩罚—强化"三条路径上分析这种变化对他国行为原则的影响。在国际领导的性质变化初期，这种影响特别明显。例如，1945年二战结束后，美国和苏联取代欧洲列强成为世界主导国。它们不同于一战和二战时期的欧洲强权国，而是霸权国，实行双重标准原则，即对友邦采取规范原则，对敌国采取实力原则。随着北约和华约分别于1949年和1955年建立，资本主义和社会主义两大阵营也形成了。① 这就为国际规范从实力原则向双重标准原则规范转化开创了起点。

国际领导的性质长期不变，可促进某种行为原则内化或社会化为国际规范。主导国的性质长期不变，意味着它长期以某类行为原则与许多国家进行互动，这将促使该类原则在他国内化或在国际上社会化。例如，美国人对于民主具有"溶化在血液中的信任"②。自1945年以来的六十多年里，美国长期对民主体制国家采取规范原则，对专制国家采取实力原则。特别是美国在1991年获得了世界唯一超级大国的地位后，加大了在世界上推进民主反对专制的政策力度。到了21世纪初，世界上绝大多数国家无论其政治体制实质是什么，都宣称自己是民主体制，并反对专制体制。支持他国的民主运动、反对他国专制体制的干预行为被视为人道主义干预，并正在社会化为新的国际规范。

3. 主导国性质的改变

既然主导国的性质在国际规范的演化中具有最重要的作用，在此简单分析一下主导国性质变化的路径。主导国性质的变化可来自政权内部，如中国古代的夏桀和殷纣继位后，夏和商的权力性质逐渐从王权向强权

---

① 安国政、郭崇立、杨振武主编：《世界知识大辞典》（修订版），第155、637页。
② 参见〔美〕罗伯特·阿特：《美国大战略》，郭树勇译，北京大学出版社2005年版，第88—94页。

转变。主导国性质的变化也可来自政权更迭，如中华帝国的汉朝取代了秦朝，国家也从强权转为霸权。主导国性质的变化还可来自实力地位的转换，如二战后的美苏取代了欧洲列强的世界领导地位，使得世界主导国从强权转为霸权。

温特认为虽然不能保障国际规范从洛克文化（竞争）向康德文化（友好）发展，但至少不太可能回到霍布斯文化（敌对）。① 这种看法是线性进化的历史观，很多人都喜欢这种思维方式，然而这种看法缺乏理论逻辑和历史事实的支撑。古代国家的发展历史在不同地区是不一样的，华夏地区的历史表现为春秋战国前的国家间关系没有春秋战国时期残酷。

由于主导国性质的变化是不确定的，因此国际规范的演化方向也是不确定的。首先，主导国性质在王、霸、强三者间的变化是随机的，并无规律。即使在现代民主体制条件下，在同一主导国的情况下，其领导性质的变化也是或然的。比较克林顿、小布什和奥巴马的对外政策，我们可以发现，克林顿的政策霸权性强，小布什的政策强权性强，奥马巴的政策霸权性强。

将上述主导国的领导性质影响国际规范演化的原理进行整理，可以得到图2-3。

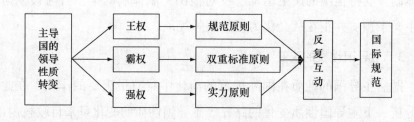

图2-3　国际规范演化过程

---

① Alexander Wendt, *Social Theory of International Politics*, pp. 250—251.

第四节 历 史 案 例

鉴于国际规范的演化过程缓慢,因此本节选择了西周、春秋、19世纪末至二战和二战结束至今四个时间长度在50年以上的案例进行分析。这四个案例在历史时期、科学技术、文化思想、实力格局、政治体制、地理范围等方面差别很大。故此,如果主导国的性质在这四个时期对国际规范演化的影响具有相似性,那么我们可以认为王、霸、强三种领导权对于国际规范演化具有普世性的作用。

一、西周

在公元前1066—前770年的西周时期,周王朝的性质从王权转变为霸权而后再转变为强权;与此相应的是华夏地区的国家间行为规范从规范原则向双重标准原则演化,而后向实力原则演化。

约在公元前1066年,周武王灭了商纣,建立了周王朝,从此开始了西周体系。① 在这个体系中,诸侯国之间的行为规范是五服规范原则。公元前17世纪的商汤时期,汤王召集了"景毫之命"大会,建立了"候、甸、男、采、卫"的五服规范,这种规范得到了诸侯国的普遍拥护。② 在此基础上,周武王将其修改为"甸、候、宾、要、荒"的五服规范。③ 武王、成王、康王带头执行五服规范,在发现其他国家不执行时首先自我检讨是否没有做好,并对不合理的规范进行改革,然后对违反规范的国家进行警告,对警告后仍不改过的国家才进行武力讨伐。④

---

① 杨宽:《西周史》,上海人民出版社2003年版,第871页。
② 何茂春:《中国外交通史》,中国社会科学出版社1996年版,第13—14页。
③ 杨宽:《西周史》,第453页。
④ 黄永堂译注:《国语全译》,贵州人民出版社2009年版,第2页。

由于周王朝带头执行规范，而且进行战争的目的在于维护规范，因此在武、成、康三代，五服规范得到较好的遵守，体系内的战争相对较少。①

公元前1001年周昭王继位后，周王朝不再严格遵守五服规范，不断对体系边缘的荒服地区的部落发动战争。②典型事例是周穆王对犬戎发动的战争。③根据五服规范，处于荒服地区的犬戎只需不定期地朝拜天子即可，没有四季进贡祭品的责任。然而，周穆王听不进祭公谋父关于遵守规范重要性的劝谏，以犬戎没有进贡四季祭品为借口对其发动战争。周王朝虽然赢得了战争，但有关荒服的规范却遭到了破坏，从此犬戎部族不再来朝拜。由于周王朝当时还能遵守对侯服和宾服地区国家的规范，不随意对周边诸侯国发动战争，因此国家间的行为规范逐渐演化为双重标准原则。

周厉王于公元前858年继位，此时周王朝不仅违反对边远部族的规范，而且不执行对诸侯国的规范。周厉王对王室成员破坏诸侯国"共享山泽"这一规范的行为不加制止，致使一些诸侯反叛。④周宣王（公元前827年继位）时期的周王朝已经是强权性质，甚至对同宗姬姓诸侯鲁国都不按规范对待了。周宣王违反长子继承制的规范，要鲁国立幼子戏为太子。鲁国人不满，杀了戏，立长子恬的儿子伯御为国君。为此，周宣王于公元前795年（宣公三十二年）对鲁国发动了战争。周宣王赢得了战争，但周王朝与诸侯国的关系恶化，冲突不断。⑤体系的行为规范逐渐从双重标准原则向实力原则演化。周幽王公元前781年继位，他不但违反当时长子继承的政治规范，废了太子，改立庶子，而且公开违反盟友间的规范原则。公元前779年（幽王三年），他为宠后妃褒姒，以

---

① 何茂春：《中国外交通史》，第23页。
② 杨宽：《西周史》，第453页。
③ 黄永堂译注：《国语全译》，第2页。
④ 杨宽：《西周史》，第840、841、849页。
⑤ 黄永堂译注：《国语全译》第20页；杨宽：《西周史》，第842页。

峰火戏诸侯。① 此后，遵守同盟内部规范原则的诸侯越来越少。当北方犬戎入侵中原时，他以峰火召诸侯来救，多数盟国都未来救援，周幽王于公元前770年被犬戎军杀死在骊山。②

二、春秋

中国学者普遍认为，西周与春秋的重大政治区别是前者没有大国争霸，后者是大国争霸时代。③ 西方学者对于西周与春秋时期的政治区别的认识角度不同，他们认为，两者的区别是以周王朝为中心调解国家间冲突的机制在春秋时期消失了。随着周王朝实力地位的下降，其调解诸侯国冲突的作用也消失了。周王朝对别国事务享有特殊权力的等级规范受到了严重挑战。诸侯国与周王朝之间、诸侯国之间、诸侯国与夷狄之间的关系向平等规范演化。它们之间签订的条约只对签约成员具有效力，没有高于条约成员的政治力量可以在成员国的领地上享有更大的权力了。④ 由于条约的效力只适用于签约的成员国，因此双重标准原则成为国家间的规范，即解决同盟成员之间冲突的原则与解决同非盟国之间冲突的原则不同。

春秋前期，双重标准原则演化成为常规原则的一个重要因素，是齐楚两大同盟的建立。取代周朝主导华夏体系的齐、楚两国是霸权。它们崛起争霸时，临时性的军事合作逐渐发展成为政治同盟，这使同盟的稳定性得到增强。公元前651（僖公九年），齐国与宋、鲁、卫、许、曹、陈等国达成"葵丘之盟"。盟约的规则包括了内政、外交、意识形态等

---

① 杨宽：《西周史》，第850页；《史记·周本纪》。
② 顾德融、朱顺龙：《春秋史》，上海人民出版社2001年版，第41—42页；杨宽：《西周史》，第851页；。
③ 顾德融、朱顺龙：《春秋史》，第21页。杨宽：《战国史》，上海人民出版社2003年版，第2页。
④ K. J. Holsti, *International Politics: A Framework for Analysis*, Seventh Edition, Englewood Cliffs: Prentice Hall Inc., 1995, p. 33.

多方面。如盟约规定："凡我同盟之人，既盟之后，言归于好。"同时还申明不可壅塞泉水，不可多藏粮谷，不可更换嫡子，不可以妾为妻，不可让妇人参与国政等一系列规定。① 这种同盟内部互不侵犯的规范减少了盟国间的战争，和实力原则为常规原则的体系相比较，这种规范有助于维护体系的相对稳定。② 然而，盟国间的规范并不适用于与非盟国的关系。"葵丘之盟"的双重标准原则能成为国家间规范并得到较长时期的遵守，一个重要原因是盟主齐国长期带头遵守盟约。

中国学界普遍认为："春秋时代战争的主要目的在于争霸，战国时代战争的主要目的在于兼并。"③ 其实不兼并邻国的国家间规范在春秋后期就开始演变，并非到了战国时期才改变。楚国靠兼并"汉阳诸姬"成为大国，秦国靠兼并西戎坐大，郑武公、郑庄公、晋献公、晋文公都曾兼并过邻国。④ 到吴楚争霸的后期，兼并战败国就已经成了国家间的常规行为原则。吴国称霸时，吴王夫差打败越国后没有兼并越国。但是越国崛起为新霸权后，复仇心理使越王勾践采取了强权政策，于公元前473年兼并了战败国吴国。⑤ 勾践作为春秋时期的最后一个霸主，其吞并吴国的行为，促使兼并战败国最终演化成国家间的常规行为原则。从争霸但不兼并他国领地的规范演化为兼并他国领土的规范这一过程是一个从双重标准原则向实力原则演化的过程。

在西周至战国的历史时段中，华夏地区国家间互动原则演化过程为：规范原则→双重标准原则→实力原则→双重标准原则→实力原则。这一演化过程表明国际规范的性质演化是非线性的，没有既定的方向。

---

① 顾德融、朱顺龙：《春秋史》，第85页。
② K. J. Holsti, *International Politics: A Framework for Analysis*, p. 34.
③ 杨宽：《战国史》，第2页。
④ ［清］马骕：《左传事纬》，徐连城点校，齐鲁书社1992年版。
⑤ 杨宽：《战国史》，第2页。

三、19 世纪末至二战期间

19 世纪末期,英国是强权性的国际主导国。它长期通过采取实力原则在世界上拓展殖民地,促使实力原则演化为当时的国际规范。[①] 英国的实力原则表现为其对外政策没有诚信,不遵守国际条约。1896 年,英国公开承认其"光荣孤立"政策就是为了在任何情况下都可按其单方面的意愿采取行动。[②] "光荣孤立"政策使英国形成了不愿被国际条约束缚的外交习俗。1898 年英国与德国签约瓜分葡萄牙殖民地,1899 年英国又与葡萄牙签约保证不侵犯葡萄牙的殖民地,这实际上违背了英德条约。[③] 英国于 1904 年和 1907 年分别与法、俄订立了针对德国的军事协定,但 1909 年英国又与德国进行海军协议谈判。英国的违约行为与周宣王不遵守五服规范的行为在性质上是一样的。

英国这种不讲信誉的行为促使其他大国也不遵守国际条约。一战前,国家违背条约的现象是普遍的,条约多被用作政策的借口而非依据,外交欺骗和背叛是当时的普遍现象。例如,意大利是德奥意同盟的核心成员,1914 年 7 月 28 日第一次世界大战爆发,8 月 3 日意大利就背弃盟约,宣布中立。[④] 英国于 7 月 9 日告知德国驻英大使,英国与法、俄没有同盟关系,没有任何受约束的义务,并在大战前两天表态说将保持中立不卷入战争。由于背叛盟友是常规原则,因此德国相信了英国背叛协约国的表态。当 7 月 29 日英国表达了要参战的立场后,德国的威廉二世大

[①] 1902—1911 年间,英国的军费开支最大,排在其后的俄、德、法的军费只相当于英国的三分之二,奥匈与意大利的军费还不到英国的一半。美国和日本分别赢得 1898 年美西战争和 1905 年日俄战争后实力有了较大提升,但还远不能与英国相比。参见王绳祖主编:《国际关系史》第三卷,世界知识出版社 1995 年版,第 357—358 页。

[②] 同上书,第 329 页。

[③] 王绳祖主编:《国际关系史》第三卷,第 334 页。

[④] 同上书,第 410 页。

骂英国欺骗。①

英国通过武力拓展殖民地的实力原则行为被世界上的主要国家所效仿，瓜分他国领土或殖民地成为这一时期的国际常规行为原则，这与华夏地区战国时期的兼并原则很相似。此间世界上争夺殖民地、扩张领土、侵占他国领土主权的战争不胜枚举，如美西战争（1898）、英布战争（1899—1902）、八国联军侵华（1900）、日俄战争（1904—1905）、第二次摩洛哥危机（1907）、意土战争（1911—1912）、阿加迪尔事件（1911）、俄军入侵蒙古（1911）、第一次巴尔干战争（1912—1913）、第二次巴尔干战争（1913）和第一次世界大战（1914—1918）等等。②

一战后，美国很快取代英国成为世界首要强国，但是美国刚刚开始从强权向霸权转化，因此它未能给世界提供与英国性质不同的领导作用。③ 虽然美国总统威尔逊提出"十四点计划"，提议建立集体安全体制的国际联盟。国联盟约包括了保持成员国领土完整、政治独立和民族自决原则等条款。④ 但是，美国参议院最后否决了《凡尔赛和约》，结果美

---

① 王绳祖主编：《国际关系史》第三卷，第402—403页。
② 美西战争的结果是西班牙将古巴、波多黎各岛、西属西印度群岛、关岛、菲律宾群岛让与美国。英布战争后，布尔共和国丧失独立，承认英国国王为主权者；英国将开普、纳塔尔、德兰士瓦、奥兰治合并成立南非联邦。日俄战争后，俄将旅大租借地、萨哈林岛（库页岛）南部及附近岛屿让给日本，承认日本在朝鲜有"卓绝之利益"，1910年日本正式吞并朝鲜。意土战争后，土耳其承认的黎波里和昔兰尼加归属意大利。第一次巴尔干战争后，土耳其将其自爱琴海的埃内兹到黑海的米迪亚之间所划出的一线以西的全部欧洲大陆领土（阿尔巴尼亚除外）和克里特岛割让给门的内哥罗、塞尔维亚、保加利亚、希腊。第二次巴尔干战争后，希腊和塞尔维亚分割了马其顿，土耳其夺回阿得里安堡，保加利亚失去了在第一次巴尔干战争中获得的土地，还失去了部分自己原有的领土。八国联军侵华后，俄国占领中国东北三省，俄、意、比、奥匈获得在天津的租界地。第二次摩洛哥危机后，法国军事占领阿尔及利亚的乌季达州。阿加迪尔事件后，法国将部分法属刚果领土（27.5万平方公里）割让给德国，德国将喀麦隆乍得湖以东的一块地让给法国。俄军入侵蒙古后，俄国还武装占领了中国的唐努乌梁海地区。参见王绳祖主编：《国际关系史》第三卷，第274—394页。
③ 1922年达成的《美英法意日五国限制海军军备条约》规定五国的海军比例为5∶5∶3∶1.75∶1.75。参见王绳祖主编：《国际关系史》第四卷，第118页。
④ 同上书，第90—91页。

国没有参加国联,因此美国也未能在建立国际新秩序中发挥领导作用。一战后还是由英、日、法、意等强权国主导国际规范。[①] 也就是说,由于一战后仍由强权国家发挥世界领导作用,因此一战后的国际规范延续了一战前的实力原则。

一战后,违反国际条约的行为仍属于常规的行为原则,以战争手段扩张领土的违约现象仍十分普遍。这一时期是全球性的战国时代。例如,1919年的《国际联盟盟约》、1922年限制海军军备的《五国海军条约》、1928年的《非战公约》、1929年的《莫斯科议定书》,都是限制使用武力的条约,但是没有大国遵守这些条约。国联成立后,包括德、日、意在内先后有15个国家退出国联。[②]这表明当时违背国际条约行为的普遍性及合法性。1929年的金融危机之后,大国扩张领土的大规模军事行动加剧。日本先是于1931年侵占中国东北,而后于1933年继续入侵中国华北,1935年意大利侵占阿比西尼亚(现埃塞俄比亚),1937年日本发动全面侵华战争,1937年德国入侵捷克斯洛伐克、1939年入侵波兰,第二次世界大战爆发。[③]

四、二战结束以来

第二次世界大战结束以来的历史可分为冷战和冷战后两个时期。冷战时期,美苏同为世界主导国,其政治性质为霸权,国际规范原则是双重标准。冷战后,美国独自主导世界,其领导国的性质并没有发生变化,国际规范依然是双重标准。

冷战时期美国和苏联的双重标准原则成为国际规范,与春秋晋国和楚国争霸时期有一定的相似性。美国和苏联两国像晋国和楚国一样是霸

---

① 参见王绳祖主编:《国际关系史》第四卷,第84—91页。
② 安国政、郭崇立、杨振武主编:《世界知识大辞典》(修订本),第549页。
③ 王绳祖主编:《国际关系史》第五卷,世界知识出版社1995年版,第59—62、83—86、148—149、184—187;277—380页;第六卷,第4—5页。

权国而非强权国。从遵约的角度讲，美国有些像当年的晋国，苏联则有些像当年的楚国。二战后，美苏在全球争夺势力范围，但都没有进行领土扩张。在冷战的四十多年里，它们培植亲美或亲苏政权，进行代理人战争，但都没有扩张本国领土。它们建立多边军事同盟组织或双边军事同盟关系，为盟国提供安全保障和经济援助，对敌国则采取颠覆政权甚至发动战争的政策。

美国与晋国的相似之处在于，对盟友较好地执行了规范原则。自1948年起，美国对欧洲国家实行"马歇尔计划"提供援助，1949年北约成立后，美国没有对盟友进行过武装干涉，因此西方阵营在冷战的四十多年里保持了相对的团结。[①] 苏联对盟友履行规范原则的行为不如美国。它不仅于1948年单方面从南斯拉夫撤军，1950年在朝鲜战争中未出兵，1958年单方面停止对华援助，而且于1956年和1968年分别出兵干涉华约成员国匈牙利和捷克。[②] 苏联的行为显然不符合荀子所说的"结约已定，虽睹利败，不欺其与"[③]的霸权标准。苏联的实力原则行为对社会主义阵营成员的影响很大，不到十年东方阵营破裂，成员之间发生了多次战争，最终华沙条约组织于1991年4月解散。[④]

冷战期间，美、苏对非盟友国家采取实力原则行为，为了争霸，它们不但在亚、非、拉地区进行了许多代理人战争，而且亲自参加了一些战争，如朝鲜战争（1950—1953）、猪湾战争（1959）、越南战争（1961—1973）、阿富汗战争（1979—1988）、海湾战争（1990—1991）。美、苏对非盟友采取的实力原则行为，使敌对国家间的实力原则强化为常规原则。敌对的地区大国普遍以实力原则回应对方，也引发了许多战

[①] 安国政、郭崇立、杨振武主编：《世界知识大辞典》（修订本），第984页。
[②] 王绳祖主编：《国际关系史》第八卷，世界知识出版社1995年版，第309—310页；第9卷，第105—107页。
[③] 《荀子·王霸》。
[④] 《世界知识年鉴1991—1992》，第846页。

争和军事冲突，如三次印巴战争（1948、1965、1971）、以色列与周边国家间的五次中东战争（1948、1956、1967、1973、1982）、中印边境战争（1962）、越柬战争（1978—1979）、中越军事冲突（1979）、两伊战争（1980—1988）、南非对邻国的多次军事入侵。

冷战后美国成为世界唯一的超级大国，其领导者的性质依然是霸权，其遵循的行为原则依然是双重标准。美国的世界霸权使它有了强化双重标准原则的更大实力。例如，在分离主义问题上，美国与西方国家达成默契，执行互不干涉内政的原则，但是对于非西方国家则采取支持分离主义的政策。在不扩散导弹技术问题上，防止向非盟友的扩散行为，但不禁止向西方盟友的扩散。在核不扩散问题上，美国与印度进行核合作，但对伊朗核项目进行制裁。在政治制度上，美国与专制的沙特政府合作，但通过战争推翻伊拉克萨达姆的专制政权。

冷战后，双重标准继续作为国际规范的另一个标志是"民主和平论"所依据的国际现象，即西方国家之间相互不进行战争，但对非西方国家发动战争，或是非西方国家之间相互进行战争。1990—2002 年间，世界上 46 个不同地点发生了 58 起重大武装冲突，但其中没有发生于西方国家之间的。① 自 1990 年以来，重大的国际战争有海湾战争（1991）、索马里战争（1992）、埃塞俄比亚-厄立特里亚战争（1998—2000）、科索沃战争（1999）、阿富汗战争（2001）、伊拉克战争（2003）、以色列入侵黎巴嫩战争（2006）。在这些战争中，多数是西方国家对非西方国家发动的战争。此外，还有一些战争的一方是由西方支持的，如格鲁吉亚战争（2008）、利比亚战争（2011）、叙利亚战争（2011）、乌克兰危机（2013）、伊斯兰国战争（2013）等非西方国家的内战。

---

① 斯德哥尔摩国际和平研究所：《SIPRI 年鉴 2003：军备・裁军和国际安全》，中国军控与裁军协会译，世界知识出版社 2004 年版，第 127—130 页。重大武装冲突定义为一年内至少有 1000 人因作战死亡的军事冲突，见该书第 140 页。

有一点值得注意的是，冷战后美国的对外政策行为在克林顿和小布什时期有所不同。前者的政策霸权性质较强，基本上遵守美国所倡导的国际条约；后者的政策则偏离霸权性质向强权倾斜，破坏美国自己所倡导的国际规范。例如，小布什政府于2001年单方面宣布退出《美苏关于限制反弹道导弹系统条约》[1]；2006年与不参加《核不扩散条约》的印度签订了核合作协议[2]；在无联合国授权的情况下，于2003年发动了连北约盟友都批评的伊拉克战争。克林顿与小布什的对外政策性质上的这种程度差别，对国际规范的演化也有不同影响。例如，克林顿时期国际军控谈判就能取得进展，而小布什时期非但不能取得进展，反而有所倒退。奥巴马执政后，美国的霸权实力开始衰落，政策前后矛盾的现象增加，这使得双重标准的国际规范向不讲信誉的方向发展。在2011年的"阿拉伯之春"运动中，美国开始抛弃盟友埃及；在2013年乌克兰危机中支持通过政变上台的政府。

本章讨论了国际政治领导是如何影响国际规范的演化，然而国际规范的改变并不必然改变国际体系。国际体系由国际行为体、国际格局和国际规范三个要素构成，因此国际规范一个要素的改变并不意味着国际体系也改变了。这如同一所专科学校的规章制度发生变化并不等于该学校就变成综合性大学了。下一章我们将讨论世界权力转移和国际体系的转变，这将涉及国际规范与国际体系两者之间的变化关系。

---

[1] 刘华秋主编：《军备控制与裁军手册》，国防工业出版社2000年版，第280—281页；温德义：《美国初始的导弹防御能力与影响》，中国军控与裁军协会编：《2005：国际军备控制与裁军报告》，世界知识出版社2005年版，第117页。

[2] 裴远颖：《美印核合作玄机》，人民网，http://theory.people.com.cn/GB/49150/49152/4193314.html。

第三章　世界权力中心转移与国际体系转变

> 君人者有道，霸王者有时。国修而邻国无道，霸王之资也。
> ——《管子·霸言》

世界权力中心转移不仅是道义现实主义理论研究的主要现象，而且是国际关系理论研究长期关注的最重要课题之一。20世纪80年代初期，东亚国家的学者提出了世界权力中心向亚太（亚洲和太平洋）地区转移的看法，其主要依据是日本和"亚洲四小龙"（韩国、中国台湾地区、新加坡、中国香港地区）的经济快速增长。30年过去了，当年持这一看法的许多学者现已辞世，他们在有生之年并未能看到其所希冀的世界权力中心转移的实现。进入21世纪之后，伴随着中国的崛起，有关世界权力中心转移的话题又开始引起学界的关注。本章讨论的问题是：世界权力中心在21世纪将向何处转移？此次世界权力中心转移是否会带来国际体系的类型变化？

第一节 世界权力中心转移的方向

随着"金砖国家"(BRICs)概念的出现以及二十国集团(G20)峰会的建立,有关世界权力中心转移的讨论在媒体和学术界逐渐增多。然而,人们对世界权力中心向何处转移的看法却不尽相同。例如,阿根廷学者认为,世界权力中心正由西方向东方、由北方向南方转移。① 中国一些学者认为,世界经济的中心正在向亚洲转移。② 而时任中国外交部部长杨洁篪在墨西哥回答记者提问时则指出:"目前国际上确实有这样一种观点,认为世界的权力重心正在从西方向东方转移。我并不认同这一观点。"③ 笔者以为,人们对世界权力中心向何处转移的认识不同,主要原因在于缺乏明确的有关世界权力中心的客观判断标准。

一、世界权力中心的判断标准

国际政治的地缘中心不是由其自然地理位置决定的,而是由该地区国家的实力决定的。基于第一次世界大战的经验,英国地缘政治学家麦金德(H. J. Mackinder)在1919年出版的《民主的理想与现实》一书中提出:"谁统治了东欧,谁便控制了'心脏地带';谁统治了'心脏地带',谁便控制了'世界岛';谁统治了'世界岛',谁便控制了世界。"④ 然而,历史的经验并不支持他的这个判断。二战期间,纳粹德国

---

① 《阿报文章:2011年:世界处在十字路口》,新华网,2011年1月22日,http://news.xinhuanet.com/world/2011-01/22/c_121009347.htm。
② 熊欣、李木子:《全球经济决策权力中心转移不可避免》,和讯网,2010年9月8日,http://news.hexun.com/2010-09-08/124834325.html。
③ 《中国外长不认同"世界权力重心东移论"》,中国新闻网,2010年7月31日,http://www.chinanews.com/gn/2010/07-31/2438006.shtml。
④ 〔英〕麦金德:《民主的理想与现实》,武源译,商务印书馆1965年版,第134页。

一度控制了东欧,但未能主宰世界,结果是德国分裂成东西德两个国家。冷战时期,苏联控制了东欧,也未能统治世界,最终苏联解体为15个国家。冷战结束后,欧盟东扩吸纳了东欧国家,欧盟不但未能因此强大,反而导致欧盟一体化进程停滞不前、欧元区面临解体的危险,甚至出现世界权力中心从欧洲向其他地区转移的趋势。冷战结束后,北约东扩使美国在一定程度上增大了对东欧的控制力,但这并不是冷战后美国成为世界唯一超级大国的原因。冷战后世界变成单极格局的直接原因是苏联的解体。如果苏联不解体,即使东欧国家都加入北约,美国完全控制了东欧,世界的两极格局也难以变成单极格局。

具体说来,一个地区要成为世界权力中心必须具备两个条件。首先,该地区必须包括世界上最具影响力的国家,即有一个或几个国家具备世界级的物质力量(尤其是军事力量)和文化力量(尤其是思想力量),并成为世界其他国家所模仿的样板。其次,世界权力中心还应是国际矛盾最为集中的地区。这种矛盾主要体现在中心国家在本地区及其他地区的争夺上。从历史上看,成为世界权力中心的地区有两种情况:一种是大国在其所在地区进行战略争夺,另一种是大国的战略争夺从其所在地区向边缘地区扩散。当战略争夺的核心地区是大国所在地区时,该地区的世界权力中心地位就更加凸显。在上述两个条件中,该地区是否存在具有世界影响力的国家,是决定一个地区能否成为世界权力中心的首要前提。

从19世纪欧洲列强大规模争夺海外殖民地到第二次世界大战期间,欧洲是公认的世界权力中心。这一时期,欧洲既是争夺者们的国家所在地,也是它们进行战略争夺的地区。随着殖民主义的不断发展,欧洲诸大国的战略争夺开始向欧洲以外的地区扩散[①],但欧洲始终是欧洲大国

[①] 参见 E. E. 里奇:《全欧洲关心扩张》,载〔英〕G. R. 波特编:《新编剑桥世界近代史》第1卷,中国社会科学院世界历史研究所组译,中国社会科学出版社1999年版;〔英〕J. H. 帕里:《欧洲以外地区殖民地的扩张和国际的抗衡》,载〔英〕R. B. 沃纳姆编:《新编剑桥世界近代史》第3卷,中国社会科学院世界历史研究所组译,中国社会科学出版社1999年版。

争夺的主要地区。例如，英法俄等国为争夺巴尔干半岛而爆发的克里米亚战争、希特勒德国在欧洲的扩张等等。正因如此，在二战结束之前的150年里，欧洲始终是世界权力中心。非洲作为殖民地一度是欧洲诸大国争夺最激烈的地区之一，但由于非洲当地没有具有世界影响力的大国，因此非洲没有成为世界权力中心。

从第二次世界大战之后一直到冷战结束，美国和苏联是世界上实力最强大的两个国家，同时也是国际体系中最主要的两个战略竞争者。作为两极之一的苏联位于欧洲，这一时期美苏两国争夺的重点也在欧洲，因此，冷战时期欧洲仍被认为是世界权力中心。1946年，丘吉尔（Winston Churchill）在美国富尔顿的演讲中说："从波罗的海的斯德丁到亚得里亚海的的里雅斯特，一幅横贯欧洲大陆的铁幕已经降落下来。"[1] 正是由于美苏双方都将战略竞争的重点放在欧洲，才会在欧洲而不是世界其他地区形成这幅"铁幕"。而标志着东西方两大阵营建立的北大西洋公约组织和华沙条约组织的成员国，除美国和加拿大之外全部集中在欧洲。这正是美苏两国在欧洲地区争夺的直接结果。

二、概念模糊的"亚太"和"东方"

依据上面的分析，当我们判断世界权力中心究竟向哪个地区转移时，必须首先明确该地区是否正在出现具有全球影响力的大国。这意味着"世界权力中心"所指的地区应有明确的地理边界。

依据这个标准，"亚太"和"东方"这两个提法都显然太过于含混不清。"欧洲"这个概念是指一块地理位置明确和所构成国家明确的大陆。这个地区面积共1016万平方公里，西临大西洋，北靠北冰洋，南隔地中海和直布罗陀海峡与非洲大陆相望，东与亚洲大陆相连。欧洲现有

---

[1] 方连庆、王炳元、刘金质主编：《国际关系史（战后卷）》，北京大学出版社2006年版，第47页。

45个国家和地区，约有7.39亿人，约占世界总人口的10.5%。① 相反，"亚太"却是一个地理范围无法确定、构成国家不明确的概念。百度百科对"亚太"一词的解释是："有关这一概念的国家与地区划界目前有几种不同的理解。"② "亚太"这个概念包括了一个海洋（太平洋）和四个洲（亚洲、北美洲、南美洲、大洋洲），占据了地球上2/3的大陆，拥有世界71%的人口。当任何一个"中心"占到"全部"的2/3以上时，这个所谓的"中心"与"全部"在性质上已经没有太大的区别了。

"东方"更是一个地理范围和构成国家模糊不清的概念。冷战时期，"东方"是指奉行社会主义意识形态的国家群体，冷战后则是指具有东方文化的国家。然而，具有东方文化的国家具体包括哪些国家则很难做出精确的界定。狭义的东方文化国家可以界定为东亚，即儒家文化圈；广义的东方文化国家可以界定为整个亚洲，即从中东到东亚的全部地区，包括了中东、中亚、南亚、东南亚和东北亚。③

之所以会出现"世界权力中心从欧洲向亚太转移"或者"世界权力中心由西方向东方转移"这样模糊的提法，很可能是由于提出者判断不出哪个具体的独立于北美之外的地区能够成为具有世界级影响力的地区。这一现象反映了提出者对东亚地区的实力发展前景缺乏信心。

20世纪80年代，东亚学者提出世界权力中心向亚太转移时，东亚地区还看不到任何一个国家或国际组织在短期内可能具有全球战略竞争能力。当时，虽然日本已经成为世界第二大经济体，但日本不是一个具

---

① 参见维基百科"欧洲"词条，http://zh.wikipedia.org/wiki/欧洲；百度百科"欧洲"词条，http://baike.baidu.com/view/3622.htm。
② 百度百科"亚太"词条，http://baike.baidu.com/view/398058.htm。
③ 广义的"东方"称谓是一个带有"欧洲中心论"色彩的文化概念，它是以西欧主要国家通向亚洲的海上路径为基点，对欧洲以东广大地区的统称。"东方"的提法大约形成于欧洲殖民国家对外扩张的早期，盛行于19世纪。后因所涉及地区过于辽阔，西欧国家便进一步按照与它们地理距离的远近将"东方"概念分割为"近东（东欧、土耳其）""中东（阿拉伯地区、中亚）""远东（东亚）"。

有综合国力的国家，没有进行全球战略竞争的能力，不可能对世界政治构成重大影响。① 与此同时，地处欧洲的苏联仍保持了世界超级大国的影响力。东亚学者一方面希望自己所在的地区成为世界权力中心，另一方面却无法在东亚地区找到具有世界影响力前景的国家，因此不得不使用了"亚太"这个外延非常广阔的概念来支持自己的假想。使用"亚太"这个概念的一个好处是可以将美国纳入其中，因为毕竟美国的世界级实力和影响力是无人质疑的。然而，在亚太地区只有美国一个超级大国的情况下，我们无论如何都无法判断世界权力中心正从欧洲转向亚太，因为当欧洲是世界权力中心时，美国就是亚太国家。美国的地理位置是个常量，而常量是无法用来解释变化的。

三、世界权力中心从欧洲向东亚的转移

美国既可以说是太平洋国家，也可以说是大西洋国家，其地理位置客观上不会发生改变。因此，只要美国的实力保持在世界级的水平上，它就不可能是导致世界权力中心转移的主要原因。自第二次世界大战至今，美国一直是世界上影响力最大的国家，始终是世界权力中心的一部分。这一事实不仅在今天得以维持，而且非常有可能继续维持20年。如果今后20年美国还能保持其世界主要战略竞争者的地位，美国就不应成为我们分析世界权力中心从欧洲向何处转移时的因素。控制了美国这个不变的常量后，我们就可以很清楚地看到，真正决定世界权力中心转移的因素是欧洲与东亚实力对比的改变。

受2008年以来全球经济危机的影响，欧洲和美国都一定程度地走向衰落。但欧洲的衰落和美国的衰落有性质上的不同，因此它们对世界权力中心转移的影响也是不同的。在未来十年内，美国的衰落不会改变其

---

① 〔英〕巴里·布赞：《人、国家与恐惧——后冷战时代的国际安全研究议程》，闫健、李剑译，中央编译出版社2009年版，第160页。

超级大国的地位，也就是说，美国的衰落只是程度上的，美国仍将是世界上最具影响力的国家之一，至少可以保持其在东亚有相当的世界影响力，因而它仍将是世界权力中心的组成部分。然而，欧洲的衰落则将使其影响力小于东亚，从而东亚将取代欧洲成为世界权力中心的组成部分。因此，包括俄罗斯在内的整个欧洲的相对衰落，是导致21世纪世界权力中心转移的原因之一。除此之外，东亚取代欧洲成为世界权力中心的另一个重要原因是，欧洲不存在具有成为世界超级大国潜力的国家，而位于东亚的中国则具有崛起为拥有世界级影响力的超级大国的潜力。总之，当前这次世界权力中心的转移是由欧洲和东亚的实力对比转换推动的。

提到美国的衰落，我们需要明确，美国不是绝对衰落而是相对衰落，即美国的绝对实力是上升的，但由于中国实力上升的速度超过了美国，因此其与中国的实力差距在缩小。美国的衰落至少在未来20年内不会改变其超级大国地位，但这并不意味着它能保持唯一超级大国的地位，也就是说，不排除中国正在接近超级大国的标准。在这种新的实力对比变化趋势中，美国将保持世界级战略竞争者的地位，欧洲与东亚实力对比的消长将成为影响世界权力中心转移的决定性因素。

四、中国崛起与世界权力中心转移

前面已经提到，东亚要成为世界权力中心，就需要从总体上超过欧洲的实力和影响力。今后十年内，能使东亚的总体实力超越欧洲的主要因素是中国的崛起。今后十年，日本国内的政治变革将使日本与东亚拉开距离，其总体实力难有大幅增长。东亚其他国家的实力基数太小，即使有较快的增长速度，对于提升整个地区实力地位的作用也非常有限。与之相比，中国的经济规模已经相当于欧盟的一半以上。今后十年，欧洲经济年均增长率难以超过2%，而中国新一届政府的全面改革政策可使中国经济增速保持在年均7%的水平。这意味着十年后，中国一国的经济规模可达到欧盟27国总和的80%以上，再加上日本、韩国和其他东亚国家，东亚地区的整体经济规模必然超过欧洲。

20世纪80年代，日本和"亚洲四小龙"经济的快速增长之所以未能使东亚超越欧洲，除了苏联的超级大国作用外，就是因为日本不是一个综合实力的国家。中国的崛起是建立在综合实力的基础上，而日本是建立在单一的经济实力基础上发展。中国综合国力的增强使美国把中国作为21世纪最主要的防范对象，这意味着美国最大的战略竞争对手从欧洲转移到了东亚。虽然美国因乌克兰危机加大了对俄罗斯的制裁，但俄罗斯今后十年没有恢复超级大国实力的可能，因此美国不会视俄罗斯为全球战略对手。今后十年，中国将逐渐发展成为仅次于美国的具有全球战略影响力的超级大国。换言之，东亚地区将拥有一个真实的可以进行全球战略竞争的国家。中国的崛起将使东亚地区对世界的影响力超越欧洲。

笔者在《环球时报》发表了《伦敦奥运暴露中国崛起困境》[①]一文之后，在互联网上遭到了许多读者的批评。批评认为，中国人均GDP排名还在世界100位之后，并据此对笔者提出的中国有可能发展成为一个超级大国的观点表示质疑。显然，中国民众对中国实力地位的认识与国际社会有较大差别。例如，新加坡总理李显龙说："中国有时可能意识不到自己在别国的眼中有多么强大，所以我觉得认知上的差异有时意味着中国与别国不从同样的视角看待问题，而这可能需要磨合。"[②] 笔者以为这种认识差别在一定程度上影响了中国学者准确判断中国在世界权力中心转移中的作用，多数学者仍然倾向于用"亚太"一词而非"东亚"来描述新的世界权力中心。

中国崛起不仅将使东亚拥有能影响世界的超级大国，而且将使东亚

[①] 阎学通：《伦敦奥运暴露中国崛起困境》，《环球时报》2012年8月14日。

[②] 《李显龙：中国不知道别国眼中自己多强大》，观察者网站，2012年9月3日，http://www.guancha.cn/Neighbors/2012_09_03_94989.shtml。

成为世界主要的战略竞争地区。如前所述,一个地区成为世界权力中心的另一个重要条件是该地区是世界主要大国战略争夺的中心地区。随着美国"重返亚太"(也称为"亚太再平衡")战略的实施,东亚地区正日益成为国际政治的矛盾焦点和大国战略争夺的中心地区。美国战略重心转移是为了保住它在世界权力中心地区的影响力和主导地位。在自身实力相对衰落的条件下,为了应对崛起大国的挑战,美国自然要将其全球战略力量集中于世界权力中心地区。美国将战略重心从中东向东亚转移,进一步印证了新的世界权力中心将是东亚而不是欧洲。尽管2014年"伊斯兰国"在中东地区坐大,俄罗斯与北约在乌克兰发生军事对抗,奥巴马政府仍明确告知世界,美不会向伊拉克和乌克兰派大规模地面部队,美将主要军事力量部署在亚太的政策不会改变。由此可见美国维护其东亚主导权的决心。

如果东亚成为世界权力中心,美国的"亚太再平衡"战略就不可避免地将防范中国作为重要目标,美国的全球战略必然是把中心地区的战略竞争作为首要任务。从地理上看,如果去掉美国大陆两侧的海洋,美国与英国、日本就成了邻国,欧洲和东亚就都位于美国的家门口了。美国总是声称它是东亚国家,这表明美国已开始将东亚视为未来的世界中心了。从政治地理的意义上讲,中美都是位于东亚的世界级战略竞争者,它们的竞争将会在其所在地区展开。这种战略竞争会比它们在其他地区的战略竞争更加激烈。在东亚历史上,中原王朝与本地区另一个大国的战略竞争总是非常激烈,如汉朝与匈奴、宋朝与金国、明朝与后金的战略竞争都是如此。[1] 这意味着今后十年,中美在东亚的战略竞争的激烈程度将超越它们在其他地区的战略竞争。

---

[1] 参见 Nicola Di Cosmo, *Ancient China and Its Enemies: The Rise of Nomadic Power in East Asian History*, Cambridge: Cambridge University Press, 2002。

五、世界权力中心转移的竞争领域次序

历史上,世界权力中心的转移基本上都是通过战争的方式完成的,因此,战略竞争的领域主要集中于军事领域。① 苏联的解体为21世纪的世界权力中心转移创造了条件,但是中国选择了优先发展经济的策略,这个策略决定了21世纪的中美战略竞争始于经济领域而非军事领域,但这并不能阻止中美战略竞争从经济领域向军事领域扩散。国家的全球战略竞争力包括两个方面,即物质方面和思想方面。物质力量体现为经济力量和军事实力。中国目前是世界第一大贸易国、第一大外汇储备国、第二大经济体,但军事实力与美国相比差距还很大。虽然中国的国防开支位居世界第二位,但实际军事能力暂时尚不及俄罗斯,因为军事力量与作战经验直接相关。此外,数学衡量的军事力量大并不必然意味着物理衡量的军事力量也强。物理衡量是指一国的军事力量有多大的摧毁和防御能力,而数学衡量的则是指军事资产的货币价值。

观察中国综合国力的不同要素,我们可以发现,中国优先发展经济的崛起战略,决定了世界权力中心向东亚转移进程中的战略竞争首先体现在经济领域,而后才会进入军事领域,进入思想领域可能会更晚一些。世界权力中心一定是对全世界的思想也有巨大影响的地区。这个地区的国家不仅具有世界级的物质力量,还具有世界级的文化力量,特别是思想力量。正因如此,世界权力中心往往是边缘地区国家所效仿的样板。美国作为世界权力中心的一部分,其思想(尤其是价值观)对世界的影

---

① 对此,权力转移、霸权更替和霸权周期等理论得出了基本一致的结论。参见 A. F. K. Organski, *World Politics*, New York: Alfred A. Knopf, 1958; George Modelski and William R. Thompson, "Long Cycles and Global War", in Manus I. Midlarsky, ed., *Handbook of War Studies*, Boston: Unwin Hyman, 1989, pp. 23—54;〔美〕罗伯特·吉尔平:《世界政治中的战争与变革》,武军等译,中国人民大学出版社1994年版。

响很大。① 目前，中国在思想方面对世界的影响力还远不能与美国相比，不过中国在世界思想领域的影响力已开始显现。② 例如，目前外国学者已从只关注研究中国已故者（如老子、孔子、曾国藩、梁启超、毛泽东、邓小平等）的思想，转向关注中国在世人的战略思想。英国学者莱昂纳德（Mark Leonard）于2008年出版了《中国在想什么?》一书③，这是进入21世纪以来第一本外国人关注在世中国人战略思想的著作，这本书被译成了17种文字。韩国学者文正仁于2010年出版了韩文的《中国崛起大战略——与中国知识精英的深层对话》，也是同类著作。④ 当一个国家在世人的思想开始被外部关注时，说明这个国家对世界政治的思想影响力开始上升。其原因在于崛起大国的成败很大程度上取决于在世人的思想，而非已故者的思想。

第二节　权力转移与体系转变的关系

与世界权力中心转移相关的一个学术问题是国际体系的转变。面对21世纪正在发生的世界权力中心转移的趋势，有些人据此认为国际体系

---

① 参见 Michael Mandelbaum, *The Ideas that Conquered the World: Peace, Democracy, and Free Markets in the Twenty-first Century*, New York: Public Affairs, 2002; Joseph S. Nye, *Bound to Lead: The Changing Nature of American Power*, New York: Basic Books, 1990, p.34;〔美〕约瑟夫·奈:《软力量——世界政坛成功之道》，吴晓辉、钱程译，东方出版社2005年版，第157页;〔美〕约瑟夫·奈:《硬权力与软权力》，门洪华译，北京大学出版社2005年版，第107—108、112页;〔美〕兹比格涅夫·布热津斯基:《大抉择：美国站在十字路口》，王振西译，新华出版社2005年版，第199—201页。

② 参见阎学通、徐进:《中美软实力比较》,《现代国际关系》2008年第1期。

③ Mark Leonard, *What Does China Think?* London: Fourth Estate, 2008.

④ 中译本参见文正仁:《中国崛起大战略——与中国知识精英的深层对话》，李春福译，世界知识出版社2011年版。

开始发生变化了,甚至"有人称之为500年来的第三次大转型"①。要分析国际体系的类型是否发生了变化,我们需要明确国际体系的构成有哪些要素,进而分析这些要素与国际体系类型发生变化之间的关系。具体来说,究竟是任何一个要素的变化都会引起国际体系类型的变化,还是其中的某几个要素必须同时发生变化才能引起国际体系类型的变化?然后根据一定的标准观察当前国际体系的哪些要素发生了变化,这样才能准确判断当前国际体系是否发生了类型转变。

一、国际体系转变的标准不明确

在有关国际关系的著作和文章中,我们经常可以看到许多关于国际体系的名称,如中国古代的五服体系②、朝贡体系,国际社会的威斯特伐利亚体系、维也纳体系、凡尔赛—华盛顿体系、雅尔塔体系、冷战后体系等。布赞(Barry Buzan)和利特尔(Richard Little)在《世界历史中的国际体系》一书中回顾了辛格、沃尔兹、温特等学者对国际体系的不同理解,反映出学界对国际体系概念的理解仍然存在分歧和争议。③ 从2005年起,笔者开始研究古代华夏地区春秋和战国时期两个国家间关系体系的区别,此后更加深刻地体会到,缺乏划分国际体系类别的共同标

---

① 赵广成、付瑞红:《国际体系的结构性变化析论》,《现代国际关系》2011年第8期,第32页。

② 依据王先谦的《荀子集解》,"五服体系"是以周天子的王城为中心向外延伸的一个有中心和边缘的国际体系。王城周围500里为"甸服",种王田为天子提供粮食。向外500里为"侯服",提供劳役和边疆保卫。再向外2500里为"宾服",宾服的诸侯国为中原国家。宾服地区每500里为一圻,次序是侯圻、甸圻、男圻、采圻和卫圻,推行文化教育和提供军事支持。再向外的地区有"要服"和"荒服"两个地区,每个地区为1000里。要服和荒服与王城的地理距离是相同还是有远近之别不清楚。要服地区按次序分为蛮服和夷服两个地区,各有500里,部族实行大体相似的政令,但可减少赋税。荒服地区按次序分为镇服和蕃服两个地区,各有500里,部落的制度规范从简,人员可自由迁徙。

③ 〔英〕巴里·布赞、理查德·利特尔:《世界历史中的国际体系》,刘德斌等译,第15—41页。

准给学术研究造成了严重的混乱。

一般而言，国际体系由国际行为体、国际格局和国际规范三个要素所构成。在这三要素中哪个或哪几个要素的改变可以作为国际体系类型转变的标准，学界尚无定论。目前，我们看到的绝大多数关于国际体系演变的文章其实都是讨论国际格局的变化。[①] 例如，有人认为冷战和冷战后是两种国际体系。[②] 然而，事实上，从冷战时期到冷战后时期，国际体系的主要行为体都是主权国家，国际规范仍是以《联合国宪章》为基础的主权规范，只是国际格局由两极转变为单极。也就是说，在国际体系的三个构成要素中，只有国际格局这一个要素发生了变化。如果认为国际格局的改变就意味着国际体系的改变，那么两者就成了同义反复。我们不能将国际格局转变等同于国际体系转变的根本原因在于，这不仅是语义上的原因，更主要的是逻辑上的原因。国际体系由行为体、国际格局和国际规范三要素构成。如果其中任何一个要素的变化都可以视为国际体系类型的转变，那么我们就不需要"国际体系"这个概念了，只要分别说国际格局变化、国际行为体变化或者国际规范变化即可。如果我们提出国际体系转变的假设，就需要从三要素综合变化的角度来分析国际体系是否发生了类型转变。

在古代，世界是被分隔成几个独立的国际体系的，因此，本书将非全球性的区域国际体系也作为分析的例子。表 3-1 是学界经常提及的国际体系及其行为体、格局和规范的列举。这里需要说明的是，在同一历史时期，国家行为体的性质并不完全一样。东亚的华夏地区，周王朝与

---

① 秦亚青：《国际体系转型以及中国战略机遇期的延续》，《现代国际关系》2009 年第 4 期；林利民：《G20 崛起是国际体系转型的起点》，《现代国际关系》2009 年第 11 期；刘鸣等：《转型中的国际体系：中国与各主要力量的关系》，《国际问题研究》2008 年第 4 期。

② 何曜：《当代国际体系与中国的战略选择》，载上海社会科学院世界经济与政治研究所编：《国际环境与中国的和平发展》，时事出版社 2006 年版，第 3、6、7 页；唐永胜、李冬伟：《国际体系变迁与中国国家安全战略筹划》，《世界经济与政治》2014 年第 12 期，第 29 页。

世界权力的转移

诸侯国同时存在，如秦国、楚国、鲁国、齐国等；在欧洲，神圣罗马帝国存在的七百多年里王国也同时存在，如普鲁士王国、巴伐利亚王国、萨克森王国、符滕堡王国、巴登大公国、黑森大公国、安哈尔特公国、美因茨选帝侯、不来梅自由市等；现在是美国这种民族国家与沙特阿拉伯君主国和梵蒂冈教皇国同时存在。表 3-1 只列举了主要的国家行为体。

表 3-1　学界称为国际体系的构成要素的比较

	国际体系	主要行为体	国际格局	体系规范
华夏地区	西周（公元前 1046—前 771）	王朝国、诸侯国	单极	分封规范
	春秋（公元前 770—前 476）	王朝国、诸侯国	单极、两极、多极	争霸但不兼并规范
	战国（公元前 475—前 221）	君主国	多极	兼并规范
	秦朝（公元前 221—前 206）	帝国	单极	兼并规范
欧洲地区	罗马（公元前 27—公元 395）	帝国	单极、两极	兼并规范
	中世纪宗教封建（约 476—1453）	教皇、王国	多极	教权规范
	威斯特伐利亚（1648—1791）	民族国家	多极	主权规范
	反法同盟（1792—1813）	民族国家	多极	干涉内政规范
	维也纳（1814—1913）	民族国家	多极	干涉内政规范
穆斯林地区	后哈里发（8—14 世纪）	邦国	多极	兼并规范
	奥斯曼（14—16 世纪）	帝国	一极	兼并规范
全球性	凡尔赛-华盛顿（1919—1939）	民族国家	多极	先占及兼并规范
	雅尔塔（1945—1991）	民族国家	两极	不干涉及不兼并规范

第三章 世界权力中心转移与国际体系转变

"体系"这个概念是指构成要素互动形成的一个系统①,因此,我们需要以国际体系的某一构成要素的变化是否会引发其他要素的变化为标准,来判断国际体系是否发生了类型转变。国关学界认为,国际行为体的类型经历了"城邦国家→诸侯国→君主国→帝国→民族国家"这样的演化进程,但中国的史学家不同意这种看法。② 即使我们接受1648年《威斯特伐利亚和约》的签订是民族国家出现的起点,这个变化也仅局限于欧洲,并未扩展到全球范围。在此,我们仅以欧洲为例来看学界如何看待国际行为体类型变化与国际体系变化间的关系。伴随民族国家的出现,欧洲的国际体系出现了主权规范,即国家拥有独立的主权。③ 但自《威斯特伐利亚和约》签订之后,欧洲的行为体一直是民族国家,学界却普遍认为欧洲的国际体系发生了从维也纳体系向凡尔赛-华盛顿体系的转变。④ 另一个现象是,中世纪欧洲的行为体曾从城邦国家转变为君主国,学界却不认为这一时期欧洲的国际体系发生了类型转变。一种情况是行为体类型没有变化而国际体系发生了转变;另一种情况是行为体类型发生了变化而国际体系并未发生转变。这似乎意味着,单纯的国际行为体类型变化与国际体系转变之间并无必然关系。

国际格局有单极、两极和多极三种基本形态。如果我们观察历史就会发现,有时国际格局的形态变化与国际体系的转变同时发生,但有时国际格局发生了变化而国际体系却没有发生转变。例如,在凡尔赛-华盛顿体系向雅尔塔体系的转变过程中,国际格局由多极转变为两极。但是

---

① Kenneth N. Waltz, *Theory of International Politics*, Mass.: Addison-Wesley Publishing Company, 1979, Chap. 3.

② 史学界对于国家行为体的类型演变有不同看法,认为类型变化及演进次序是不一样的。参见王震中:《中国古代国家的起源与王权的形成》,中国社会科学出版社2013年版,第59—66页。

③ 〔挪〕托布约尔·克努成:《国际关系理论史导论》,余万里、何宗强译,天津人民出版社2005年版,第139页。

④ 唐永胜、李冬伟:《国际体系变迁与中国国家安全战略筹划》,《世界经济与政治》2014年第12期,第28页。

在13世纪的华夏地区，国际格局由南宋对抗金国的两极格局转变为元朝大一统的单极格局，国际体系却没有发生变化。这样的历史也使人们怀疑，单纯的国际格局变化是否能直接带来国际体系的转变。

国际规范是学界最常用来判断国际体系是否发生类别变化的标准。然而，国际规范的变化是否一定会引起国际体系的转变，也是一个值得进一步研究的问题。例如，兼并他国是否合法是一个古老的国际规范问题。中国史学界普遍认为，春秋体系与战国体系在国际规范上最大的区别就在于春秋时期兼并缺乏合法性，而到了战国时期兼并具有了合法性。[①] 在维也纳体系和凡尔赛-华盛顿体系内，兼并都具有合法性，而学界却认为这是两个不同的体系。然而，第二次世界大战后的雅尔塔体系和冷战后体系的规范都禁止兼并他国领土，在国际规范不变的情况下，却有学者认为冷战和冷战后是两个国际体系。[②] 这说明，单纯的国际规范变化也不足以用来作为判断国际体系转变的标准。

二、国际体系转变所需的要素

以行为体类型和国际规范同时变化作为判断体系转变的标准，我们可以发现，有几次国际体系转变符合这一标准。从西周体系向春秋体系的转变，体系规范从分封转变为争霸，同时行为体由天子授权的诸侯国转变为自我授权的君主国。在欧洲的中世纪时期，罗马文明不再继续，欧洲建立了封建体制。后来，欧洲经历了从1618—1648年的三十年战争，实现了从封建体制向威斯特伐利亚体系的转变。[③] 在这次国际体系的转变中，行为体从封建王国转变为民族国家，国际规范从教权至上的

---

① 杨宽：《战国史》，上海人民出版社2003年版，第2页。
② 陈启懋：《国际体系的中国国际定位的历史性变化》，载徐敦信主编：《世界大势与和谐世界》，世界知识出版社2007年版，第65页。
③ 刘德斌主编：《国际关系史》，高等教育出版社2003年版，第26、27、45页。

规范转变为国家主权至上的规范。① 在这两个国际体系的转变过程中，都没有发生国际格局的形态变化。西周末期与春秋初期没有发生格局变化，《威斯特伐利亚和约》前后欧洲都是多极格局。

如果以国际格局和国际规范同时变化为标准，我们也能找到符合这一标准的国际体系转变的例子。第二次世界大战结束后，世界经历了一次深刻的全球性国际体系转变，即由凡尔赛-华盛顿体系向雅尔塔体系的转变。在这次体系转变的过程中，国际格局从多极格局转化为美苏对抗的两极格局，国际规范从先占原则和兼并原则转变为领土主权不受侵犯原则。在这次国际体系的变化中，民族国家作为主要国际行为体并没有发生性质变化。

如果以行为体类型和国际格局同时变化为标准，我们也能找到与之相符的国际体系转变的实例。公元前221年，秦国在华夏地区吞并了其他6个君主国，国家统治者的称谓由"大王"改为"皇帝"，从而建立了该地区历史上的第一个帝国。这使得行为体从君主国变为帝国，国际格局从多极转变为单极。14世纪的伊斯兰世界也有过一次类似的国际体系变化。阿拉伯哈里发帝国从8世纪中叶起开始衰落，分裂为众多的邦国，伊斯兰世界成为多极格局。到14世纪下半叶，奥斯曼土耳其帝国崛起，国际行为体从邦国转变成为帝国（此后伊斯兰世界又继续出现了两个帝国，即波斯的萨非帝国和印度的莫卧儿帝国），国际格局由多极转变为单极。② 上述两个国际体系的转变都没有伴随国际规范的变化。

这一节所列举的例子有一定的局限性，因为我们毕竟没有穷尽人类历史上已经发生的所有国际体系的转变，因此还不能确定只要构成国际体系三要素中的任意两个要素发生改变，国际体系就一定会发生类型转

---

① 参见〔荷〕H. 克拉勃：《近代国家观念》，王检译，商务印书馆1957年版，第1—24页；以及乔治·萨拜因、许派德为该书的英文版撰写的译者序，第20页。

② 刘德斌主编：《国际关系史》，第24—25页。

变。不过，仅仅根据上述有限的几个例子，我们已经可以得到三个启示：其一，国际体系三要素同时发生变化，国际体系类型必然发生转变。其二，国际体系三要素中有两个要素发生变化，国际体系发生转变的可能性很大。至少以上所举的例子可支持这个判断。至于任意两个要素改变所能引起的国际体系改变的概率，则需要穷尽国际体系转变的全部案例才能得出判断。其三，当国际体系三要素中只有一个要素发生变化时，我们则不宜将其视为国际体系的转变。因为这会造成把部分等同于整体、把构成要素等同于系统、把程度变化等同于性质变化的误判。典型的例子是20世纪90年代初，苏联的解体只改变了国际格局的形态，即由两极转变为单极，而行为体类型和国际规范都没有发生性质上的变化。这也是为什么多数学者都将这一时期的国际政治变化称为"国际格局变化"，而只有少数人将其称为"国际体系变化"。2006年就有学者讨论了为何冷战后只是格局变化而不是体系变化的问题。①

如果以国际体系中两个构成要素的变化作为判断体系变化的标准，我们会对维也纳体系和凡尔赛-华盛顿体系属于两类国际体系的划分产生疑问。从表3-1可以看到，这两个国际体系的行为体类型和格局形态都无区别。两者虽有规范差别，但不是性质上的差别。两者的主要区别是维也纳体系是欧洲体系，而凡尔赛-华盛顿体系是全球体系。这是由于欧洲大国在全球范围内的扩张使得欧洲的国际体系扩展为全球体系，因此，两者的区别在于体系的地理范围、具体大国和大国数量，而不是体系的类型。从国际格局的角度观察，这两个国际体系的格局形态相同，都是多极格局，只不过是进行了权力再分配，构成"极"的具体国家发生了改变。

一个更具争论性的国际体系转变是，欧洲的威斯特伐利亚体系、反法同盟体系和维也纳体系是否可以被认为发生了体系转变。从表3-1可

---

① 杨成绪：《中国与国际体系》，载徐敦信主编：《世界大势与中国和平发展》，世界知识出版社2006年版，第54—55页。

以看到，这三个国际体系的行为体和国际格局都相同，国际规范也难说有性质变化。不过有学者认为，欧洲国家在 1789—1814 年经历了 7 次反法同盟战争，这个时期是两极格局，并且认为国际规范从君主秘密外交原则转变为普遍和平正义原则。① 如果这种判断是合理的，我们可以认为从反法同盟体系到维也纳体系出现了国际体系的转变。

三、政治领导力与国际体系的转变

历史是由人创造的，史学家们经常将重大历史变化归结于政治人物起了核心作用。道义现实主义借鉴了史学的这个理念，将政治领导人的类型作为自变量，分析其是如何导致国际体系变化的。道义现实主义并不认为政治领导人是导致国际体系变化的唯一因素，而是分析在既定时代的条件下（包括经济、政治、军事、科技），政治领导人的类型是如何影响国际体系类型变化的。

道义现实主义理论是在行为体层次分析国际体系变化的。在第一章，我们已经讨论了为何政治领导是决定大国实力对比变化的决定性因素。在第二章，我们讨论了国际主导国的领导类型变化是如何决定国际规范演化方向的。在本章，我们又讨论了为何在国家、国际格局和国际规范这三个国际体系的要素中，至少要有两个因素发生类型变化才能带来体系的类型变化。据此我们可以得出，道义现实主义理论关于政治领导类型变化与国际体系类型变化的逻辑关系，如图 3-1 所示。

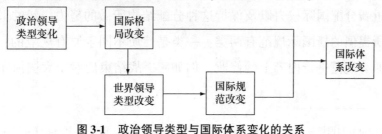

图 3-1　政治领导类型与国际体系变化的关系

---

① 刘德斌主编：《国际关系史》，第 89 页。

世界权力的转移

图 3-1 所描述的理论逻辑有四个步骤。第一，政治领导人的类型变化可改变国家的实力对比。政治领导人变更，有的使国家强大，有的使国家衰败。在同一历史时期，世界大国领导人的变更就有可能改变这些国家实力的对比，从而改变国际格局和国际主导国。戈尔巴乔夫把苏联搞垮，使苏联在1991年分裂为15个国家①，这个超级大国迅速沦落为二流大国。于是冷战结束，两极格局转变为单极格局，美国成为唯一的超级大国。2008年金融危机后，美国等西方国家的领导人应对危机的策略不力，使中国崛起突显，被媒体称为中国的国际地位"被提升"。2014年中国开始被世界视为备选的超级大国，国际格局开始向两极化发展。

第二，崛起大国的政治领导人通过改变国际格局成为世界政治的领导者。政治领导人变化不仅可能通过迅速提高本国实力改变国际格局，使本国成为国际主导国，而且政治领导人可能随之成为世界领导者。美苏两国通过第二次世界大战成为世界上的两强，于是美苏领导人也成为世界领导人。冷战时期两极格局中的重大国际事务主要取决于美苏两国领导人的意愿。

第三，新的世界领导者将依据他们的政治理念建设国际规范。新的世界领导者不可避免地要建立起新的国际秩序，即对国际权力进行再分配。为了使权力再分配具有合法性，以及使这种再分配后的权力格局得以长久持续下去，新的世界领导者需要建立新的国际规范。第一次世界大战后美国倡议的国际联盟和第二次世界大战后的联合国体制，都是美国为重新分配国际权力以及保持这种分配结构所做的努力。新的世界领导者所提倡的新国际规范有两类：一类是性质不同于原有规范的；一类是对原有规范进行内容上的修改。例如，一战结束后对于大国海军规范

---

① 《世界知识年鉴1992—1993》，世界知识出版社1992年版，第1—3页。苏联分裂后的15个国家分别是俄罗斯、乌克兰、白俄罗斯、格鲁吉亚、亚美尼亚、爱沙尼亚、拉脱维亚、立陶宛、哈萨克斯坦、吉尔吉斯斯坦、塔吉克斯坦、土库曼斯坦、乌兹别克斯坦、阿塞拜疆和摩尔多瓦。

的控制与以往的国际规范没有性质上的不同,只是修改了内容①;而二战后的《联合国宪章》则建立了与以往性质不同的规范,即以维护国家领土主权的规范取代了可占有他国领土的规范。

第四,在国际格局的类型发生改变之后,国际规范的性质若也发生改变,国际体系则发生类型变化。第二次世界大战之后,国际格局从多极转变为两极,与此同时国际规范从侵犯他国领土合法向不合法转变,于是学界认为二战后形成的雅尔塔体系是个全新的国际体系。然而,冷战结束后,国际格局由两极格局转变为美国一超独大的一极格局,但是国际规范和民族国家的类型都没有发生变化,因此学界认为国际体系没有发生改变。例如,2012年日本政府对中日有主权争端的钓鱼岛进行"国有化"后,中国政府反复强调要维护第二次世界大战结束后的国际秩序。2014年的《政府工作报告》提出:"维护二战胜利成果和战后国际秩序,决不允许开历史倒车。"② 这说明,中国政府认为冷战后的国际秩序依旧是雅尔塔体系的秩序。

四、国际规范转变的意义

21世纪的这次世界权力中心转移能否使国际体系发生质变,关键在于国际规范是否会发生改变。显然,这次世界权力中心转移肯定会带来国际格局的形态变化。对于国际格局正在从美国霸权的单极格局向两极还是向多极转变,人们还存在不同的看法。认为国际格局向多极转变的

---

① 王绳祖主编:《国际关系史》第四卷,第118页。《美英法意日五国关于限制海军军备条约》为四国接受美国提出的5∶5∶3∶1.75∶1.75的海军比例,是缔约国限制各自海军军备的原则根据。对主力舰、航空母舰的标准排水量规定了标准。主力舰缔约国各自的限额,美英各52.5万吨,日本31.5万吨,法意各17.5万吨,"各缔约国保证不取得、不建造和不定造标准排水量超出3.5万吨的主力舰";航空母舰各缔约国的限额为,美英各13.5万吨,日本8.1万吨,法意各为6万吨,"各缔约国保证不取得、不建造和不定造标准排水量超出2.7万吨的航空母舰"。

② 李克强:《政府工作报告》,载《十八大以来重要文献选编》上册,中央文献出版社2014年版,第856页。

是看好欧盟、印度、巴西、俄罗斯等国与中国同时崛起的学者。他们认为，20年内这些组织或国家将具备和美国相似的世界影响力。而认为国际格局向两极转变的学者则认为，在未来的10—15年内，除了中国之外，没有任何其他国家能缩小与美国的综合实力差距，而且中美两国还会同时拉大与其他大国的综合实力差距。笔者也持这一看法。[①] 然而，无论国际格局是向多极转变还是向两极转变，学者们在这次世界权力中心转移将改变国际格局形态的认识上没有分歧。

21世纪世界权力中心转移很难引起主要国际行为体的类型转变。冷战结束初期，一些学者曾猜想国际行为体的类型将发生变化，特别是一些欧洲和中国的自由主义学派学者。他们批评中国抱着落后的主权观念不变，认为以欧盟为代表的国际组织将取代主权国家成为最主要的国际行为体。然而，以往二十多年的历史并不支持他们的这种猜想。虽然国际组织的数量已经从两万多个发展到了五万多个，非政府组织更是如雨后春笋般地出现，但是目前国际体系的最主要行为体仍是主权国家。[②]

在主要国际行为体类型不变的情况下，21世纪的世界权力中心转移能否带来国际体系的转变，关键取决于国际规范是否会发生性质上的变化。21世纪的世界权力中心转移能否带来国际规范的质变，这是一个需要进一步观察的问题。我们已知，中国崛起是这次世界权力中心转移的核心动力，但是中国崛起能否带来世界范围的思想观念的转变还不得而知。现行国际规范是以西方自由主义思想为基础的，因此，西方国家难以成为改变现行国际规范的主导力量。目前，中国崛起主要体现在物质力量方面。物质力量的增长可以改变国际格局，改变权力分配结构，但是并不必然会改变国际规范。中国对国际政治思想层面的影响还较小。

---

① 阎学通：《"一超多强"开始向"两超多强"演变》，《环球时报》2011年12月30日，第14版。

② 朱立群等：《中国与国际体系进程与实践》，世界知识出版社2012年版，第19页。

第三章　世界权力中心转移与国际体系转变

今后中国能否为世界提供建立新型国际规范的思想观念，现在还难以做出判断。

有一个微弱的迹象是，中国政府已经明确提出要以中国的传统文化指导自己的大战略。中国政府2011年发表的《中国的和平发展》白皮书将中华文化传统确立为中国和平发展战略的三要素之一。① 中国政府于2013年提出了奋发有为的外交政策。这一大国外交政策强调"亲、诚、惠、容"，一定程度上具有中国传统的王道思想。② 笔者也曾呼吁中国政府的对外战略要借鉴中国古代政治思想，可考虑以王道思想指导中国的崛起战略，同时以王道思想建设新型国际规范。③ 国内很多学者都认为，中国崛起要加强软实力建设。④ 当然，这些尚不足以说明中国崛起必然会带来国际规范的性质变化。

通过观察国际关系史我们会发现，在国际体系三要素中，国际格局的变化速度相对较快。在过去的500年间，国际格局的形态多次发生变化，国际规范的性质也发生了三至四次变化，而国际行为体的性质只发生了一次变化。这一现象带给我们的启示是，国际体系的变化速度要慢于国际格局的变化。历史上，国际格局在百年之内发生两次形态变化是常见现象，但国际体系在百年之内变化两次的现象似乎还没有出现。自第一次世界大战以来，国际体系只在1945年发生过一次转变，至今只不过70年。这意味着，距下一次国际体系转变的时间还较长。鉴于此，笔

---

① 中华人民共和国国务院新闻办公室：《中国的和平发展》，人民出版社2011年版，第24—25页。
② 习近平：《为我国发展争取良好周边环境 推动我国发展更多惠及周边国家》，《人民日报》2013年10月26日，第1版。
③ Yan Xuetong, ed., *Ancient Chinese Thought, Modern Chinese Power*.
④ 赵可金、彭萍萍：《中国文化软实力面临的困境及其解决路径》，《当代世界与社会主义》2012年第3期；高飞：《加强软实力建设——提升中国的国际影响力》，《当代世界》2012年第4期；门洪华：《中国软实力评估报告》，《国际观察》2007年第2期；陈玉刚：《试论全球化背景下中国软实力的构建》，《国际观察》2007年第2期。

者以为，至少从目前来讲，用"国际格局变化"来描述21世纪的世界权力中心转移比用"国际体系变化"来描述更接近客观世界。

依据道义现实主义理论，中国崛起将带来21世纪的世界权力中心转移，其根本原因是中国自1978年以来的政治和社会改革持续不断，所采取的总体改革力度远大于世界上所有其他大国。美国、日本、德国、英国、法国、印度6国在1978—2014年的36年间所发生的政治和社会变化远小于中国。苏联和后来的俄罗斯在这期间的政治和社会变化程度可能大于中国，但其政治和社会变化并没有依据政府的改革方案进行。苏联的解体使继承它的俄罗斯全面衰败，俄罗斯开启的政治和社会变化并不是政府领导的结果，而是政府被社会拖着走的结果，因此是负面效应大于正面成就。2013年中国政府出现了领导类型的变更，形成了一个进取型的领导集体。这意味着中国将加大改革力度、扩大改革领域，这也意味着中国将进一步拉大与其他大国在改革力度上的差距。因此，21世纪世界权力中心转移的速度将主要取决于中国的改革速度，国际体系能否发生类型转变将取决于中国的对外战略是否重视建立国际新规范。下一章将讨论中国需要实行什么样的价值观才能建立起新的国际规范。

第四章　崛起战略的现代普世价值

> 三代之得天下也以仁，其失天下也以不仁，国之所以废兴存亡者亦然。
>
> ——《孟子·离娄上》

2010年中国成为世界第二大经济体之后，国际格局出现两极化的趋势。中国崛起不仅会改变现在的单极格局，而且有可能改变国际规范。如果中国崛起导致国际格局和国际规范都发生类型转变，则可能形成新型的国际体系。根据道义现实主义理论，中国崛起能否改变现行的国际规范，在很大程度上取决于中国的价值观是否与美国不同，因为价值观是主导国建立新型国际规范的思想基础。

有些人认为，即使中国在经济和军事实力上赶上美国，也无望在价值观方面超越美国。这些人认为，美国的"平等、民主、自由"价值观是人类最高层次的价值观，是不可超越的。1945年制定的《联合国宪章》以及后来建立的绝大多数国际规范，都是以"平等、民主、自由"的价值观为基础的。例如，《联合国宪章》的宗旨与原则中的第一条第二款是:"发展国际间尊重人民平等权利及自决原则为根据之友好关系,并采取其他适当办法,以增强普遍和平。"① 然而,道义现实主义认为,中国古代的王道思想中具有比"平等、民主、自由"更高层次的普世价值观。中国如果借鉴先秦政治思想中的"仁"(benevolence)、"义"(righteousness)、"礼"(rites)三个观念,将其与现代国际政治相结合,是有可能建立起"公平、正义、文明"的价值观的,并以这一更高层次的价值观为思想基础建立新的国际规范。

第一节 王道与霸道的区别

2011年9月,中国政府发表了《中国的和平发展》白皮书。这个文件明确指出:"走和平发展道路是中国政府继承中华文化的优秀传统、根据时代发展潮流和中国根本利益做出的战略抉择。"② 在这一陈述中,"时代发展潮流"和"中国根本利益"是客观存在因素,而"中华文化的优秀传统"则是主观思想因素。任何传统思想,包括中国的传统政治思想,都是精华与糟粕的集合体。因此,白皮书限定了中国政府只继承中华文化中的优秀部分而不是全部。

在西方的国际关系理论中,霸权(hegemon)或霸道(hegemony)是描述最高层次国际主导权的概念。冷战后,美国学者为了表示美国的霸权与历史上的其他霸权都不一样,发明了"仁慈的霸权"(benevolent hegemon)这一概念,但他们没意识到霸权并非最高层次的国际主导权。③

---

① 李铁城主编:《联合国的历程》,第647页。
② 中华人民共和国务院新闻办公室:《中国的和平发展》,人民出版社2011年版,第24页。
③ Robert Kagan," The Benevolent Empire," *Foreign Policy*. No. 111 (Summer 1998), p. 26. Eric Koo Peng Kuan, "The US as Benevolent Hegemon," *Asia Times*, Sep. 23, 2004, http://www.atimes.com/atimes/Front_ Page/FI23Aa01. html.

与西方的政治概念不同，中国的思想家们很早就对处理国家间关系的原则做过性质上的分类，且认为"霸道"并非最好原则。《管子》一书将主导权分为皇、帝、王、霸四个层次①，"霸"的层次最低。荀子将主导权分为王、霸、强三类②，并认为"霸权"好于"强权"，但不如"王权"（humane authority）。从理论上讲，中国的王道价值观为崛起的中国提供了能够超越美国霸权价值观的传统文化基础，在此基础上依据全球化时代的特点进行现代化的发展，中国是有可能建立起更高层次的价值观的。

中国传统文化早就有关于王道和霸道两者区别的讨论。孟子认为："以力假仁者霸，霸必有大国；以德行仁者王，王不待大。"③ 其含义是：假借仁慈的名义，实际上靠实力维护主导权的原则是霸道，因此霸权国一定是物质实力强大的国家；依靠道义实行仁政的才是王道，因此王权国不需要强大的物质力量。孟子有关霸道是虚假的道义和王道不需要以强大物质实力为基础的观点，是典型的理想主义思想，与当时的诸侯政治和现代国际政治的现实都有较大脱节。与孟子相比，荀子对王权和霸权的区别的认识更符合客观世界。

荀子认为，王权国与霸权国的区别不是实力上的差别，而是在道义水平上有高低之分。荀子说："义立而王，信立而霸。"④ 意为王权国是讲道义的，而霸权国达不到王权讲道义的水平，只能达到有战略诚信的水平。荀子认为霸权的诚信体现为，"刑赏已诺，信乎天下……结约已定，虽睹利败，不欺其与"⑤。这是说，霸权国所承诺的惩罚与奖赏条例

---

① "明一者皇，察道者帝，通德者王，谋得兵胜者霸。"（《管子·兵法第十七》）
② "王夺之人，霸夺之与，强夺之地。夺之人者臣诸侯，夺之与者友诸侯，夺之地者敌诸侯。臣诸侯者王，友诸侯者霸，敌诸侯者危。"（《荀子·王制第九》）
③ 《孟子·公孙丑上》。
④ 《荀子·王霸》。
⑤ 同上。

有国际信誉，它们缔结条约后不会因为条约于己不利而欺骗盟友。荀子还认为，霸权国要"存亡继绝，卫弱禁暴，而无兼并之心，则诸侯亲之矣；修友敌之道以敬接诸侯，则诸侯说（悦）之矣"①。这是说，霸权国要帮助被灭亡的国家复国，为弱国提供安全保障，威慑残暴的国家打消兼并他国的想法，这可能使其他诸侯国对其亲近。霸权国采取化敌为友的方法，礼貌地接待其他诸侯国，因此诸侯国才会对霸权国感到满意。

　　依据荀子的标准，美国连霸权的标准都达不到，而是一个处于强权与霸权之间的国家。美国1990年帮助被伊拉克吞并的科威特复国，这符合荀子的霸道。但是，美国在许多问题上采取双重标准，使其国际诚信度不高，这就不符合荀子的霸道。例如，在防止核扩散问题上，印度和朝鲜都违反了核不扩散规范，美国与印度进行核合作而制裁朝鲜核计划；在民主选举问题上，印度和伊朗都采取了西方的民主选举制度，但美国承认印度为民主国家而不承认伊朗；巴林和穆巴拉克统治的埃及都缺乏民主，但美国认同巴林对群众运动的镇压而支持埃及的群众运动。现今美国霸权是低水平的霸道，即双重标准的霸道，而并非一些美国学者所说的"仁慈的霸权"。

　　荀子认为，王道与霸道不同，王权国是"仁眇天下，故天下莫不亲也；义眇天下，天下莫不贵也；威眇天下，故天下莫敢敌也"②。这是说，王权国是世界上最仁慈的，因此所有国家都与它亲近友好；它也是最讲道义的，因此所有国家都尊重它的地位；它还是最有威力的，因此没有国家敢与它敌对。荀子的王权观对于崛起的中国有一定的借鉴意义。中国要在崛起过程中争取到广泛的国际支持，需要向世界提供一种在道义上超越美国霸权的价值观。这种价值观应对绝大多数国家有吸引力，能被它们主动尊崇和信奉。与此同时，中国要积极践行这种价值观，这

---

① 《荀子·王制第九》。
② 同上。

样才能使多数国家拥护中国的崛起。

2012年中国领导人提出的"公平正义、合作共赢"的外交原则,已经显现出中国有超越美国价值观的可能性。他在出席清华大学主办的世界和平论坛时提出:"一个国家要谋求自身发展,必须也让别人发展;要谋求自身安全,必须也让别人安全;要谋求自身过得好,必须也让别人过得好。"① 这个共赢的理念既反对美国只想单方获益的霸权行为,也指导中国在崛起过程中不要效仿美国,要考虑本国利益与他国利益之间的平衡。

王道思想的核心是"仁"和"义"。这里的"仁"非常接近现代意义上的"公平","义"则非常接近现代意义上的"正义"。在接见第67届联合国大会主席耶雷米奇(Vuk Jeremic)时,中国领导人提出:"中国将一如既往加强同联合国合作,致力于同各国一道,推动实现世界和平发展、合作共赢、公平正义。"② 这与中国王道思想中的核心要素"仁"和"义"相似。

第二节 以"仁"促进国际公平规范

"平等"这个理念源于人的自然本性。先天的基因差别和后天的生活环境差别决定了人与人之间有着客观的差异。人们在智力、体力、身高、体重、家庭背景、受教育程度、社会关系等方面都有差别。如果忽视这些差别而只强调平等,实际上是提倡弱肉强食。绝对的权力平等意味没有领导和被领导的关系,于是就没有群体内部的合作。绝对的机会

---

① 习近平:《携手合作共同维护世界和平与安全——在"世界和平论坛"开幕式上的致辞》,中国网,2012年7月9日,http://www.china.com.cn/policy/txt/2012-07/09/content_25852187.htm。

② 《习近平会见联合国大会主席》,《人民日报》2012年12月28日,第1版。

平等意味着殊死竞争,当暴力手段有助于赢得竞争时,暴力手段就成为最优的选择。在核大国为所有参加无核区的成员国提供核保护的条件下,朝鲜仍坚持开发核武器,这是一种采取绝对平等原则的行为。于是,它的核政策导致与其他国家的安全冲突无法解决。

"仁"是一个后天的社会理念,其本质是强者同情和爱护弱者的社会治理原则,是对客观的强弱差别矛盾的调和剂。国际社会的成员有强弱之分,不讲"仁"的平等实际上使弱国处于非常不利的地位。实力不平衡发展规律决定,不可能所有国家都具有完全相同的实力,这意味着强国与弱国之间的实力差别是不可能消除的。如何解决强国与弱国之间的冲突是一个重大的永恒政治问题。在"仁"的思想指导下建立起公平的国际规范,可在很大程度上消除绝对平等规范引发的国家冲突。例如,只讲平等,就会发生在公交车上抢座位的现象,而有了公平规范,规定照顾老弱妇孺的规则,就会有主动让座的现象。这一道理同样也可以用于解释国际现象。

道义现实主义认为,"公平"是比"平等"更有助于促进国际社会和谐的价值观。如奥运会拳击比赛的平等规则是在规定时间内倒地者为输,而公平的规则是将比赛分为重量级和轻量级,使体重轻的运动员也有获奖的机会。这种有差别待遇的公平原则不仅在奥运会中使用,在国际政治中也有实践。例如,在应对全球气候变暖的问题上,实施"共同但有区别的责任"原则萌发于1972年的斯德哥尔摩会议,1992年《联合国气候变化框架公约》和1997年的《京都议定书》都接受了这个观念。① 在减少二氧化碳排放的问题上,目前国际社会已经接受了发展中

---

① 姚天冲、于天英:《"共同但有区别责任"刍议》,《社会科学辑刊》2011年第1期,http://wenku.baidu.com/view/75135a8dd0d233d4b14e6989.html。

1992年《联合国气候框架公约》第3条规定:"各缔约国应在公平的基础上,但根据它们共同但有区别的责任和能力,为人类的当代和后代保护气候系统。发达国家缔约方应当率先对付气候变化及其不利影响。"

国家和发达国家承担"共同但有区别的责任"这一原则。1975年2月,非洲、加勒比海和太平洋地区的46个发展中国家(非加太集团)和欧洲经济共同体9国,在多哥首都洛美签订《欧洲经济共同体—非洲、加勒比和太平洋地区(国家)洛美协定》。这个协定体现的也是公平原则,即欧共体成员向"非加太集团"成员提供经济上的优惠待遇。实施公平的原则是比实施平等的原则更高层次的社会进步和文明行为。

作为一个崛起的大国,中国需要从强者的角度观察和理解自身利益与他国利益之间的关系。中国领导人说:"当今各国利益交融、安危与共,处理相互关系必须寻求共赢,维护和做大共同利益。"① 他还提出:"在追求本国利益时兼顾他国的合理关切,在谋求本国发展中促进各国共同发展。……中国不仅是合作共赢的积极倡导者,更是合作共赢的切实践行者。"② 从国际规范形成的规律上讲,促进新的国际规范形成的路径主要有三个:一是倡导者要以身作则,二是对执行者给予奖励,三是对违反者进行惩罚。③ 其中,以身作则所起的作用是根本性的。

第三节 以"义"促进国际正义原则

"民主"这一价值观的推广是人类社会的重大政治进步,其内涵是以民主程序来保证使用国家权力的合法性。现代公民社会的形成,使国家权力归于全体公民。由于拥有平等政治权力的公民无法都直接参与到政治决策的进程中,因此只能通过代议制的民主程序进行运作。民主程序的最主要操作方式是以无记名投票的多数同意为准则。然而,通过民

---

① 《习近平会见联合国大会主席》,《人民日报》2012年12月28日,第1版。
② 《习近平同外国专家代表座谈时强调:中国是合作共赢倡导者践行者》,《人民日报》2012年12月6日。
③ 阎学通:《国际领导与国际规范的演化》,《国际政治科学》2011年第1期,第9—12页。

主程序达成的决议只提供国家行为的合法性，并不能保障国家行为是正义的。美国政府于2003年发动的伊拉克战争得到了美国国会的批准，这使美国政府的行为有了国内合法性的基础，但却没有任何正义性，因此就连其传统盟友法国和德国也反对。

此外，即使国际行为具有国际合法性，也不必然就具有正义性。例如，2011年11月，阿拉伯国家联盟成员以民主方式通过决议，将巴沙尔（Bashar Assad）领导的叙利亚政府开除出阿盟，并决定向叙利亚的反政府力量提供军事援助。这个民主决议为支持叙利亚内战提供了合法性，但却无任何正义可言。支持决议的海湾国家实行的都是君主制，其民主程度低于叙利亚的世俗政治体制，沙特甚至出兵镇压了巴林的反政府力量。为叙利亚的反政府力量提供军援使其内战规模不断扩大，两年内造成近十万平民无辜死亡。因此，中国领导人对联大主席耶雷米奇说："希望联合国说公道话、办公道事。"[①]

"义"是中国古代一种含义广泛的道德范畴，其核心是行为的正直、合理且应该。孟子说："仁，人之安宅也；义，人之正路也。"[②] 这是说，"仁"是人们最安全的住所，"义"是人们最正确的道路。由于国家实力强弱不均是客观存在的，因此需要强国采取保护弱国的仁慈政策，而要做到这一点，强国就需要坚持正义。[③] 在国际政治中，民主程序可为国家的行为提供合法性，但却不必然能保证其正义性，而"义"则为国家行为提出了内涵上的正义要求。将两者结合起来，才可以保证国家行为在形式上是合法的，在性质上是正义的。当两者统一时，也就达到了讲"正义"的水平。例如，冷战时期世界绝大多数国家对南非的种族隔离政权实行了制裁，这不仅有联合国多数国家投票支持的决议作为其合法

[①]《习近平会见联合国大会主席》，《人民日报》2012年12月28日，第1版。
[②]《孟子·离娄上》。
[③]"信"也是中国的一种传统道德，但笔者认为它涵盖在"义"的概念之内，因此本书不将"信"作为一个独立的道义构成要素。

性的基础,更主要的是反对种族隔离政策具有正义性,符合人道主义的基本原则。这就是为什么对南非种族隔离政权的制裁行为不被认为是干涉他国内政的行为。

道义现实主义认为,"正义"是比"民主"更有助于促进社会公平的价值观。正义并不排斥民主,而是借助民主。正义将民主作为促进社会更加公平的一种手段,同时也防止这种手段导致非正义的结果。罗尔斯(John Rawls)曾提出正义有两项原则:第一原则是自由平等,第二原则是公平机会与差别待遇的结合。第二原则使正义比民主多了关于如何维护公平的内容。在以民主的方式保证国家行为合法的基础上,还需要以正义的原则检验实施民主的结果是否具有正义性。在全球化发展不断加剧社会两极分化的情况下,推广和维护国际正义显得比国际民主化更重要。民主化不过是保证大小国家的平等权利,而推行正义则要消除或减缓两极分化,实现各国共赢。例如,民主原则只赋予弱国独立发展的权利,而正义则要求发达国家对发展中国家提供援助。

第四节 以"礼"促进新型大国竞争

一国的自由与国际秩序之间存在着天然的矛盾。"自由"这个理念源于人类的自然属性。需要自由是动物的本能,人作为高级动物也不例外。人的这种天然需求是其追求自由的合法性基础,这如同人的生存欲成为生存权的合法性基础一样。然而,由于人是依靠群体才能生存的,因此人类又需要社会秩序。于是,国家的自由与国际秩序之间就形成了一种天然的矛盾。当每个国家都具有绝对的自由时,国际社会就没有了秩序,暴力就会肆虐。于是如何维持国家的自由与国际社会的秩序两者间的平衡,也是一个永恒的重大政治问题。

"礼"是根据道德观念和风俗习惯而形成的社会行为规定。"礼"虽然是形式，但它比"法"具有更广泛地维持个人自由与社会秩序之间平衡的作用。法律通过对违法行为的事后惩罚来威慑人的极端自由行为，而礼则是由事先形成的社会道德习俗来约束人的行为方式。礼比法对人的行为有更加广泛的约束作用，在许多不能以法管辖的领域，礼都具有行为约束力。例如，法律保护言论自由，因此无法约束谩骂，而礼则可约束人不说脏话。2012年，美国电影《穆斯林的无知》引发了全球反美浪潮和许多暴力冲突。① 法国《查理周刊》发表影射伊斯兰教先知穆罕默德的漫画，在法国和一些伊斯兰国家引发抗议，其总部于2015年遭到恐怖主义袭击。② 这使国际社会开始讨论言论自由是否包括允许诋毁和侮辱他人宗教领袖声誉的言论。无论人们对这一问题有什么不同看法，事实都表明，不受文明约束的自由，就必然引发暴力冲突。礼使人的行为文明，也因此增加了生命意义。人与其他动物的重要区别之一就在于，人是唯一追求生命意义的动物。这也是为何在汉语中，极端不文明行为的人被比喻成"畜牲"。

  道义现实主义认为，"文明"是比"自由"能更高程度地提升人类生命意义的价值观。人类与其他动物的区别不在于追求自由，而在于追求文明的自由。只讲自由而不讲文明，将使人类社会向动物世界倒退。人类的文明程度不断发展，而其他动物则永远停留在原有的水平上。荀子说："夫禽兽有父子而无父子之亲，有牝牡而无男女之别。故人道莫不有辨，辨莫大于分，分莫大于礼。"③ 这是说，禽兽有父子关系而没有父子亲情，禽兽有雌雄之分而没有男女之别，因此人的道义在于其能辨别什么是正确的，什么是错误的。比如，人与动物都有排泄的自由，但

---

① 陈克勤：《〈穆斯林的无知〉风波的背后》，《光明日报》2012年9月22日，http://world.gmw.cn/2012-09/22/content_5169716.htm。

② 林丰民：《〈查理周刊〉事件及其诱因》，《学习时报》2015年1月12日，第A2版，http://www.studytimes.cn/shtml/xxsb/20150112/8983.shtml。

③ 《荀子·非相第五》。

文明使人必须到指定的场所排泄。东西方文明的具体礼仪有所不同，但讲礼仪的习俗则是普世性的。礼仪是公共文明的一部分，在"礼"这个概念的基础上发展出的"文明"，是可以超越"自由"这个价值观的。

中国领导人在2012年2月访美期间提出"努力把两国合作关系塑造成21世纪的新型大国关系"①。此后他在阐述其含义时说："大国关系是影响国际形势发展的重要因素。中美正在积极探索构建相互尊重、合作共赢的新型大国关系，这符合中美两国和世界的共同利益，也将是国际关系史上的一个创举。"② 历史上世界权力中心转移的过程总是伴随着崛起国与霸权国之间的战争，这是国际社会文明程度不高的一种表现。中国提出的建立新型大国关系的概念，其核心是崛起国与霸权国之间的战略竞争应以和平方式而非战争方式进行。不仅要防止中美之间发生直接的战争，而且应避免代理人战争。如果中美能以非战争方式进行战略竞争，无论何方赢得这场世纪之争，都能促成新国际规范的建立。

冷战时期，核威慑避免了美苏两个超级大国之间的直接战争，但却未能避免代理人战争。冷战后出现的两个新因素使得中美在战略竞争中避免代理人战争有了可能。一是经济全球化使全世界成为一个大市场，所有国家都可通过经济交换手段直接获取自然资源。这不仅增强了国家之间相互依附的敏感性，而且降低了相互依附的脆弱性。二是进入知识经济时代后创新成为第一生产力。这使得中美战略竞争的目标不再是自然资源而是创新能力。以增强创新能力为目标的战略竞争，不仅有利于中美两国，而且有利于世界其他国家。如果能做到这一点，不仅是历史创举，也是人类文明的进步；而要实现和平竞争，就需要以文明规范为前提。中美两国如能以文明的方式规范两国的战略竞争，还有可能使这

---

① 《要把中美关系塑造成21世纪新型大国关系》，国际在线，2012年2月16日，http://news.cntv.cn/china/20120216/106551.shtml。
② 习近平：《携手合作共同维护世界和平与安全——在"世界和平论坛"开幕式上的致辞》，中国网，2012年7月9日，http://www.china.com.cn/policy/txt/2012-07-09/content_25852187.htm。

种战略竞争产生良性效果。

第五节 道义价值观的实践基础

中国政府已经注意到政治软实力在中国崛起过程中的重要性。政治软实力的增强，有助于大幅提升中国与世界其他国家的友好关系，有助于减少中国面临的国际体系压力。在中国加速崛起的时期，研究价值观对提升软实力的作用是个十分重要的课题。

任何传统的价值体系都不可能永远适用于不断向前发展的历史时代。我们不应原封不动地依据古代的"仁、义、礼"来指导我们的崛起政策，但是借鉴其优秀成分，将其现代化，并创造出超越美国"平等、民主、自由"的价值观，则是可能的而且是有意义的。以"仁、义、礼"三个概念为基础，结合平等、民主、自由的观念，创造出由"公平、正义、文明"三要素构成的道义价值观也是有可能的。

以"公平、正义、文明"三要素构成的道义价值观，具有较强的普世性。首先，这三个概念的内涵与"平等、民主、自由"的概念并不对立，而是包含与超越的关系。其次，这三个概念与任何宗教文明都不发生冲突。第二次世界大战之后，宗教已经成为弱势群体的代表和保护者，公平、正义、文明这三个概念对宗教信众是有吸引力的。最后，这三个概念在国际社会已经有了许多实践基础。例如，发达国家每年拿出 0.7% 的 GDP 承担援助发展中国家的义务是公平原则的规范，不承认通过军事政变上台的政府体现的是正义原则的规范，禁止在战争中使用生化武器则是文明原则的规范。

道义现实主义认为，任何一种价值观之所以能够成为世界主流价值观，都是以倡导国自我践行该价值观并取得成就为前提的。中国领导人已经意识到中国以身作则对于建立新国际规范的重大作用，在提出要以包容的思想进行国际合作时说:"这些理念,首先我们自己要身体力行,使之成为地区国家遵循的秉持的共同理念和行为准则。"① 平等、民主、自由的价值观之所以能在国际上流行,这与美国自身的国内实践直接相关。在提出建立公平正义的国际规范的同时,中国领导人还提出:"努力让人民群众在每一个司法案件中都能感受到公平正义,决不能让不公正的审判伤害人民群众感情、损害人民群众权益。"② 这种政策实际上是把公平正义的价值观同时用于指导国家的内政和外交,这就使得中国提倡的国际规范与国内践行的社会规范一致起来,这也为中国在国际上建设公平正义的国际规范奠定了国内基础。

致富光荣在改革开放初期提出来是有一定意义的,但长期推崇它实际上就是一种拜金主义的价值观,把财富量作为光荣与否的社会标准,这与世界上任何传统文明的价值观都格格不入。这种价值观与国际关系民主化以及"和谐世界"的观念也缺乏一致性。当中国将公平、正义、文明作为一个成体系的价值观用来指导自己的内外政策时,不仅避免了内外政策价值观基础的不同,也可有效增强中国的软实力,提高中国在国际社会的影响力和号召力。

道义现实主义认为,建立和推行道义价值观是以本国的成功为必要条件的。"东施效颦"的故事暗含着一个客观规律,即弱者效仿强者,失败者效仿成功者,民众效仿精英。这个规律在国际政治中的体现是,主导国的价值观将被多数中小国家效仿并成为国际规范的思想基础。中国今后的成功与否在于中国能否不断地改革,而不断改革靠的是政府领导改革的能力,因此如何长期保持中国政府持续不断的改革能力,特别是建立公平、正义、文明社会的改革能力,将事关公平、正义、文明的

---

① 《为我国发展争取良好周边环境,推动我国发展更多惠及周边国家》,《人民日报》2013年10月26日,第1版。
② 《在首都各界纪念现行宪法公布施行30周年大会上的讲话》,《人民日报》2012年12月5日,第2版。

价值观能否成为国际社会的主流价值观。

  道义现实主义认为，公平、正义、文明是高于平等、民主和自由的价值观，如果中国在传统仁、义、礼的基础上建立起这种价值观，就有可能建立起新型的国际规范。然而，需要提醒读者的是，道义现实主义并不认为价值观决定着中国崛起能否成功。中国能否成为世界最强大的国家是国际格局变化的问题，而中国崛起能否建立新的国际规范则是国际规范变化的问题，这是两个性质不同的问题。只有两者都改变，国际体系才会发生类型变化。需要再次强调的是，道义现实主义认为，中国崛起成功是中国建立新国际规范的基础，如果中国不具备超级大国的实力，任何新的价值观都改变不了现有的国际规范。简言之，价值观是在超级大国实力的基础上发挥国际作用。

借鉴与应用

第五章　道义现实主义理论的形成及解释

> 博学之，审问之，慎思之，明辨之，笃行之。
> ——《礼记·中庸》

道义现实主义的理论建设经历了三个阶段：第一阶段是从解读先秦诸子的有关论述中寻找有启发的思想；第二阶段是借鉴一些先秦的政治思想建立了一些小领域里的推论；第三阶段是将理论推论整合成为体系性的理论原理（参见第一章）。在这三个阶段中，学界同仁对道义现实主义的理论建设提出过一些质疑。本章将就该理论的普世性、分析层次、古代道义与现代国际政治以及道义现实主义的现代意义等问题做些解释，以便读者更深入地了解道义现实主义理论。

第一节 理论的普世性问题

从一开始,我们通过借鉴先秦国家间政治思想发展现代国际关系理论的做法就受到质疑。学者们从多个方面质疑这种做法是否能够建立起普世性的国际关系理论。一部分学者认为,这种做法是建立国际关系研究领域里"中国学派"的一种努力,其目的不是建立普世性理论,而是给中国对外政策作理论宣传。还有一部分学者则认为,先秦政治思想具有中国特殊性,这决定了其难以作为建立普世性理论的基础。本节将就这两方面的质疑做些解释。

一、道义现实主义与"中国学派"的不同

许多中国学者提倡建立"中国学派"的国际关系理论,但这并不是道义现实主义理论家们的学术目标。中国学者于1987年在上海召开了第一次国际关系理论讨论会,会上提出了创建中国国际关系理论的目标。① 2004年在上海召开了第三次全国国际关系理论研讨会,会上提出了"创建中国学派,这已经成为我们肩负的历史使命"的倡议。② 此后,有关创建"中国学派"的国际关系理论的文章持续不断,而且得到了政府部门的大力支持。2009年,中共中央外事办公室副主任裘援平就创建中国国际关系理论发表文章说:"中国作为一个快速兴起的大国,没有一套自己的理论是不行的。"③ 由于建立"中国学派"的国际关系理论是中国官民两界的主流,于是很多人就误将我们借鉴先秦政治思想创新理论的

---

① 倪世雄等:《当代西方国际关系理论》,复旦大学出版社2001年版,第487页。
② 郭树勇主编:《国际关系:呼唤中国理论》,天津人民出版社2005年版,第1页。
③ 裘援平:《关于中国国际战略研究的若干看法》,《中国国际战略评论2009》,世界知识出版社2009年版,第5页。

第五章 道义现实主义理论的形成及解释

做法视为建立有中国特色的国际关系理论，或者是建立"中国学派"的一部分。① 但实际上，道义现实主义理论与建设"中国学派"的理念是相反的。道义现实主义理论家认为，"中国学派"是不可能建立起来的，而且认为普世性的国关理论是没有国籍的。②

创建道义现实主义理论的初衷就是为了建立一种普世性的理论。首先，道义现实主义是一种解释性的理论。这种理论研究的核心对象是，世界权力中心转移过程中主导国的权力地位被崛起国取代的现象。这个现象在人类历史上已发生过很多次，不是特殊情况，而是一种经常性的现象。故此，道义现实主义理论的宗旨是解释历史上已经发生过多次的国际权力中心转移现象，而不是为中国现行对外政策量身定做一套理论解释。借鉴先秦政治思想的优势就在于，这种理论如果能够同时解释古代和现代的国际权力转移，那么这种理论的解释力就有了较强的普世性。从第一章的表1-1"国家类别、领导类别和战略取向"中可看到，这一理论适用的国家类别是多样性的。

其次，道义现实主义是一种科学理论。这种理论的科学水平有多高可能存在争议，但这种理论的建设从一开始采取的就是科学的方法。科学理论的最基本特征是逻辑自洽、可实证检验和有预测功能。英国学派的学者是历史主义者，他们质疑国际关系理论的科学性，进而怀疑可用实证的方法创建国际关际理论。例如，张锋认为，先秦文献的字面含义很可能与其真实含义有区别，在字面含义与真实含义无法甄别的情况下，

---

① 朱中博：《中国古代国际政治思想资源——评〈中国先秦国家间政治思想选读〉》，爱思想网站，http://www.aisixiang.com/data/30513.html；我在清华之外的大学里讲座时，常有学生将我恭维为"中国学派"的创建者。每当如此，我都要解释，我是反对创建"中国学派"的。

② 阎学通：《国际关系理论是普世性的》，《世界经济与政治》2006年第2期，第1页；Yan Xuetong, "Why Is There No Chinese School of IR Theories", 载阎学通、徐进等：《王霸天下思想及启迪》，世界知识出版社2009年版，第294—301页。

科学实证的方法是无法使用的。① 事实上，对先秦文献的主观理解并不影响用科学的方法创建国际关系理论。先秦文献提供的是思想启迪，而道义现实主义理论建设则以历史事件和现实国际政治现象作为实证检验的依据。根据科学理论的三个基本特征，读者可在本书第一章中检验这种理论的逻辑是否自洽。本书有关国际主导国对国际规范演化的作用（第二章）和世界权力中心转移与国际体系转变的研究（第三章），都采取了较为典型的实证检验的方法。道义现实主义理论认为，政治领导力的强弱是大国实力升降和国际格局变化的主要原因，据此笔者预测了2013—2023年的国际格局变化趋势，并出版了《历史的惯性：未来十年的中国与世界》一书。② 该书自2013年7月出版以来，迄今尚未发生与该书预测不符的国际情况，2013年以来的国际事件均可用来检验预测是否正确。

  道义现实主义理论不研究先秦政治思想的真实性，而是用实证的方法研究先秦政治思想是否适用于理解现代国际政治的现象。例如，先秦思想家们以政治实力为霸权的核心要素，这不同于现代国际关系理论以硬实力为霸权核心要素的思想。根据这种认识分歧，我们从新中国成立以来六十多年的发展中，比较了这两类实力要素哪个发挥了决定性作用。1949年共产党取代国民党成为中国的执政党，1978年中国政府用"以经济建设为中心"取代了"以阶级斗争为纲"的政治路线，2013年中国政府以"奋发有为"的外交战略取代了"韬光养晦"战略。③ 在这三个时间段上，中国的硬实力都没有发生质的变化，但政治实力却发生了明显的改变，由此带来了中国国际地位的快速上升。根据实证研究，我们发

---

① Zhang Feng, "The Tsinghua Approach and the Inception of Chinese Theories of International Relations," *The Chinese Journal of International Politics*, Vol. 5, No. 1, Spring 2012, pp. 82—83.

② 阎学通：《历史的惯性：未来十年的中国与世界》，中信出版社2013年版。

③ 《为我国发展争取良好周边环境，推动我国发展更多惠及周边国家》，《人民日报》2013年10月26日，第1版。

现霸权与硬实力和政治实力两者之间的逻辑关系是，霸权是建立在硬实力的基础上，硬实力又是以政治实力为基础的，于是这成为道义现实主义的理论逻辑基础：政治实力→硬实力→国际权力地位。

有人认为，道义现实主义采取科学方法创建国际关系理论的道路是行不通的。① 然而，经过多年的实践，我们在借鉴先秦政治思想的基础上，结合已有的国际关系理论，创建了具有普世性的道义现实主义理论。反之，将现代国际关系理论视为西方理论，执意建立与之不同甚至相反的"中国学派"的做法，尚未能取得预期的理论成果。贺凯认为："虽然世界上迄今尚无一个国际关系研究的'中国学派'，但值得注意的是中国的确出现了一个国际关系研究的'清华学派'（Tsinghua school of IR）。"②

二、先秦思想的普世性问题

学者们对于先秦思想是否具有普世性看法不同。多数西方学者普遍认为中国先秦时期的政治思想具有普世性，例如多尔蒂（James E. Dougherty）和普法尔茨格拉夫（Robert L. Pfaltzgraff, Jr.）认为："将国家间关系理论化的努力是非常古老的。我们可以从有巨大影响的中国古代思想中发现这一点，例如在墨翟、孟子、孔子和商鞅的著作中。"③ 摩根索说："政治法则的根源是人性，自从中国、印度和希腊的古典哲学努力发现这些法则以来，人性没有发生变化。"④古伯察（Abbé Régis-Evariste Huc）认为："他们（中国人）好像永远生活在和今天相同的发

---

① 鲁鹏：《建设中国国际关系理论四种途径的分析与评价》，《世界经济与政治》2006年第6期，第1—2页。

② He Kai, "A Realist Ideal Pursuit," *The Chinese Journal of International Politics*, Vol. 5, No. 2, Summer 2012, p. 192.

③ James E. Dougherty and Robert L. Pfaltzgraff, Jr., *Contending Theories of International Relations: A Comprehensive Survey*, 5th Edition, New York: Addison Wesley Longman, Inc. 2001, p. 8.

④ Hans J. Morgenthau, *Politics Among Nations: The Struggle for Power and Peace*, p. 4.

展阶段，历史文献是这样证明这种判断的。"① 包括基辛格（Henry Kissinger）在内的许多西方学者都认为，春秋战国时期的历史经验和战略思想是我们认识现在国际政治的重要知识基础。②

然而也有一些学者，特别是中国的史学家们，普遍认为先秦时期人们对国家间关系的认识是不能适用于现代国际政治的，他们认为春秋战国时期的诸侯关系与现代民族国家关系是不同的。杨倩如说："从君主国角度讲，史学界的共识是，在西周和东周时期只有一个真正的国家，那就是周朝，其他诸侯国都是周天子的封建依附者，因此他们属于周朝贵族，不能被认作是有自主权力的独立国家。"③ 还有一些中国学者甚至认为："如果将春秋战国时期的关系理解为国家间关系，就等于否认了中国的统一性，政治上是错误的。"④

先秦时期华夏地区的国家与现代民族国家固然不同，但是其区别并非如一些史学家们所想象的那么大。王日华的研究表明，虽然先秦时期没有国家主权的表述，但是涉及国家主权的观念和行为是存在的。⑤ 例如，孟子说："诸侯之宝三：土地、人民、政事。"⑥ 这与联合国成立前学界关于领土、人口和政府是国家构成三要素的认识相同。国际关系学界很多人认为，1648年《威斯特伐利亚和约》之后的民族国家比传统国家多了主权这个构成要素，但是欧美国际关系理论建设并不仅限定于研究民族主权国家之间的关系，古代欧洲非主权国家之间的关系也是他们

---

① Abbé Régis-Evariste Huc, *The Chinese Empire*, London: Longman, Brown, Green & Longmans, 1855. 转引自 Henry Kissinger, *On China*, p. 6。
② Henry Kissinger, *On China*, pp. 5—32.
③ Yang Qianru, "An Examination of the Research Theory of Pre-Qin Interstate Political Philosophy," in Yan Xuetong, ed., *Ancient Chinese Thought, Modern Chinese Power*, p. 147.
④ 王日华：《历史主义与国际关系理论：先秦中国体系研究》，广东人民出版社2013年版，第10—11页。
⑤ 同上书，第24页。
⑥ 《孟子·尽心下》。

第五章 道义现实主义理论的形成及解释

理论建设的基础。因此道义现实主义理论家们认为,先秦时期的国家与现代民族国家的差别并不妨碍借鉴先秦思想认识创造新的国际关系理论。

笔者认为,从创建普世性理论的角度讲,春秋战国的国家间体系与古代欧洲的国际体系和现代国际体系的差别,恰恰为我们提供了进行比较研究的条件,从而可以创建解释力更强的普世性理论。把先秦国家间的政治体系、古代欧洲的国家间体系和现代国际体系三者进行比较,有助于我们发现三者的共性。现代国际关系理论是以欧洲的历史和政治思想为基础的,把先秦国家间的政治思想与现代国际关系理论进行比较,我们可以发现两者的区别,这有助于我们修正现代国际关系理论中的偏见和错误,从而弥补其缺陷。布赞(Barry Buzan)和利特尔(Richard Little)就是通过对全球不同地区的古代国际关系体系的比较,创建了他们的"国际体系理论"[1]。

事实上,不仅春秋战国时期的国家间关系与现代国际关系有所不同,欧洲古代的国家间关系与现代国际关系也有很大区别。然而,学界却从不质疑从修昔底德(Thucydides)在公元前400年前写的《伯罗奔尼撒战争史》中汲取历史经验来理解现代国际关系的做法。该书中的"强者做其所能,弱者接受其不得不"已成为现代国际关系理论著述中最经常引用的名言之一。[2] 西方现实主义理论家们从这本著作中汲取了很多思想,创建了成体系的理论。如果依据恩格斯的标准,《伯罗奔尼撒战争史》的战争双方是氏族联盟,两个同盟的主要代表雅典和斯巴达都还不是国家而只是氏族。[3] 然而,有关氏族间关系的论述照样被国际关系学者

---

[1] Barry Buzan and Richard Little, *International Systems in World History: Remaking the Study of International Relations*, Oxford: Oxford University Press, 2000.

[2] Phil Williams, Donald M. Goldstein and Jay M. Sharfritz, eds., *Classic Readings of International Relations*, Second Edition, 北京大学出版社2003年影印版, p. 225.

[3] 恩格斯:《家庭、私有制和国家的起源》,载《马克思恩格斯文集》第4卷,人民出版社2009年版,第124页。

普遍用来理解现代国际关系并用其建设国际关系的理论。春秋战国时期的国家间政治与现代国际政治有差异，但也有很多相似之处，例如两者都是无政府体系，国家拥有独立的军事力量，没有一个能垄断军事暴力的体系力量。在春秋战国时期，周朝所制定的国家间行为规范对诸侯国行为的约束力甚至不如现今联合国的规范。因此，无论是从中国历史文献的思想性角度讲，还是从春秋战国与现代国际政治的相似性角度讲，借鉴先秦国家间政治思想都有助于我们创建新的普世性的国际关系理论。

先秦哲人对国家间政治的思想认识与现代人对国际关系的认识不同，这是不争的事实。然而，正是这种区别有助于我们发现既有理论的缺陷。例如，先秦思想家们普遍认为国家间关系与国内社会的权力都是等级结构，这一点显然与现代国际关系理论的假定不同。现代国际关系理论普遍接受沃尔兹的观点，认为国际社会是无政府体系（anarchic system），行为体功能相同，权力关系平等；而国内体系是等级体系（hierarchical system），行为体功能各异，权力体现为等级关系。[1] 然而，如果仔细观察今天的国际体系，我们会发现，联合国、世界银行、国际货币基金组织成员国的权力关系都是等级体系而非平等体系。联合国成员分为常任理事国、非常任理事国和普通会员国，世界银行和国际货币基金组织则依据股权的多少决定投票权的大小。借鉴先秦的等级认识，我们可以完善现代国际关系理论对于国际体系性质的认识，即国际体系的自然属性是无政府性，而其社会属性是等级性；在无序的国际体系中，行为体的等级由实力决定，而在国内体系中，行为体的等级由权力决定。[2]

先秦时期距今已有两千多年的历史，如果当时的某些思想认识仍可用于解释今天的国际政治现实，则说明当时的思想认识具有很强的普世性，与客观规律非常接近。自研究先秦国家间政治思想以来，笔者坚持

---

[1] Kenneth N. Waltz, *Theory of International Politics*, pp. 81—82, 93, 97.
[2] 阎学通、杨原：《国际关系分析》（第二版），第32—35页。

将一些先秦政治思想与现代国际关系理论相结合,在此基础上创建新理论,而不是以先秦政治思想为理论基础,取代现有的国际关系理论。例如,先秦思想家们认为,只有以等级规范约束国家的行为,才能维持国家间的秩序;而现代国际关系理论家们则认为,以平等规范约束国家的行为,才能维持国家间秩序。这两种认识差别很大。包天民(Jeremy T. Paltie)认为,道义现实主义无法解决现代国际体系中国家主权平等原则与先秦的等级制之间的矛盾。① 从平等规范在现代国际社会占有绝对主导地位的角度讲,这种见解是有道理的,但是从有效维护国际和平的角度讲,先秦思想家们对社会等级规范的认识也具有很强的普世性,我们可以借鉴这种认识以改善平等规范缺乏约束力的缺陷。

绝对平等关系导致绝对的暴力冲突,自古至今都是如此。"阿拉伯之春"导致的中东地区多场战争都是不接受等级规范的结果。只有将平等规范和等级规范两者相结合,才是最有利于维护国际秩序的。平等规范具有保证同级别国家享受同等国际权力和不同级别国家遵守相同规则的功能,例如,联合国安理会常任理事国都享有否决权,所有联合国成员都不得以武力吞并其他成员。先秦思想家所倡导的等级规范具有要求强者承担更多国际责任和弱者遵守歧视性国际规则的功能。这与当前在全球气候变暖问题上发达国家和发展中国家承担"共同但有区别的责任"的规范有很强的相似性。发达国家应将本国 GDP 的 0.7% 用于援助发展中国家,《防止核扩散条约》规定无核国家不得拥有核武器的等级规范都属于等级规范。

三、文献真实性和思想普世性的问题

一些学者认为,先秦著作的作者、内容和产生时间的真实性是有争

---

① Jeremy T. Paltiel, "Constructing Golobal Order with Chinese Characteristics: Yan Xuetong and the Pre-Qin Response to Internatonal Anarchy," *The Chinese Journal of International Politics*, Vol. 4, No. 4, Winter 2011, pp. 397—400.

议的，在真实性不确定的条件下取得的研究结果是不可靠的。例如，杨倩如就质疑以先秦哲人话语为依据得出的结论是否可靠，她说："如果作为依据，它（文献）就应是准确的和经过严格历史检验的。目前，在对先秦诸子思想解释的基础上得出的结论总是要面临着历史真实性的质疑。"① 对于史学研究来讲，文献的作者、产生时间以及内容的真实性的确直接关系到研究结论的可靠性，但是对于创建新的国际关系理论来讲，先秦诸子著作的真实与否并不影响我们借鉴其中的政治思想。

史学界认为，由于多种原因，一些先秦诸子的著作是后人在汉朝初期复写、编写甚至是假借先哲名义撰写的。② 即使我们接受这样的判断，这些著作也仍是两千多年前成书的，因此著作中的思想仍能反映当时人们对于国家间政治或是对于先秦时期政治的认识。对于创造新的国际关系理论来讲，最重要的不是这些著作中的思想是否准确地反映了当时的历史，而是两千多年前的思想认识是否还能用于解释今天的国际政治现实。如果还能适用，则说明这些思想认识至少具有历史纵向的普世性，而且可能是公理性的原理。此类思想认识有助于深化现有的国际关系理论。简言之，古老且适用于现代生活的思想认识是较为可靠的理论创新基础。当然，先秦诸子著述中的思想并非都是普遍适用的，因此在借鉴这些思想时我们要加以区别。对于其中那些不能解释当今国际政治现实的认识，我们可将其视为是对特定国际体系的认识，此类认识有助于我们区分和识别不同国际体系的特殊原理。

从建立普世性理论的角度出发，笔者主要是从两方面借鉴了先秦诸子的思想观念。一是借鉴他们对于国家间关系的本质的认识。由于国家

---

① Yang Qianru, "An Examination of the Research Theory of Pre-Qin Interstate Political Philosophy," in Yan Xuetong, ed., *Ancient Chinese Thought, Modern Chinese Power*, p. 155.

② 盛广智认为："《管子》一书不过是依托春秋时代某种政治家管仲之名而辑录的齐地学者之言而已，其文字当形成于战国、秦、汉之际。"盛广智：《管子译注》，吉林文史出版社1998年版，前言第1页。

间关系的基础是人性，而人性是永恒不变的，因此他们对于国家间关系本质的许多认识具有普世性。二是借鉴先秦哲人对权力性质的分类方法。先秦诸子的著作通常将君主的性质区分为"王、霸、强"三类。① "王、霸、强"这三个概念是古代关于主导国性质的分类，类似于冷战后的"仁慈霸权""霸权""强权"的分类。古今的人们都认为，国家性质的差别对于国家的对外战略取向有重大的影响。基于这种普世认识，道义现实主义将对外决策层面的国家政治领导类别分为无为、守成、进取和争斗四种（参见第一章），将国际体系层面的政治领导类别分为王权、霸权和强权三种（参见第二章和第三章）。②

第二节 理论的分析方法问题

自从沃尔兹提出国际关系的三个分析层次后，国际关系理论界将各种理论划分为三个层次。③ 这对创造新理论有很大的帮助，使理论家们能够自觉地意识到自己所创造的新理论属于哪个层次。通过对先秦诸子的思想进行层次分析，道义现实主义明确了建立个人分析层次理论的方向。由于引进了道义的概念，道义现实主义理论还需要明确观念和物质两者在决策中的影响有什么不同，即决策者的思想观念和国家利益两者在决策过程中分别有什么不同影响（参见第一章第三节"道义现实主义的理论逻辑"）。

---

① 《荀子·王制》《管子·霸言第二十三》。

② "领导"和"领袖"不完全相等，因此对于领导类型的划分与领袖类型的划分的标准是有所不同的。伯恩斯（James MacGregor Burns）认为，"领导是权力的一个方面……它也是一种独立的和至关重要的过程，"而"领袖是一些特殊权力的拥有者"。〔美〕詹姆斯·麦格雷戈·伯恩斯：《领袖论》，刘李胜、郑明哲、陆震纶译，中国社会科学出版社1996年版，第19—20页。

③ Marc A. Genest, *Conflict and Cooperation: Evolving Theories of International Relations*, 北京大学出版社2003年影印版，pp. 3—6.

一、个人层次分析

对先秦诸子的分析层次进行分类是一个学术性很强但难以达成共识的问题。一是先秦诸子对于同一问题在体系、组织、个人三个不同层次上都进行过分析。二是他们对于战争原因的分析和实现和平的分析可能是在两个不同的层次上。从方法论的角度讲这是很正常的现象,因为不同原因导致相同结果是常见现象。例如,不同原因可以引发同一种疾病,不同的治疗方法也可以治愈同一种疾病。在研究先秦诸子的分析层次时,如果我们所依据的分类标准不同就可能出现认识上的分歧。例如,以战争原因为准和以维护和平方法为准进行分类,就可能得出不同的结果。

荀子的思想分析方法属于个人层次,这一点学者们有一定的共识。[①] 荀子的政治思想是道义现实主义的重要思想基础,这也使得荀子的个人层次分析法影响了道义现实主义理论的建设方向,即使得道义现实主义成为个人层次理论。由于荀子所讨论的道义都是君主的道义观念,贺凯认为,道义现实主义理论面临如何区分个人道义、国家道义和普世道义的问题。[②] 先秦时期讨论的道义是指是否有利于维护社稷的稳定,从文献中看,诸子讨论的道义并非个人品德而是政治道义,因此在借鉴先秦思想时并不需要区分个人道义与国家道义。不过值得注意的是,当时的国家道义和普世道义之间的矛盾与现代所讨论的国家利益和国际利益之间的矛盾很相似。[③] 道义现实主义认为,国家道义和普世道义有时是不一致的,因此需要寻求共同点,特别是对世界主导国来讲,两者的差距越小越有利于维护国际秩序,差距越大则道义规范的效率越低。道义现实主义还认为,国际道义规范是不断演化的,不同历史时期的国际道

[①] Yan Xuetong, ed, *Ancient Chinese Thought, Modern Chinese Power*, pp. 26, 163.

[②] He Kai, "A Realist Ideal Pursuit," *The Chinese Journal of International Politics*, Vol. 5, No. 2, Summer 2012, p. 186.

[③] 参见阎学通:《中国国家利益分析》,第26—33页。

义规范内容是不同的。例如，一战前占领无主土地是符合国际规范的，而现在任何国家占领南极都是不符合国际道义规范的行为。这意味着国家道义和国际道义在历史长河中既有变得一致的可能，也有出现分歧的可能。

先秦思想中有关君主作用的认识，是可以用于发展现代国际关系理论的。例如，先秦思想家们认为，主导国君主的样板作用是建立新国际规范和维持原有国际规范的主要因素，所谓"修礼者王"[1]。这种认识与现代国际关系研究中有关制度规范的理论有所不同。前者强调规范是否得到遵守取决于主导国的模范作用，后者则注重制度本身对于国家行为的约束力。如果我们结合两者，就可以从主导国性质的角度去理解制度规范内化的进程。现代国际关系理论认为，国际规范形成的过程一般是由大国提出、多数国家支持，而后在长期的执行中内化为自觉行为。[2] 然而，这种关于国际规范内化过程的解释只侧重主导国的奖惩策略，忽视了主导国的样板作用。[3] 根据先秦哲人在王权和霸权性质问题上的认识，我们知道王权具有带头执行国际规范和维护国际规范的作用，而霸权国则缺乏这种特征。借鉴这种认识，道义现实主义理论将国际规范建立和内化的路径从奖惩两个方面扩展到样板、奖励和惩罚三个方面。

二、二元论分析

鉴于"道义"是道义现实主义中的核心变量，因此在理论建设的过程中，需要将先秦诸子的思想观念依据"观念决定论""物质决定论"和两者结合的"二元论"进行分类，以便明确借鉴的方向。虽然笔者和

---

[1] 《荀子·王制》。

[2] Martha Finnemore and Kathryn Sikkinnk, "International Norms Dynamics and Political Change," *International Organization*, Vol. 52, No. 4 (1998), pp. 887—917.

[3] G. John Ikenberry and Charles A. Kupchan, "Socialization and Hegemonic Power," *International Organization*, Vol. 44, No. 3 (1990), pp. 290—292.

徐进都认为荀子思想属于个人层次，但他认为荀子是观念决定论者①，而笔者却认为荀子是观念与物质相结合的二元论者。②荀子说："势位齐而欲恶同，物不能澹则必争，争则必乱，乱则穷矣。"③ 这句话将社会地位、恶欲和物质匮乏三个自变量合起来作为冲突的原因。恶欲是人性因素，社会地位和物质匮乏都是环境因素。荀子对战争与和平的分析也是二元论的，他说："人之生，不能无群，群而无分则争，争则乱，乱则穷。故无分者，人之大害也；有分者，天下之本利也；而人君者，所以管分之枢要也。"④ 在这句话中，人类先天的群体性动物特征决定了暴力争夺的存在，而后天的社会等级规范可以抑制暴力争夺行为，两者的结合决定了战争的有无。思想史学界很多学者认为荀子是儒法兼具的思想家⑤，这也从一个侧面也说明荀子是一个二元论者而非观念决定论者。荀子的二元论分析法对道义现实主义成为一种二元论的理论有很大的影响。

道义现实主义理论之所以受荀子思想影响较大而受孟子思想影响较小，其中一个重要原因就是荀子是二元论者而孟子是观念决定论者。笔者认为孟子的"性善论"是观念决定论。不过，徐进认为孟子的思想有一定的辩证性，他认为，孟子不是"性善论"而是"心有善端可以为善论"⑥。这种解释并不能使孟子的观点摆脱一元论的范畴。例如，"心有善端可以为善"，其含义是内心无善端就不为善，这还是观念决定论的

---

① Xu Jin, "The Two Poles of Confucianism: A Comparison of the Interstate Political Philosophies of Mencius and Xunzi," in Yan Xuetong, ed., *Ancient Chinese Thought, Modern Chinese Power*, pp. 163—164.

② Yan Xuetong, ed., *Ancient Chinese Thought, Modern Chinese Power*, pp. 25—27.

③ 《荀子·王制》。

④ 《富国·荀子》。

⑤ 李玉洁：《先秦诸子思想研究》，中州古籍出版社2000年版，第242、245—249页。李玉洁认为，"荀子是承儒启法的重要思想家和学者"，具有礼法并用的思想。

⑥ 徐进：《孟子的仁政天下思想》，载阎学通、徐进等：《王霸天下思想及启迪》，第117页；Xu Jin, "The Two Poles of Confucianism: A Comparison of the Interstate Political Philosophies of Mencius and Xunzi", in Yan Xuetong, ed., *Ancient Chinese Thought, Modern Chinese Power*, pp. 163—164.

一元论。孟子的"性善论"将主观因素视为唯一的决定性因素,因此它不适用于创建道义现实主义的国际关系理论。

荀子认为孟子"性善论"的最大缺陷是没有区分"性"和"伪"。他认为性是天生的,伪是后天的,前者为恶,后者为善。① 虽然,荀子"性为恶,伪为善"的观念也有很大缺陷,因为人类后天的品德也有良莠之分,但他关于性是先天的、伪是后天的这种观念值得借鉴。道义现实主义借鉴了荀子的"性""伪"二元论分析,根据人的逐利本性将国家利益视为影响决策的客观物质因素,将决策者后天的思想观念视为影响决策的主观因素。决策者们对于国家间关系的认识并不是天生的,而是后天的,他们认识的差别主要取决于后天的生活环境差异而非先天的生理差别。

第三节　古代道义与现代政治的问题

一、古代观念与现代理论

张锋认为,借鉴先秦政治思想创建国际关系理论有着混淆国内政治和国际政治的危险。他认为,荀子的许多思想观念都是针对国内政治而言的,把这些观念用于解释国际政治不适宜。② 笔者以为,从理论创新角度讲,张锋的这种担心不必要。对于思想史研究来讲,能否正确理解先秦诸子的思想的确是一个非常重要的问题,因为误解可能导致错误的结论。然而,创新国际关系理论的目的不是为了证实某种古代思想,而是借助其创造出新的思想。例如,先秦诸子对于主导国的性质分类的

---

① 《荀子·性恶》。

② Zhang Feng, "The Tsinghua Approach and the Inception of Chinese Theories of International Relations," *The Chinese Journal of International Politics*, Vo. 5, No. 1, Spring 2012, pp. 85—89.

认识不尽相同,《管子》中分了四类,即"皇、帝、王、霸"①。《荀子》中分了三类,即"王、霸、强"②。而孟子只讨论了"王、霸"的区别。③ 他们不仅对于主导国类型的认识不同,而且类别不同。尽管这种分类是从内政角度划分的,但这不并影响借鉴他们从道义的角度对主导国性质分类的原则,根据现代国际政治的特殊性对世界主导国进行分类。

包天民怀疑借鉴先秦政治思想会导致所创新的理论不再是国际关系理论。他认为,自摩根索到沃尔兹再到温特,国际关系研究之所以成为一个独立的学科,是因为他们都是作体系层次问题研究的,而借鉴先秦思想进行研究,则可能使其失去国际关系研究的独特性而成为一种政治哲学研究。④ 根据沃尔兹的标准,国际政治理论需要具备三个条件:有限定的研究领域、规律性的现象、对观察到的规律性现象提供解释。⑤ 沃尔兹所讲的研究领域限制,是指国际关系研究的是无政府体系内的规律性现象。⑥ 读者从本书第一章中可以看到,道义现实主义理论就是以国际社会是无政府体系为前提的,并认为国家利益和领导性质两者与对外战略取向之间有规律性的联系,而且给出了决策取向在体系层面的影响。第二章和第三章则完全是在体系层面进行分析。

笔者同意王日华的观点,即中国古代有关霸权的认识是国内因素决定国际行为。⑦ 然而,笔者却不认同从国内政治角度分析就无法创建国

---

① 《管子·兵法第十七》。
② 《荀子·王制》。
③ 《孟子·公孙丑上》。
④ Jeremy T. Paltiel, "Constructing Golobal Order with Chinese Characteristics: Yan Xuetong and the Pre-Qin Response to Internatonal Anarchy," *The Chinese Journal of International Politics*, Vol. 4, No. 4, Winter 2011, pp. 400—401.
⑤ Kenneth N. Waltz, *Theory of International Politics*, p. 116.
⑥ Ibid., pp. 114—116.
⑦ Wang Rihua, "Political Hegemony in Ancient China: A Review of 'Hegemony in *The Strategems of the Warring States*'," in Yan Xuetong, ed., *Ancient Chinese Thought, Modern Chinese Power*, p. 195.

际关系理论的看法。近年来的新古典现实主义就是试图重新把国内因素引入国际关系分析。先秦哲人将一国的政治实力视为霸权的核心要素,这是讲大国实力不均衡发展的动因在于各国政府领导能力的强弱变化。从绝对实力的角度观察,政治实力是个国内层面的因素;而若从实力的角度观察,它就是国际层面的因素。《管子》中说:"君人者有道,霸王者有时。国修而邻国无道,霸王之资也","夫先王所以王者,资邻国之举不当也"[1]。在《左传》中,烛之武说:"邻之厚,君之薄也。"[2] 这些对相对实力的分析实际上都属于国际层面的实力分析。也就是说,先秦思想家们对于霸权国实力的认识与有关实力研究的现代国际关系理论并无性质差别。

虽然先秦思想家们对于在政治领域由什么因素来决定国家实力升降的认识并不完全一样,但他们都是政治决定论者。[3] 借鉴他们的政治决定论的观念,道义现实主义创造了"政治实力"这个概念,并认为政治实力是综合国力中的核心要素。[4] 贺凯认为,"政治实力"这个概念缺乏可操作的衡量方法。[5] 他质疑政治实力是否可衡量,实际是怀疑道义现实主义理论能否真正科学化。贺凯提出的核心变量需要可衡量的问题非常重要,但这不是道义现实主义理论独有的问题,而是所有国际关系理论都面临的问题。"实力"是所有国际关系理论都离不开的一个概念,然而学界迄今仍无法就"实力"的衡量标准达成共识。在缺乏实力衡量标准的情况下,学者们创建了诸多种国际关系理论,因此在解决如何衡量"政治实力"这个问题之前,道义现实主义仍有科学发展的空间。当

---

[1] 《管子·霸言》。
[2] 《左传·僖公三十年·烛之武退秦师》。
[3] Yan Xuetong, ed., *Ancient Chinese Thought, Modern Chinese Power*, pp. 56—61.
[4] Ibid., pp. 100—102.
[5] He Kai, "A Realist Ideal Pursuit," *The Chinese Journal of International Politics*, Vol. 5, No. 2, Summer 2012, p. 195.

然，如果能在政治实力衡量上取得一定成果，将非常有利于道义现实主义理论的完善。

二、道义作用的实力基础

"道义"与"实力"的关系可能是学界对道义现实主义理论质疑最多的问题。一提起"道义"，人们就会想到"规范"，而一提起"实力"，人们就会想到"强制力"，很多人认为这两者是无法融入同一理论的。坎宁安-克洛斯（Linsay Cunningham-Cross）和卡拉汉（William A. Gllahan）认为，道义现实主义没有明确王权的道德是什么，因为它没有说明在没有军事和经济制裁的手段下这种道德规范是否具有约束他国的作用。[①] 包天民也有相似的看法，他认为道义现实主义解释不清楚战争制裁和规范约束效率之间的关系。[②] 为了明确道义和实力在现实主义理论中的关系，本节将侧重讨论王权与霸权的区别以及道义规范的实力基础。

对于王权和霸权的区别，先秦人士的认识分歧焦点是道义上的差别而不是实力上的差别。老子、孔子、墨子和韩非子都认为两者没有什么大的区别，而管子、孟子和荀子则认为有较大区别。[③] 特别是孟子，他强调两者具有本质的不同。他说："以力假仁者霸，霸必有大国；以德行仁者王，王不待大。"[④] 根据孟子的这个标准，王和霸的区别不是实力上的差别，而是道义的有无。王权以仁义为目标，而霸权是打着仁义的旗号追求权力。荀子与孟子不同，虽然他也认为王和霸的差别在于道义

---

① Linsay Cunningham-Cross and William A. Gllahan, "Ancient Chinese Power, Modern Chinese Thought," *The Chinese Journal of International Politics*, Vol. 4, No. 4, Winter 2011, p. 365.

② Jeremy T. Paltiel, "Constructing Golobal Order with Chinese Characteristics: Yan Xuetong and the Pre-Qin Response to Internatonal Anarchy," *The Chinese Journal of International Politics*, Vol. 4, No. 4, Winter 2011, pp. 396—397.

③ Yan Xuetong, ed., *Ancient Chinese Thought, Modern Chinese Power*, pp. 52—56.

④ 《孟子·公孙丑上》。

第五章 道义现实主义理论的形成及解释

方面，但认为两者只是道义水平高低的差别。① 荀子说："故用国者，义立而王，信立而霸。"此话的意思是，霸权也讲道义，只是道义水平低于王权。

先秦哲人将王和霸的区别界定于道义方面而非实力方面，这对创建道义现实主义是非常重要的，因为这关系到不同类型的国际主导国对于国际体系规范的建立和维护所发挥的作用不同。② 荀子认为霸权是低水平诚信的，而孟子认为霸权是没有诚信的。贝淡宁（Daniel Bell）认为，在阅读《孟子》和《荀子》时，我们能感到孟子是从政治目标是否正确的视角批评霸权，而荀子是从秩序是否稳定的角度评论霸权。③ 荀子关于霸权具有低水平道义的认识可以帮助我们理解，为什么美国双重标准的霸权政策具有建立国际规范和弱化规范约束力的双重作用。在国际关系研究的文献中，"hegemon"一词在英文中并无明显的贬义，与《管子》和《荀子》中"霸"的含义差不多，意为一国具有比他国大得多的影响力或权力。④ 由于中国自1840年起就一直受到列强的侵扰，因此中文语境中的"霸权"带有否定和贬义的色彩。道义现实主义理论借鉴了荀子的霸权观，即低水平道义（诚信）是霸权基础的观念，因此认为建立国际战略信誉是大国崛起成功的必要条件，而中国要超越美国，至少需要具备和美国同等水平的战略信誉，更有保证的条件则是中国具备比美国更高的道义水平。⑤

---

① 《荀子·王制》。

② Yan Xuetong, "International Leadership and Norms Evolution," *The Chinese Journal of International Politics*, Vol. 4, No. 3, Autumn 2011, pp. 237—241.

③ 参见 Daniel Bell, *Beyond Liberal Democracy*, Princeton: Princeton University Press, 2006, Chapter 2。

④ *Webster's New Collegiate Dictionary*, Springfield: G. & C. Merriam Company, 1977, p. 531；参见 Ian Clark, "Towards an English School Theory of Hegemony", *European Journal of International Relations*, Vol. 15, No. 2, June 2009。

⑤ Yan Xuetong, ed., *Ancient Chinese Thought, Modern Chinese Power*, pp. 99—102.

世界权力的转移

道义现实主义借鉴了荀子的一些观念，但这并不意味着接受荀子的所有论断。笔者以为，荀子有关道义是建立王权的必要条件的论断是可取的，但是他在强调道义的必要性时忽视了实力对于获取王权的重要性，又是不可取的。荀子说："以国齐义，一日而白，汤武是也。汤以亳，武王以鄗，皆百里之地也，天下为一，诸侯为臣，通达之属，莫不从服，无它故焉，以义济矣。"① 道义现实主义认为，弱胜强和弱国超越强国建立起新的世界权力中心是一种常见的国际现象，但这种现象并不能说明国家实力大小与获取世界主导权无关。国家实力不均衡发展是个过程，而获取王权和霸权就是实力对比发生变化的过程。在商汤王、周武王分别与夏桀、商纣王对抗的初期，他们的硬实力肯定小于夏桀和商纣王，但在商汤王、周武王最终赢得对抗时，他们的综合实力就超越了被灭亡的夏和商。也就是说，在商汤王、周武王最终获得王权的时间点上进行国家实力比较，他们的综合实力是当时体系内最强大的。这如同1946年中国内战开始时，国民党的实力大于共产党；但1949年共产党获取国家政权时，其实力则超过了国民党。

从历史上看，能获得体系领导权的国家，无论其性质如何，其硬实力都属于当时的第一等级。在末流硬实力的基础上仅靠道义获取王权是很难想象的。在21世纪的国际政治中，领土规模对于国家获取国际体系主导权的重要性已大为下降，但是国家人口规模上亿却对此有至关重要的作用。也就是说，低于1亿人口的国家是无论如何都不可能成为国际体系主导国的。虽然冷战后出现的"一超多强"包括了英、法、德这些人口不足1亿的国家，但这些国家都没有在21世纪成为国际体系主导国的可能性。这就是为什么法国和德国采取区域多极化战略而非国家多极

---

① 《荀子·王霸》。引言的含义是："国家因为有了礼义而统一，一天就可以显扬，商汤、周武就是这样的人。商汤和周武做诸侯时的国都亳和鄗，都只有方圆百里的地方，却统一了天下，让诸侯称臣，凡是交通能到达的地方没有谁不归顺服从，这没有其他的原因，是因为借助礼义。"

化战略,即依靠把欧盟做大,而不是把法国或德国建成超级大国。

道义现实主义认为,不仅主导国或崛起国的实力大小关系到该国践行道义外交是否有正面作用,时代的特殊性也影响道义外交是否能发挥作用。在某些时代,道义在国际政治中有较大作用,在有些时代则没有什么作用。韩非子也曾注意到这一现象,他说:"上古竞于道德,中世逐于智谋,当今争于气力。"[①] 韩非子对于这个现象给出的解释是,古代的不同人类群体共同面临着大自然的威胁,因此道德是起作用的;而在他所处的时代,国家面临的安全威胁主要来自国家之间,因此道德就失去了作用。[②] 在21世纪,核武器的精良程度足以保证核大国能够相互摧毁对方,因此,大国只好放弃以战争方式获取或维持国际主导权的战略;知识经济时代的财富来源是人的创新能力而不是对自然资源的占有,崛起国与霸权国的竞争策略从兼并土地转向了抢占科技优势,加之全球化使人类共同面临着越来越多的非传统安全威胁,于是道义在大国崛起中的作用就上升了。

第四节 道义现实主义理论的时代意义

第一次世界大战之后,美国的国际地位不断上升,到了20世纪90年代,美国的国际地位达到了巅峰。美国不仅在物质实力上是唯一的超级大国,而且在思想理论创新方面也是唯一的超级大国。在美国不断崛起强大的过程中,国际关系理论在美国学界得到了极大的发展,现实主义、自由主义和建构主义三大范式都是由美国学者创建的。2008年发生全球金融危机后,美国呈现相对衰落态势,其国际关系学界的理论创新

---

① 《韩非子·五蠹第四十九》。
② 同上。

势头也相对衰落。与此同时，中国崛起速度加快，中国崛起成了21世纪最重大的国际热点问题，这为学界结合中国崛起所引发的各种国际形势变化进行理论创新提供了好机会。道义现实主义理论的形成，恰好可以解释中国为何能够崛起，以及美国为何相对衰落，与此同时还可以发展出规范性的理论，供中国用于指导调整崛起战略。

一、提供的崛起战略选择

作为政治学学者，笔者研究先秦国家间政治思想的目的不是为了古人而是为了今天，特别是为了中国崛起的顺利实现。在21世纪，中国面临着崛起成败的历史考验，世界则面临着中国崛起可能对世界产生的不确定影响。从解释的角度讲，道义现实主义理论是从先秦思想中汲取大国崛起的经验和夭折的教训。从规范的角度而言，道义现实主义理论分析如何使中国崛起有利于国际秩序的稳定和国际规范的进步。

根据先秦政治思想，中国崛起可以有两种不同的战略目标，即建立王权或建立霸权。前者是一种相对和谐的国际体系，后者则是一种常见的国际体系。同样，世界在中国崛起的过程中也有两种选择，即建立新的国际体系还是重复美国霸权式的国际体系。建立一种新的国际体系不仅要改变国际实力格局，还需要改变国际规范。[1] 一些学者误以为道义现实主义的目标是提倡和恢复东亚历史上曾有过的朝贡体系。例如，坎宁安-克洛斯和卡拉汉认为，中国先秦的等级体系观念不仅不能被西方所接受，而且也不可能被中国之外的其他亚洲国家所接受。[2] 道义现实主义理论认为，科学技术进步已经使朝贡体系失去了其存在的物质基础，建立新的国际体系已无须借助朝贡这种方式。航空技术能使大国领导人

---

[1] Yan Xuetong, "The Shift of the World Center and its Impact on the Change of the International System," *East Asia*, Vol. 30, No. 3, Sep. 2013, pp. 225—231.

[2] Linsay Cunningham-Cross and William A. Gllahan, "Ancient Chinese Power, Modern Chinese Thought," *The Chinese Journal of International Politics*, Vol. 4, No. 4, Winter 2011, p. 362.

在一年之内多次相见，运输技术使国际贸易成为日常的普通行为，因此朝贡形式已不适宜现代国际交往。道义现实主义理论还认为，以主权平等为核心的现代国际规范已经成为普世性的理念，以朝贡式的等级规范取代现行主权平等规范已不可能。道义现实主义提倡的是将平等规范和等级规范相结合，创建新的国际规范和新的国际体系。

先秦思想中的"治"包括国内治理和国家间秩序治理两个方面。借鉴这种内外一体的思想，道义现实主义理论将政治领导视为国家实力增长和国际秩序变化的自变量。这种理论范式更加符合全球化条件下崛起大国的战略取向。在全球化条件下，中国崛起过程中的国内社会建设与国际秩序建设两者越来越不可分割。目前，中国政府所说的"统筹国际和国内两个大局"[①]与先秦时期"治"的概念不分内政外交，两者性质相同。中国领导人说："国内大局就是'两个一百年'奋斗目标，实现中华民族伟大复兴的中国梦；国际大局就是为我国改革发展稳定争取良好外部条件。"[②] 道义现实主义借鉴先秦思想思考了如何实现中国崛起以及崛起为何种国家的问题。这些思考与中国政府2013年提出的"奋发有为"外交战略有不谋而合之处，例如，中国政府提出了"亲、诚、惠、容"的周边外交政策，对外战略从经济利益导向转向了政治利益导向，开启了大国外交之路。[③]

二、提供的中国崛起价值观

借鉴先秦政治思想并不意味着要排斥西方的民主观念。将中国的传统政治思想与西方政治思想对立起来的做法，实际上是忽视了两者之间

---

① 《为我国发展争取良好周边环境，推动我国发展更多惠及周边国家》，《人民日报》2013年10月26日，第1版。

② 同上。

③ Yan Xuetong, "From Keeping a Low Profile to Striving for Achievement," *The Chinese Journal of International Politics*, Vol. 7, No. 2, Summer 2014, pp. 165—171.

存在的共性。贺凯认为，道义现实主义理论将政治领导权的类型作为国家强大与否的核心要素，这与西方理论强调政治体制或机构作用是不同的。他提出的疑问是：在共产党执政的政治体制下，中国政府怎么可能接受道义现实主义的政治理论和策略？① 实际上，恰恰是因为道义现实主义理论强调政治领导的作用，当中国政府决定要奋发有为地实现民族复兴时，道义现实主义的理论就有了被接受的可能。

道义现实主义认为，现代民主观念与中国古代的王治观念在依靠规范维护社会秩序这一点上是一致的，因此提出通过借鉴先秦时期的"仁、义、礼"的概念，将之现代化为"公平、正义、文明"的价值观，以此包容且超越西方的"平等、民主、自由"价值观。② 2013年自中国新一届政府执政以来，中国领导人在对外政策讲话中开始越来越多地使用"公平正义"这个词汇。例如，中国领导人在接受拉美媒体采访时说："'大道之行也，天下为公。'公平正义是世界各国人民在国际关系领域追求的崇高目标。中国坚决维护国际公平正义，致力于推动世界多极化、国际关系民主化。"他还说："我们将更多提出中国方案、贡献中国智慧，为国际社会提供更多公共产品。我们将更加积极有为地促进共同发展，坚持正确义利观，义利并举、以义为先。"③ 这一届政府的反腐败政策能够将上一届中共中央政治局常委周永康和上一届军委副主席徐才厚绳之以法④，从一个侧面说明了中国共产党领导权的类型已改变，但道义现实主义理论能否被接受还有待观察。

---

① He Kai, "A Realist Ideal Pursuit," *The Chinese Journal of International Politics*, Vol. 5, No. 2, Summer 2012, p. 196.

② Yan Xuetong, "New Values for New International Norms," *China International Studies*, Vol. 38, No. 1, Jan./Feb. 2013, pp. 19—26.

③ 《习近平接受拉美四国媒体联合采访》，《人民日报》2014年7月15日，第2版。

④ 《中共中央决定对周永康严重违纪问题立案审查》，《人民日报》2014年7月30日，第1版。《中共中央决定给予徐才厚开除党籍处分》，央视网，2014年6月30日，http://news.cntv.cn/2014/06/30/VIDE1404127450408608.shtml。

第五章　道义现实主义理论的形成及解释

贺凯认为，道义现实主义理论未能解释为什么建立国际规范的主导国愿意自我约束。① 在本书第一章第二节"道义现实主义的理论推论"中，笔者讨论了这个问题。道义现实主义认为，主导国履行国际规范的自我约束行为，并非源于纯粹的道德观念，而是主导国的战略利益需求和道义策略选择两者的结合。稳定的国际秩序是一种公共产品，主导国之所以愿意提供这种公共产品，原因在于主导国是国际秩序稳定的最大受益国。获得利益仅是主导国维持国际秩序稳定的必要条件之一，而非全部。在利益条件不变的情况下，当主导国的领导层具有"君子爱财，取之有道"的道义观时，主导国才会采取遵循国际规范的自我约束行为，采取以身作则的方法维护国际秩序的稳定。②

为了便于读者更加深入体会先秦诸子是如何分析和认识国家间关系的，下面三章将分别介绍荀子思想、先秦诸子思想的异同及《战国策》中有关霸权问题的认识。这三章将有助于理解为何道义现实主义受《荀子》影响最大，先秦诸子思想为何不能都借鉴，以及霸权战略与大国崛起成功的关系。

---

① He Kai, "A Realist Ideal Pursuit," *The Chinese Journal of International Politics*, Vol. 5, No. 2, Summer 2012, pp. 190—191.

② 阎学通、杨原：《国际关系分析》（第二版），第287—289页。

第六章　荀子关于国家间关系的思想

> 故用国者，义立而王，信立而霸，权谋立而亡。
>
> ——《荀子·王霸》

道义现实主义理论借鉴了许多荀子的思想，为此本章介绍荀子有关国家间关系的思想，以供读者理解道义现实主义的思想来源。荀子（约公元前313—前238）是战国时期著名的思想家，他有关国家间政治的论述散见于他的各类文章之中，论述较多的三篇是《王制》《王霸》《正论》。[①] 荀子有关国家间关系的认识很难说是完整的理论体系，但是他在两千多年前就形成的思想中却有很多可以用来解释当今的国际政治

---

① 本章仅从国际政治理论的角度分析荀子的国际政治思想，无意也无力介入史学和文献学有关荀子著述校译的学术讨论。鉴于史学界普遍以王先谦的《荀子集解》为研究基础，故本章所引用的荀子言论均以沈啸寰和王星贤点校的王先谦的《荀子集解》为准。本章对荀子引言的解释参阅了杨柳桥所著的《荀子诂译》，王天海校释的《荀子校释》，蒋南华、罗书勤和杨寒清注译的《荀子全译》，以及高长山译注的《荀子》。

现象。① 这意味着他的某些思想具有相当的合理性。本章将从分析方法、国家实力、国际权力和国家间秩序四个方面讨论荀子有关国家间政治的思想认识。

第一节 分析方法

一、个体主义分析和个人层次分析

国际行为体和国际体系是现代国际政治理论中两个重要的分析变量。以行为体变化为依据解释国际政治现象的研究方法被称为个体主义分析法，以国际体系变化来解释国际政治现象的研究方法被称为整体主义分析法。荀子虽然也讨论过国家间规范（礼）和五服体系对于防止国家间冲突的作用，但是，基于天下大一统的思想，他主要从大国政策的角度讨论如何实现天下秩序的稳定。荀子认为大国的性质决定了天下体系是否安定，而天下体系不会改变大国的行为。他从分析国家的强大、衰败和灭亡三种变化条件入手，总结了国家间秩序变化的原因。

在荀子的分析中，作为因变量的国家间秩序有两个变量值，即安宁（治）和混乱（乱）；作为自变量的国家性质有三个变量值，即王、霸、强。在荀子的文章中，作为动词，"王"是指主导天下，"霸"是主导天下的部分地区，"强"是指实力超过其他国家；作为名词，"王""霸""强"三个词则分别是指从事上述三种不同行为的国家或君主。② 他将国

---

① 荀子的思想产生于公元前的战国时期。那时的诸侯国与现代民族国家在人民、领土和政府三个构成要素上相同，但缺少主权这一要素。因此，"国家间"（inter-state）和"国际"（international）有细微的差别。但是"国际"一词现已被普遍用来描述国家间的概念，"国家间"一词已很少使用，因此本章采用"国际"一词，而不作"国际"和"国家间"的区分。

② 荀子文中的"霸"一词与英文中的"hegemony"相似，是个中性词，没有贬义。故此，本章中的"霸权"一词也是中性词，即没有对外侵略扩张和欺凌小国的含义。

家性质、君主类型和政策性质三者视为同一个事物的三种表现形式,认为这三者是一致的。国家间秩序的稳定程度取决于大国的性质。他的结论是,如果大国是王权国家,国家间秩序就安定;是强权国家,国家间秩序则混乱;是霸权国家,与其结盟的同盟国之间的关系就处于安定状态。但是霸权国之间或非同盟国之间的关系仍是混乱。这意味着霸权主导下的国际是部分关系稳定、部分关系混乱。(参见表6-1,阴影为大国实际性质。)

表6-1 大国性质与国际秩序

国际秩序 \ 大国性质	王权	霸权	强权
安定	■	■	
混乱		■	■

国际政治理论常用的三个分析层次是体系层次、组织层次和个人层次。荀子的分析属于个人层次。在他的分析中,国家性质是一个中介变量,君主才是最根本的自变量。他认为国家是君主用来治理社会的工具。君主的道德和信仰不同,运用国家这一工具的原则和策略也就不同,于是他们国家的性质也因此不同。君主的道义程度差别导致其国家性质的差别,从而决定了国家间秩序是安定还是混乱。荀子说:"国者,天下之利用也。人主者,天下之利势也。得道以持之,则大安也,大荣也,积美之源也。不得道以持之,则大危也,大累也,有之不如无之。"① 这是说,国家是世上最有用的工具。君主是世上最有权力的人。君主如能正确运用国家这个工具,就有社会安宁和个人荣誉,他是在积累美好的源泉。如果错误地使用国家这个工具,则有大危险和大累赘,还不如他们不掌控国家更好。

---

① 《荀子·王霸第十一》。

荀子的个人分析层面并不局限于君主一人,而是同时强调大臣的作用。在他的分析中,大臣的作用对于国家的性质是同等重要的变量。大臣是介于君主和国家性质之间的中介变量。(参见图6-1)荀子认为,君主的核心功能不是亲自治理国家,而是选择善于治理国家的大臣。他说:"彼持国者必不可以独也,然则强固荣辱在于取相矣。身能相能,如是者王;身不能,知恐惧而求能者,如是者强;身不能,不知恐惧而不求能者,安唯便僻左右亲比己者之用,如是者危削,綦之而亡。"① 这是说,掌握国家的人不可独自治理,国家兴衰荣辱的关键在于选什么人辅佐。君主和辅佐者都有才能,可称王天下。自己无才,因为恐惧而寻求有才能的大臣的君主,可使国家强大。自己无才,不知道害怕也不寻求治国之才,只任用身边会阿谀奉承的人,这样的人使国家危险,严重到一定程度国家就会灭亡。

图6-1　决策者与国家间秩序

荀子认为,君主与大臣这两个变量相比较,君主的作用是决定性的,因为大臣这一中介变量是随着君主性质的变化而变化的。荀子认为贤臣并不稀缺,重要的是他们能否被君主任用。大臣有各种各样的,关键是君主想重用什么样的人。他说:"故成王之于周公也,无所往而不听,知所贵也。桓公之于管仲也,国事无所往而不用,知所利也。吴有伍子胥而不能用,国至于亡,倍道失贤也。故尊圣者王,贵贤者霸,敬贤者存,慢贤者亡,古今一也。"② 这是说,周成王听取周公的,是因为他知道周公的贵重;齐桓公在国事上都听取管仲的,是因为他知道听取管仲的政

---

① 《荀子·王霸第十一》。
② 《荀子·君子第二十四》。

策肯定有利。吴国有伍子胥,但不被任用,于是吴国灭亡了,这是违背正道失去贤人的后果。因此,尊崇圣人的君主可成帝业,珍惜贤人的君主可成霸业,尊敬贤人的君主可以生存下来,怠慢贤人的君主将灭亡。

二、观念决定论和内因决定论

国际政治理论可分为物质决定论、观念决定论和两者共同决定论三类。现实主义理论是典型的物质决定论,将国家硬实力视为决定性因素;建构主义理论则是典型的观念决定论,将人的观念视为决定性的因素;制度主义理论则采取了折中的立场,认为物质力量与制度规则两者具有同等重要性。荀子认为争夺是人性逐利和物质匮乏导致的,而国家的行为是君主的道义观念能否抑制其逐利人性的结果。从荀子的分析可知他是一个二元论者。

荀子认为,君主的道义水平差别使他们选择了遵循不同政治原则的大臣,遵循不同政治原则的大臣们实行不同的政策治理国家,实施不同的政策产生不同的结果,于是国家的地位就发生了变化。荀子说:"故道王者之法与王者之人为之,则亦王;道霸者之法与霸者之人为之,则亦霸;道亡国之法与亡国之人为之,则亦亡。"① 这是说,尊崇王道法则的君主选择实行王道政策的人治理国家,可称王天下;尊崇霸道法则的君主选择实施霸道政策的人治理国家,可以成为霸主;而尊崇亡国法则的君主会让那些采取导致国家灭亡政策的人治理国家,国家则灭亡。

荀子分析的是君主和大臣个人道义的作用,这一点与建构主义分析社会集体观念的作用不同。在讨论行为规范时,荀子使用的"王""霸""强"三个概念与温特提出的"康德文化""洛克文化""霍布斯文化"有部分相似性。荀子说:"王夺之人,霸夺之与,强夺之地。"② 其意是

---

① 《荀子·王霸第十一》。
② 《荀子·王制第九》。

王权君主争取人才，霸权君主争取友邻，强权君主争夺土地。他认为，争取人才靠道义，争取盟友靠诚信，争夺土地靠实力。温特认为康德文化、洛克文化和霍布斯文化是三种性质不同的文化结构，也就是国际规范，三者的基础分别是合法性、代价和实力。① 比较荀子和温特的两种概念可以看到，"王"和"强"分别与康德文化和霍布斯文化很相似，但"霸"与洛克文化有较大差别。

荀子认为逐利是人的本性，所有人的本性相同，因此君主的本性不导致治国原则的区别。他认为，君主道义水平的高低是导致国家成败的关键。故此，笔者认为他是一个内因决定论者。他说："具具而王，具具而霸，具具而存，具具而亡。用万乘之国者，威强之所以立也，名声之所以美也，敌人之所以屈也，国之所以安危臧否也，制与在此，亡乎人。王、霸、安存、危殆、灭亡，制与在我，亡乎人。"② 这是说，统治者具备王权条件的可当帝王，具备霸权条件的可当霸主，具备生存条件的可生存，具备灭亡条件的则灭亡。治理一个大国，要想使国威强大、声誉良好、敌人屈服、国家安全，其关键在于君主自己而不在于别国。一个君主能否获得天下王权、成为霸主或保住国家安全还是使国家面临危险，甚至导致国家灭亡，关键在于他自己而不是别国。

三、严格分析和比较分析

一切国际政治现象都是多因素结合的结果，依据分析时选取自变量的多少，分析方法可分为严格分析法和全面分析法两种。全面分析法是把多个变量并列起来，同时解释因变量的变化而不讨论它们之间的相互关系。与全面分析法不同，严格分析法用单一变量解释因果关系逻辑链条上的变化，这必然要分析每个自变量之间的关系。例如，沃尔兹以大

---

① Alexander Wendt, *Social Theory of International Politics*, p. 250.
② 《荀子·王制第九》。

国实力结构为自变量解释国际体系战争的有无,就属于严格分析法。摩根索以权利、实力、利益、文化、法律、道德、外交策略等多个自变量来解释国际体系的变化,就属于全面分析法。

荀子的分析方法属于严格分析法,而非全面分析法。他以君主的道义为最根本的自变量,解释制定国家政策的大臣们的性质,以大臣的性质解释国家的性质,再以国家的性质解释国家间秩序的安定与否。(参见图6-1)如果将他的分析逻辑进一步细化,可以得到图6-2。在大臣与国家性质之间可加入策略取向这一中介变量,在国家性质与国家间秩序之间可以加入国家实力和对外关系两个中介变量。在荀子的思想中,不同层次的变量关系有明显的逻辑关系,而且这些逻辑关系保持了一致性。

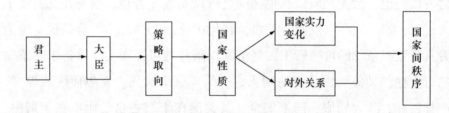

图6-2 不同层次变量的关系

比较分析法是与个案分析法相对应的一种分析方法。个案分析法用一个案例从正面论证观点,而比较分析法则是用正反两方面的案例进行比较的方法论证观点。荀子经常使用正反两方面的例子论证自己的观点,因此属于比较分析法。他最经常使用的正面案例是商汤、周公和文王,反面案例是夏桀和商纣。例如,荀子在论证王权的权威不是夺来的而是自然形成的这一观点时,他说:"汤、武非取天下也,修其道,行其义,兴天下之同利,除天下之同害,而天下归之也。桀、纣非去天下也,反禹、汤之德,乱礼义之分,禽兽之行,积其凶,全其恶,而天下去之也。天下归之谓之王,天下去之谓之亡。"[①] 这是说,商汤和周武王不是夺取

---

① 《荀子·正论第十八》。

了天下，而是因为他们履行道义，为世人做好事，消除了危害，天下就自动归了他们。夏桀和商纣不是丢了天下，而是因为他们与夏禹和商汤的道德相反，破坏规范和道义，行为和禽兽一样，他们坏事干多了，罪恶深重了，天下就消失了。天下归顺被称为"王权"，天下消失被称为"灭亡"。

第二节 对国家实力的认识

一、国家作为行为体和工具的双重性

在荀子的著述中，"国"的概念有时指一个政治单位，有时指执政工具。这一点与现代政治学对于国家的认识基本一致。从国际政治的角度来讲，国家是一个国际行为体，但从国内政治的角度来讲，国家则是统治民众的工具。[①]

根据实力的大小，荀子将国家分为天子之国和诸侯国。他说："古者天子千官，诸侯百官。以是千官也，令行于诸夏之国，谓之王；以是百官也，令行于境内，国虽不安，不至于废易遂亡，谓之君。"[②] 这是说，古代天子之国有上千的官员，诸侯国有上百的官员。靠着上千名大臣的辅助，天子的政令才被中原的诸侯国所接受，这样的君主称为"王"。而靠上百名大臣的辅助，其政令能实行于一国境内，其国家虽不安定但不至于废替和灭亡，这样的统治者称为"君"。上面这段话里的"国"，显然是指政治单位。不过天子之国是王权国家，其规模和实力都是诸侯国的倍数，因此其权力大于诸侯国。

从功能的角度出发，荀子认为国家是个政治工具。他说："国者，

[①] 阎学通：《中国国家利益分析》，第4—6页。
[②] 《荀子·正论第十八》。

天下之大器也，重任也，不可不善为择所而后错之，错险则危。"① 国家是天下最大的工具，其首领担负着重要的责任，因此不能不妥善地选择人来掌握，不能使之出错，选错了人，国家就危险了。

二、政治实力与军事实力和经济实力的关系

荀子对政治实力、军事实力和经济实力的作用以及三者关系的认识与现代观念有较大区别。现代人普遍认为经济实力是政治实力的基础，这与荀子的看法相反。

荀子认为政治实力是经济实力和军事实力发挥作用的基础。他认为没有政治实力做基础，经济实力和军事实力再大也没有意义。荀子的这种思想与美国中央情报局副局长克莱因发明的"综合国力方程"在逻辑上有很大的相似性。根据克莱因的方程：$Pp = (C + E + M) \times (S + W)$，综合国力是软硬两类实力的乘积，即当软实力为零时，综合国力为零，硬实力不发挥作用。② 荀子说："文王载百里地而天下一；桀、纣舍之，厚于有天下之势而不得以匹夫老。故善用之，则百里之国足以独立矣；不善用之，则楚六千里而为仇人役。"③ 这是说，文王遵循圣王的道义，以方圆仅百里大的国家实力统一了天下。桀和纣两人放弃了圣王的道义，虽然他们有世上最大的权势，却不能像个普通百姓那样寿终正寝。所以，善于用圣王道义，仅有方圆百里的小国也能保证独立，而不善于用圣王道义，有楚国那样方圆6000里的地域也会被敌人奴役。1991年苏联解体的历史有助于我们理解，为什么荀子认为政治实力是军事实力和经济实力发挥作用的基础。苏联解体时，其军事实力与美国相同，其经济实力世界第三，但当苏联政府失去内外政治动员力时，其硬实力连

---

① 《荀子·王霸第十一》。

② Pp—Perceived power, C—Critical mass, E—Economic capability, M—Military capability, S—Strategic purpose, W—Will to pursue national strategy.

③ 《荀子·仲尼第七》。

第六章 荀子关于国家间关系的思想

维持国家生存的作用都发挥不了。

荀子还认为政治实力是硬实力增长的基础。荀子是政治决定论者，他认为一国强盛或衰败的原因在于国家政策的正确与否；政策正确国力就能增长，反之亦然。他讲："上不隆礼则兵弱，上不爱民则兵弱，已诺不信则兵弱，庆赏不渐则兵弱，将率不能则兵弱。上好功则国贫，上好利则国贫，士大夫众则国贫，工商众则国贫，无制数度量则国贫……故禹十年水，汤七年旱，而天下无菜色者。十年之后，年谷复熟而陈积有余。是无它故焉，知本末源流之谓也。"① 这是讲，君主不崇尚规则，不爱民，不履行承诺，给予的奖赏不丰厚，将帅无能，其中只要有一项就会使军事力量衰弱。君主好大喜功、贪婪财富、官员多、商人多、财政开支无度，仅有其一即可使国家贫困②……大禹时十年水灾，汤王时七年旱灾，而人们却没有吃不饱的。十年灾难过后，每年丰收且有余粮。这不是其他原因，就是禹和汤明白什么是基础，什么是表象。美国的三权分立、日本的明治维新和苏联的社会主义制度，这些政治体制都曾使这三国的国力快速增长。这些现代历史可以印证荀子将政治实力视为硬实力增长基础的思想。

荀子认为国家的政治体制是国家经济能否快速发展的基础，这与经济水平是政治制度基础的观点相反。他讲："故修礼者王，为政者强，取民者安，聚敛者亡。故王者富民，霸者富士，仅存之国富大夫，亡国富筐箧，实府库。"③ 这是讲，尊崇礼仪的君主可获得王权，善于处理政务的君主可使国家强大，能够获得民心的君主可使国家安宁，只知聚敛财富的君主则使国家灭亡。所以能当帝王的君主使百姓富，能当霸主的

---

① 《荀子·富国第十》。
② 荀子处于农业社会，因此农业被认为是国家经济的最重要组成部分，而工商业被认为是辅助性的。这如同在工业社会工业被视为国家经济的最主要部分，服务业被看作辅助性的，而到了知识经济时代，服务业被视为国家经济的最主要构成，农牧业被视为辅助性的。
③ 《荀子·王制第九》。

君主使政府官员富,在勉强能够生存的国家里只有高级官员富,在趋于灭亡的国家里只有君主自己和国库富。我国1978年以改革开放取代了"以阶级斗争为纲"的政治路线,国家经济快速发展。这有助于我们理解荀子关于政治路线是经济实力增长基础的观点。

荀子还认为建立友好的外交关系也是国家安全保障的基础。他认为国家的安全与否并不完全取决于该国军事力量的大小,还取决于政治上本国是否能与他国保持合理的关系。他说:"将修小大强弱之义以持慎之,礼节将甚文,圭璧将甚硕,货赂将甚厚,所以说之者,必将雅文辩慧之君子也。彼苟有人意焉,夫谁能忿之?若是,则忿之者不攻也。为名者否,为利者否,为忿者否,则国安于盘石,寿于旗、翼。"①此话意为,要遵守大国与小国、强国与弱国之间的道义原则,慎重对待,礼节完善,用大玉器,赠品丰厚,使节文雅睿智。对方只要懂人情,能不满意吗?这样,原先不满意的国家也就不来攻打了。为名、为利和不满意的国家都不来攻打,国家就安如磐石了,就能像旗宿星和翼宿星一样永存。20世纪60年代,我国采取了反美苏两霸的对外政策;21世纪初我国采取睦邻友好政策。20世纪60年代中国南面与美国在越南作战,北面是苏联的大兵压境;而21世纪初,中国与美国和俄罗斯都保持了正常的大国关系,中国的安全环境远好于20世纪60年代。这种历史比较有助于我们理解荀子将外交原则视为国家安全基础的思想。

荀子认为,政治实力在外交斗争中发挥的作用比经济实力作用大。他认为,靠财富贿赂他国的策略是无效的,而最为有效的方法是以道义强国。他说:"事之以货宝,则货宝单而交不结;约信盟誓,则约定而畔无日;割国之锱铢以赂之,则割定而欲无厌。事之弥烦,其侵人愈甚,必至于资单国举然后已……故明君不道也。必将修礼以齐朝,正法以齐官,平政以齐民,然后节奏齐于朝,百事齐于官,众庶齐于下。如是,

---

① 《荀子·富国第十》。

则近者竞亲，远方致愿，上下一心，三军同力，名声足以暴炙之，威强足以捶笞之，拱揖指挥，而强暴之国莫不趋使，譬之是犹乌获与焦侥搏也。"① 这段话是说，用财宝向强国示好，财富用尽也缔结不了邦交；用誓盟的方法进行约束，强国签了条约不日就违反；以割让土地来贿赂，强国占了土地后其欲望仍不满足。给的好处越多，强国越想侵略，必然是直到占有别国的全部资产和国家才罢休……故此，圣明的君主不这样做。他必然是以尊崇礼仪来整顿政府，以法律整肃官员，以平和的政策管理百姓。然后就能做到政府统一步调，官员齐心协力，百姓全都服从。这样，周边的人争相亲近，远处的人愿来投奔，上下一心，三军同力，于是名声如日中天，威力足以惩戒，举手指挥，强国无敢不从。这如同力大无穷的乌获与身材矮小的焦侥两人搏斗一样。

1971年美国反对中国恢复在联合国的合法席位，当时美国对第三世界的援助远远大于中国，但在非洲友好国家的支持下，中国还是成功地恢复了在联合国的席位。为了获得联合国安理会常任理事国的地位，日本政府在2005年投入了160亿美元向发展中国家购买选票，结果未能如愿。② 这两个历史事件有助于我们理解为何荀子认为政治实力比经济实力在外交中的作用更大。

三、实力不均衡发展的原理

荀子认为，他国治国失败是本国强大的重要原因。他说："如是，彼日积敝，我日积完；彼日积贫，我日积富；彼日积劳，我日积佚。君臣上下之间者，彼将厉厉焉日日相离疾也，我今将顿顿焉日日相亲爱也，以是待其敝，安以其国为是者霸。"③ 这是说，别国一天天地积累弊病、

---

① 《荀子·富国第十》。
② 陆洋：《非洲：拿什么拯救自己》，《东方瞭望周刊》2005年7月22日，http://news.xinhuanet.com/world/2005-07/22/content_ 3252643.htm。
③ 《荀子·王制第九》。

贫穷、劳苦，我国一天天地积累完善、富贵、安逸。在君臣之间，别国一天天地离心离德相互仇恨，我国则相互亲爱精诚团结。以我国的有利去应对别人的弊病，能做到这一点的人就能建立霸业。荀子的这种认识与当代国际关系理论中的相对实力概念十分相似。由于国家的实力地位是相对于他国的实力而言的，因此，增强一国实力地位就是拉大本国与他国的实力差距，他国的衰败也是差距得以拉大的重要因素。如果所有国家的实力增长是均衡的，那么它们之间的实力地位差距就永远不会发生变化。

荀子还讲："人皆乱，我独治；人皆危，我独安；人皆失丧之，我按起而治之。故仁人之用国，非特将持其有而已也，又将兼人。"① 这是说，其他国家都有动乱和危险，只有本国保持太平和安定，这样才能在其他国家都灭亡时，本国接收并治理它们。所以仁义的君主不仅用国家这一工具保住自己的生存，而且要兼并他国。荀子不反对兼并，但认为不同性质的兼并其结果不同。他认为，有道义的兼并能增强自身实力，无道义的兼并会削弱自身实力。他说："以德兼人者王，以力兼人者弱，以富兼人者贫，古今一也。"② 这是说，以道义为基础的兼并是可以获得王权的，以实力征服对方的兼并会削弱本国的实力，靠财富兼并他国则使本国贫穷。荀子有关兼并的思想不符合现代国际道义，但他能区分不同性质的兼并后果不同是很多人没有想到的。

荀子将国家间实力不均衡发展的原因归结为领导人道义水平的差别。他说："人臣之论：有态臣者，有篡臣者，有功臣者，有圣臣者……故用圣臣者王，用功臣者强，用篡臣者危，用态臣者亡。"③ 这是说，大臣的类别可分为谄媚的、擅权的、建功的、圣贤的……因此，在诸多国家

---

① 《荀子·富国第十》。
② 《荀子·议兵第十六》。
③ 《荀子·臣道第十三》。

中，用圣贤为臣的，可成为天下的统帅；用建功者为臣的，可使国家强大；用擅权者为臣的，国家则面临危险；用谄媚者为臣的，则使国家灭亡。根据这段论述，我们得到君主与国家实力变化之间的逻辑是，国家实力地位的变化源于国家的政策，政策出自治理国家的大臣，选用什么样的大臣是由君主的道义水平所决定的。（见图6-3）

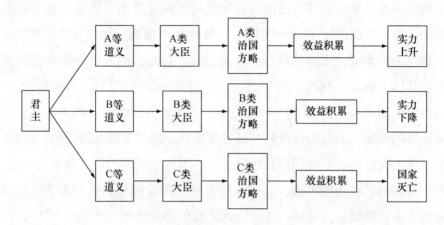

图6-3　实力不均衡发展原理

荀子说："为人主者，莫不欲强而恶弱，欲安而恶危，欲荣而恶辱，是禹、桀之所同也。要此三欲，辟此三恶，果何道而便？曰：在慎取相，道莫径是矣。"① 这是讲，所有领导人都想国家强大、安定和荣耀，而厌恶衰弱、危险和耻辱，禹和桀也是这样。要实现三个欲望，避免三个厌恶，采用什么方法最为便利呢？答案是慎重地选择丞相，没有比这更简便的方法了。荀子还总结了历史上国家消亡的经验说："古有万国，今有数十焉，是无它故，莫不失之是也。"② 这是说，古代有上万个国家，现在只剩下十几个了。它们灭亡原因不是别的，就是错误用人。

由于荀子认为任用什么样的官员直接关系到国家实力的增长与衰落，

---

① 《荀子·君道第十二》。

② 同上。

因此他将选用人才视为强国战略的核心。他说:"欲得调壹天下,制秦、楚,则莫若聪明君子矣。其用知甚简,其为事不劳而功名致大,甚易处而綦可乐也,故明君以为宝,而愚者以为难。"① 这是说,要统一天下,制约秦和楚这样的大国,最好的方法是任用聪明有道义的人。他们运用知识很容易,做事不费力,而且功名很大,这些人容易与人相处而且很乐观。因此,圣明的君主把他们视为宝贝,而愚蠢的人则觉得难与他们相处。荀子还提出了不分贵贱任人为贤的用人原则。他说:"人主胡不广焉?无恤亲疏,无偏贵贱,唯诚能之求?若是,则人臣轻职业让贤而安随其后,如是,则舜、禹还至,王业还起。功壹天下,名配舜、禹,物由可乐如是其美焉者乎?"② 这是说,领导人为什么不广招人才呢?应该不照顾亲属,不分出身贵贱,只要真正有才能的人就加以任用。这样,其下属的大臣就会看轻职位让给贤人,并听从他们的指挥。如果这样做,舜、禹式的贤君还能再现,王业还能再建,功劳可达到统一天下,与舜和禹齐名,事情如此美好,还有比这更快乐的事情吗?

荀子对于国力变化的认识是典型的明君贤相思想。这种认识使他得出政治人才是国家强大根本的结论。在这一点上,他与中国古代其他政治思想家们的认识基本一致,但他只看到了制度是由人制定的一面,而未想到民主选举制度本身具有淘汰不合格决策者的纠偏功能的一面。由于荀子把统一天下作为君主的最高政治目标,因此他并非无条件地反对国家兼并行为。他以兼并的性质为标准判断兼并行为正义与否,这与一战前的国际规范有相似之处,但与第二次世界大战之后的国际规范明显不符。荀子恐怕还夸大了政治实力对国家安全的作用。一个小国即使坚持有道义的外交政策,仍难免大国对其产生侵略野心,1990年伊拉克吞并科威特就是个典型的例子。与荀子的观点不同,道义现实主义理论强

---

① 《荀子·王霸第十一》。
② 同上。

调道义的作用是以大国的实力为基础的,没有物质力量,道义难以发挥作用。宋襄公遵守不列不战规范而大败于泓水之战是典型案例。

第三节 对国际权力的认识

现代国际关系理论关于国际权力的讨论有三个方面:一是权力关系,即国家间的关系是合作、竞争还是对抗;二是权力大小,即国家拥有的国际权力是主导、辅助还是参与的性质差别;三是权力内容,即国家拥有的权力属于政治、经济、安全哪个方面。荀子有关国家间权力的论述主要集中于权力性质的问题,这一点恰恰是现代国际关系理论研究得较少的问题。

一、"天下"和"有天下"的定义

"天下"这一概念是荀子分析国家间权力性质的基础。明确他的"天下"概念,有助于我们理解他关于王、霸、强三种权力性质的思想。

荀子所说的"天下",接近我们今天所说的"世界";"有天下"的含义可以理解为拥有主导天下的权威,这种权威是民众和各诸侯国自愿接受圣人领导的结果,而不是君主以暴力夺取权力。他说:"天下者,至重也,非至强莫之能任,至大也,非至辨莫之能分,至众也,非至明莫之能和。此三至者,非对圣人莫之能尽。故非圣人莫之能王……天下者,至大也,非圣人莫之能有也。"① 这是说,统治天下是最重大的事,不是最强的人无法胜任;天下的范围是最广大的,不是头脑最聪明的人无法建立等级制度;天下是人最多的社会,不是最英明的人无法使人们和平相处。这三项只有圣人才能做到。因此不是圣人统治不了天下……

---

① 《荀子·正论第十八》。

世界权力的转移

拥有天下是最重要的事，不是圣人是做不好的。他反驳了桀和纣拥有"天下"的说法，他说："世俗之为说者曰：'桀、纣有天下，汤、武篡而夺之。'是不然。以桀、纣为常有天下之籍则然，亲有天下之籍则不然，天下谓在桀、纣则不然。"① 他在此否定汤王、武王篡夺了桀、纣统治天下大权的世俗说法。他认为，说桀和纣曾有主导天下的权力是对的，但说他们拥有主导天下的权威则是错的，把天下说成是桀和纣的是错的。

荀子认为，具有统治天下的权力与拥有治理天下的权威是两回事。他说："圣王之子也，有天下之后也，执籍之所在也，天下之宗室也；然而不材不中，内则百姓疾之，外则诸侯叛之，近者境内不一，遥者诸侯不听，令不行于境内，甚者诸侯侵削之，攻伐之，若是，则虽未亡，吾谓之无天下矣。"② 这是说，圣王的儿子是在圣王拥有天下统治权之后出生的人，他继承了天子的职位，代表了天子的家庭。但是，如果他没有才能且行为不轨，国内百姓就恨他，诸侯国就叛离，近处是国内不统一，远处是诸侯国不服从，命令在国内行不通，甚至诸侯国来攻打。这样，虽然他还未失去天子权力，但我认为他的天子权威已经没了。例如，在当代社会，2002—2006年的阿富汗政府虽然拥有统治阿富汗国家的合法权力，但实际上其权力所能实施的范围仅限于首都喀布尔。虽然这个例子不是关于世界主导权的，但可以帮助我们理解荀子关于"有天下"的含义。

荀子认为国家权力与主导天下的权威不同。他认为国家权力可以夺取，但主导天下的权威是夺不来的，而是人们自动归顺的结果。他说："故可以有夺人国，不可以有夺人天下；可以有窃国，不可以有窃天下

---

① 《荀子·正论第十八》。
② 同上。

也。"① 这就是说，有夺取国家权力的可能，但没有夺取世界权威的可能；有窃取国家权力的可能，但没有窃取世界权威的可能。在第二次世界大战初期，纳粹德国的军事实力和经济实力都呈上升趋势，其对外军事扩张的成功也扩大了德国在世界事务中的权力，然而德国并未因此获得领导世界的权威，而是成为世界上越来越多国家的敌人。这一历史经验可帮助我们理解荀子所讲的国家权力与天下权威的区别。

二、以政治道义为基础的王权

荀子认为王权是天下的最高权威，其基础是王权国君主（天子）的道义。他说："以国齐义，一日而白，汤、武是也。汤以亳，武王以鄗，皆百里之地也，天下为一，诸侯为臣，通达之属莫不从服，无它故焉，以济义矣。是所谓义立而王也。"② 这是说，如果以国家的力量实施道义，这个国家很快就显赫起来，商汤王和周武王就是这样。他们分别依靠方圆不过百里的亳和鄗实现了天下的统一领导，诸侯国臣服，能到达的地方都接受统治。这没有别的原因，就是因为实施了道义。这就是所说的，道义树立起来就有了世界权威。现在梵蒂冈教权有点像荀子所说的王权。梵蒂冈比新加坡还小，不但经济实力不如新加坡，而且没有军队，但梵蒂冈的宗教权威使其在世界事务中的影响力却是新加坡无法比拟的。这个例子有助于我们理解为何荀子认为实行道义是获得天下权威的基础。

荀子认为，拥有王权是实行道义的结果。他说："彼王者不然，仁眇天下，义眇天下，威眇天下。仁眇天下，故天下莫不亲也；义眇天下，故天下莫不贵也；威眇天下，故天下莫敢敌也。以不敌之威，辅服人之

---

① 《荀子·正论第十八》。
② 《荀子·王霸第十一》。

道，故不战而胜，不攻而得，甲兵不劳而天下服。是知王道者也。"① 这是说，王权者与他人不同，他的仁爱、道义和威望都是世上最高的。他的仁爱是世上最大的，世上的人都愿与他亲近；他实行的道义是世上最高尚的，世上的人都尊崇他；他的威望是世上最高的，世上的人都不敢与他为敌。他有了无敌的威望，加上能够征服人心的道义，因此能不战而胜，不攻而得，不出兵就可让天下服从。这就是懂得领导天下道理的人。

荀子认为王权是以君主个人的高尚道义为基础的，因此他认为只有圣人才可能拥有王权。他说："圣人备道全美者也，是县天下之权称也。"② 这是说，圣人是道义完备的完美人，这也是拥有天下的标准。我们在今天难以找到符合荀子标准的政治领导人，但如果比较美国二战时期的总统罗斯福（F. D. Roosevelt）和第43任总统小布什，我们就可以观察到荀子所讲的领导人的个人道义水平对建立国际规范和改变国际体系的作用。罗斯福的世界和平理念促成了二战后联合国的建立，而小布什的基督教原教旨主义信仰使美国不遵守国际规范，使国际防扩散体系衰败。

三、以硬实力和战略诚信为基础的霸权

荀子认为，霸权是低于王权的一种天下主导权力。王权是别国由于崇拜而自愿接受的天下领导权威，而霸权则是在君主的道义水平还达不到王者水平时通过强大实力和战略诚信所获得的天下主导权。王权是自然归从于圣人的，霸权则是君主努力争取到的。

荀子认为，霸权虽是低于王权的天下主导权力，但能获得霸权也很不容易，霸主的道义水平虽不及王者高，但至少要达到有战略诚信的水

---

① 《荀子·王制第九》。
② 《荀子·正论第十八》。

第六章 荀子关于国家间关系的思想

平。也就是说，缺少战略诚信的国家，其硬实力再强也难以获得霸权。荀子在描述霸权时说："德虽未至也，义虽未济也，然而天下之理略奏矣，刑赏已诺，信乎天下矣，臣下晓然皆知其可要也。政令已陈，虽睹利败，不欺其民；约结已定，虽睹利败，不欺其与。如是，则兵劲城固，敌国畏之；国一綦明，与国信之；虽在僻陋之国，威动天下，五伯是也……故齐桓、晋文、楚庄、吴阖闾、越句践，是皆僻陋之国也，威动天下，强殆中国。无它故焉，略信也。是所谓信立而霸也。"[①] 这是说，虽然道德不完善，道义不完满，但大体还懂得治理天下的道理，刑赏和承诺是有信誉的，大臣们都了解这些刑赏的必要性。政策出台后，虽发现于己不利之处，也不失信于百姓；条约签订后，虽发现于己不利之处，也不失信于盟友。这样就能兵力强大，城池坚固，敌国害怕；全国一致明确，盟友就信任。虽然国家处于偏僻的地方，也能威震天下，五霸就是这样的……齐桓公、晋文公、楚庄王、吴王阖闾、越王勾践，他们的国家都处于偏僻的地方，但他们却能威震天下，强大到危及中原国家。这不是别的原因，就是因为他们有战略诚信。这就是人们所说的诚信树立起来就有霸权的道理。

荀子虽说"信立而霸"，但他认为获得霸权需要以硬实力为基础。霸权国君主既需要取信于盟友，又需要增强硬实力，这样盟友才会尊他为霸主。荀子描述霸权时说："彼霸者不然，辟田野，实仓廪，便备用，案谨募选阅材伎之士；然后渐庆赏以先之，严刑赏以纠之。存亡继绝，卫弱禁暴，而无兼并之心，则诸侯亲之矣；修友敌之道以敬接诸侯，则诸侯说之矣……故明其不并之行，倍其友敌之道，天下无王霸主，则常胜矣。是知霸道者也。"[②] 这是说，称霸的君主与其他的君主不同，他们开荒辟野，充实粮仓，改进兵器，谨慎招兵，招纳有技能的人才，然后

---

① 《荀子·王霸第十一》。
② 《荀子·王制第九》。

用奖赏引导他们,用严格的奖惩制度纠正错误,使要灭亡的国家保存下来,使已灭亡的国家的后裔延续下去,保护弱国,阻止强暴的国家,但却无意兼并他国,这样诸侯国就与之亲近了。采取把敌国变为友邦的策略,以尊敬的态度接待诸侯们,诸侯们就会高兴……因此,以行动表明不兼并他国,努力实行变敌为友的策略,当世界没有圣王和霸主时,这样的君主就能经常获胜。这就是懂得称霸道理的人。

四、以军事实力与谋略为基础的强权

荀子认为强权是比霸权还低的一种天下主导权。这种权力靠军事实力和计谋获得。由于军事侵占他国土地是扩大强权的唯一方法,因此强权国必然有很多的敌国,这导致强权国容易被削弱。荀子说:"用强者,人之城守,人之出战,而我以力胜之也,则伤人之民必甚矣。伤人之民甚,则人之民恶我必甚矣;人之民恶我甚,则日欲与我斗。人之城守,人之出战,而我以力胜之,则伤吾民必甚矣。伤吾民甚,则吾民之恶我必甚矣;吾民之恶我甚,则日不欲为我斗。人之民日欲与我斗,吾民日不欲为我斗,是强者之所以反弱也。地来而民去,累多而功少,虽守者益,所以守者损,是以大者之所以反削也。"[①] 这段论述是说,强权者面临的是别人守城迎战,而本国则要用强力战胜对方。这必然大量伤害别国民众;别国民众受伤害必然恨本国,他们越恨本国就越要与本国争斗。这种以强力征服对方的做法也必然严重伤害本国民众。伤害本国的民众,民众就恨本国。本国的民众越恨本国,就更不愿为本国争斗。别国的民众越来越要与本国争斗,而本国的民众越来越不愿为本国争斗,这就是强国会变弱的原因。夺来了土地但失去了人民,多了累赘而无功劳,要保卫的土地扩大了,但可用来保卫土地的人少了,这就是大国反而实力会下降的原因。美国学者李普曼(Walter Lippmann)和肯尼迪(Paul

---

① 《荀子·王制第九》。

Kennedy）分别在 20 世纪 40 年代和 80 年代先后提出承担过多海外责任是导致霸权衰落的原因。[①] 这种看法与荀子很相似。

根据上述荀子有关王、霸、强三种天下主导权的论述，我们可以将这三种权力的性质和基础总结为表 6-2。

表 6-2　荀子关于权力性质及其基础的认识

基础＼性质	王权	霸权	强权
道义	高	低 有诚信	无
实力	强弱 均可	强	强

第四节　对国家间秩序的认识

荀子对于许多观念的认识与建构主义理论有相似之处，但他对国家间冲突或关系稳定的认识则与现实主义理论相似，他有关防止国家间冲突和维持国家间秩序稳定的认识则又与制度主义理论有相似之处。

一、冲突的人性根源

荀子是性恶论者，他认为人的本性是恶的，人们为了利益而进行争夺是自然的社会现象，争夺引发暴力冲突也是必然的。他说："今人之性，生而有好利焉，顺是，故争夺生而辞让亡焉……然则从人之性，顺人之情，必出于争夺，合于犯分乱理而归于暴。"[②] 这是说，现在人的本

---

① Walter Lippmann, *U. S. Foreign Policy: Shield of the Republic*, Boston: Mass., 1943, pp. 7—8; Paul Kennedy, *The Rise and Fall of the Great Powers*, New York: Random House, 1987, pp. 534—535.

② 《荀子·性恶第二十三》。

性是生来就贪利,顺着这种本性去做,就会发生争夺而不会谦让……因此,顺从人的性情就必然引发争夺,大家都违反等级规范、不讲道理的结果,就是引发暴力冲突。摩根索总结的现实主义六原则中的第一个原则就是人性。他说:"政治现实主义相信,总的讲来像社会一样,政治是由根植于人性的客观法则支配的……政治法则的根源是人性,自从中国、印度和希腊古典哲学的努力发现了这些法则以来,人性就没有发生过变化。"①

荀子专门写了文章解释人性是什么,还批评孟子人性善的说法是不懂得人性的本质。他说:"孟子曰:'人之学者,其性善。'曰:是不然,是不及知人之性,而不察乎人之性伪之分者也。凡性者,天之就也,不可学,不可事;礼义者,圣人之所生也,人之所学而能,所事而成者也。不可学、不可事而在人者谓之性;可学而能、可事而成之在人者谓之伪。是性伪之分也。"② 这是说,孟子说人之所以能学习,是因为人性是善的。我说这是不对的,是不懂人性而且分不清人的本性与后天行为的区别。人所有的本性都是自然生成的,是学不会也做不成的。礼义是由圣人制定的,所以可以学会,而且能够做成。人身上无法学和无法做的东西称为"性",人身上可以学会和可以做成的是"伪",这就是"性"和"伪"的区别。

荀子认为人性恶是国家间发生冲突的根本原因,因为作为人性之一的欲望是无止境的,是无法以物质来满足的。他讲:"人生而有欲,欲而不得,则不能无求;求而无度量分界,则不能不争;争则乱,乱则穷。"③ 这是说,人生来就有欲望,欲望没得到满足就会去追求。这种追求是无止境的,因此就会产生争夺,争夺导致混乱,混乱造成贫穷。

---

① Hans J. Morgenthau, *Politics Among Nations: The Struggle for Power and Peace*, p.4.
② 《荀子·性恶第二十三》。
③ 《荀子·礼论第十九》。

二、社会规范的抑制作用

由于荀子认为增加社会物质财富并不能解决人们相互争夺的冲突，因此他从抑制人的欲望的角度思考如何才能避免社会冲突。他将人的欲望界定为人的情感反映。他说："性者，天之就也；情者，性之质也；欲者，情之应也。"① 这是说，人的本性是自然生成的，情感是本性的本质，欲望是情感的反映。基于对欲望的这种认识，荀子认为加强人的理性即"心"，就可以抑制反映情感的欲望，从而可避免社会混乱。他说："人之所欲，生甚矣，人之所恶，死甚矣，然而人有从生成死者，非不欲生而欲死也，不可以生而可以死也。故欲过之而动不及，心止之也。心之所可中理，则欲虽多，奚伤于治！欲不及而动过之，心使之也。心之所可失理，则欲虽寡，奚止于乱！故治乱在于心之所可，亡于情之所欲。"② 这是讲，人最大的欲望是生存，最厌恶的事情是死亡。然而，有的人放弃生而选择死，不是不想活，而是没法活只好死。所以，有欲望而无行动是源于心没有动。如果心是符合理性的，欲望虽多也不会破坏秩序！欲望不高但有行动，这是心中非理性驱使的结果。如果人心不符合理性，即使欲望少，也制止不了混乱！所以，用心中的理性控制欲望，就可以治理混乱，如让情感支配欲望，混乱则无法治理。

荀子认为建立社会规范（礼）是加强人心中理性的方法。他专门写了文章论述"礼"是什么。他说："礼者，政之挽也。为政不以礼，政不行矣……礼之于正国家也，如权衡之于轻重也，如绳墨之于曲直也。故人无礼不生，事无礼不成，国家无礼不宁。"③ 这是说，礼是治理政治的规范，不按规范处理政治事务就行不通。规范与国家的关系如同秤与

---

① 《荀子·正名第二十二》。
② 同上。
③ 同上。

重量的关系，如同墨线与曲直的关系。因此，人没有规范就无法成为与其他动物不同的人，事情没有规范就做不成，国家没有规范就会混乱。由于相信规范是存在于人的心中的，因此荀子认为可以通过加强心中的规范来抑制人性。他说："今人之性恶，必将待师法然后正，得礼义然后治。今人无师法则偏险而不正，无礼义则悖乱而不治。"① 这是讲，现在人恶的本性只有在教导和法律的约束下才能被纠正。有了伦理规范，社会才能治理得有序。现在的人，无人教导他们法律，行为险恶不轨，没有伦理规范，所以社会混乱无序。

荀子还从供需平衡的角度解释了为什么社会规范能约束国家行为，避免暴力冲突和维持国家间的秩序。他认为规范可以使人们的欲望趋于合理，同时提升人的满足感。也就是说，当人的欲望下降、满足感上升时，两者就容易达到平衡。荀子讲："先王恶其乱，故制礼义以分之，以养人之欲，给人以之求，使欲必不穷乎物，物必不屈于欲，两者相持而长，是礼之所起也。"② 这是说，古代帝王憎恨混乱，于是制定规范划分出社会等级。用规范来调养人的欲望，满足人的需要，使人的欲望不大于物质的供给，使物质的供给不被欲望所耗尽，物欲和物质供给平衡增长，这就是规范产生的原因。

荀子关于用规范来防止国家间暴力冲突的思想，与现代制度主义理论有相似之处，即两者都认为规范是在人心中的，心中的规范是可以控制人对一己私利的追求的。基欧汉（Robert O. Keohane）和奈（Joseph S. Nye, Jr.）说："在所有这些用于解决共同问题的制度安排中，国家追求私利的行为受到了抑制，这种抑制反过来影响了所有人的国家利益。"③ "经过一段时间，政府培养起服从规范的声誉，这并不仅是屈服

---

① 《荀子·性恶第二十三》。
② 《荀子·礼论第十九》。
③ Robert O. Keohane and Joseph S. Nye, Jr., *Power and Interdependence*, 3rd Edition, 北京大学出版社 2004 年影印版, p.294.

于法律的明文规定,也是出于精神的意愿。这种声誉已经成为它们的一部分重要财富。"①

三、社会规范的等级基础

荀子认为社会规范的两个功能有助于防止国家间的暴力冲突。一是规范可以调节欲望,使之与供给达成满足的平衡;二是制定出社会等级,使人们按等级规定行事,可避免暴力冲突的发生。他说:"人之生,不能无群,群而无分则争,争则乱,乱则穷矣。故无分者,人之大害也;有分者,天下之本利也;而人君者,所以管分之枢要也。"② 这是说,人生下来不靠群体就生存不了,群体社会没有名分等级就会出现争夺,争夺就会导致混乱,混乱就会造成穷困。因此,没有名分等级是人类的大害;有了名分等级是天下的根本利益,君主是管理名分等级的关键。他在解释等级规范如何防止社会混乱时说:"先王恶其乱也,故制礼义以分之,使有贫富贵贱之等,足以相兼临者,是养天下之本也。"③ 这是说,古代帝王憎恨动乱,因此制定了区分社会等级的规范,使社会有了贫富贵贱的等级,使人们相互监督,这是维护天下稳定的根本方法。

荀子认为,没有社会等级来抑制人性对物质利益追求的欲望,国家间的暴力冲突就不可避免。他说:"分均则不偏,执齐则不壹,众齐则不使。有天有地而上下有差,明王始立而处国有制。夫两贵之不能相事,两贱之不能相使,是天数也。势位齐而欲恶同,物不能澹则必争,争则必乱,乱则穷矣。"④ 这是说,名分相等就没有主从关系,权势相等就统一不了天下,大家地位相等就谁都支使不了谁。有天地就有上下差别,

---

① Robert O. Keohane and Joseph S. Nye, Jr., *Power and Interdependence*, 3rd Edition, 北京大学出版社 2004 年影印版, p. 295.
② 《荀子·富国第十》。
③ 《荀子·王制第九》。
④ 同上。

圣明的帝王从一开始治理国家就建立了等级制度。两人同等尊贵就都不服从对方，两人都卑贱就都支配不了对方，这是自然法则。权力地位相等，欲望程度相同，物质不能满足就必然进行争夺，争夺的结果必然导致混乱，混乱的结果必然造成穷困。

根据西周五服体系的历史经验，荀子认为依据关系的远近建立等级不同的国家间关系规范是可以抑制国家间的暴力冲突的。[①] 他认为，西周建立的五服体系之所以能维持西周时期国家间体系的稳定，是因为这个体系是不同等级执行不同的规范。他说："彼王者之制也，视形势而制械用，称远迩而等贡献，岂必齐哉！"[②] 这是说，王权者是根据具体情况来制定方法的，根据关系的远近来划分贡献的等级，怎么会都一样呢？现代社会，联合国成员分为安理会常任理事国、非常任理事国和普通会员国，国际货币基金组织按股权多少分配投票权，世界贸易组织按发达国家和发展中国家制定不同的关税水平。这些事例都有助于我们理解为何荀子认为等级差别是国家间规范效力的基础。图6-4是关于荀子对人性恶、社会等级、社会规范和国家间秩序之间逻辑关系的示意图。

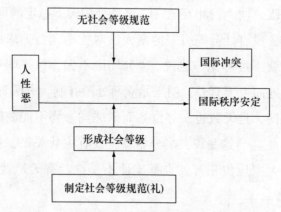

图6-4 人性恶和社会等级对国家间秩序的影响

---

① 学者们对五服体系的地理范围解释不同，参见叶自成：《春秋时期的中国外交思想》，香港社会科学出版社有限公司2003年版，第28页。
② 《荀子·正论第十八》。

第六章 荀子关于国家间关系的思想

荀子是这样描述西周五服体系等级规范的:"故诸夏之国同服同仪,蛮、夷、戎、狄之国同服不同制。封内甸服,封外侯服,侯卫宾服,蛮夷要服,戎狄荒服。甸服者祭,侯服者祀,宾服者享,要服者贡,荒服者终王。日祭、月祀、时享、岁贡,夫是之谓视形势而制械用,称远近而等贡献,是王者之至也。"①这是说,中原各国要为天子提供相同的服务,并采取相同的制度礼仪,而那些异族国家虽要为天子提供相同的服务,但它们各自的制度可以不同。天子都城周围的诸侯要提供生产服务;500里之外的诸侯要提供安全警卫服务,侯圻至卫圻地区的诸侯要提供按时进贡的服务,南部和东部的少数民族部族的任务则仅是安定当地百姓,北部和西部的少数民族部落只要不定期地进贡表示接受天子领导就行。负责生产的诸侯每日要提供祭品,负责保卫的诸侯要按月提供祭品,负责进贡的诸侯则按季提供祭品,负责自身安定的少数民族部族只需按年提供祭品,不定期朝贡的少数民族部族则表示接受领导就行。他们分别按日、月、季、年提供祭品,这就是所说的根据具体情况来制定不同的管理方法,根据关系的远近来划分贡献的等级,这才是王权者的做法。

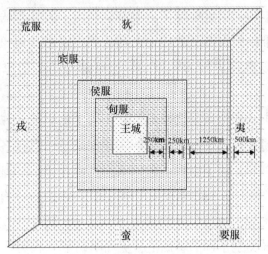

图 6-5 中国西周时期的"五服体系"

---

① 《荀子·正论第十八》。

图6-5 "五服体系"中的"要服"和"荒服"是地理方位差别，而非距离差别。

荀子对战争原因的认识与现实主义理论基本一致，即国际战争源于社会体系的无政府性。但是，荀子只考虑了等级体系有助于减少国家间的冲突，而没有考虑国家实力对比发生变化会改变体系的等级关系。如果实力对比发生变化的国家不能及时调整它们之间的等级关系，战争仍可能发生。荀子之所以没有讨论如何调整等级规范以适应国家间实力对比的变化，主要原因是他是从君主的主观作为的角度讨论。他只考虑了国家的政策如何影响国家实力变化，而没考虑实力对比变化对国家行为会产生什么影响。

通过阅读本章，读者可以看到，道义现实主义的个人分析层次、利益和道义的二元论、政治领导决定论、等级规范抑制冲突的原理，都是从荀子的思想中借鉴的。道义现实主义之所以将荀子的思想作为主要借鉴对象，原因是荀子的分析是以人性自私为假定的，这个假定为道义现实主义理论借鉴荀子思想奠定了重要基础。孟子人性善的假定与现实主义相反，因此难以成为道义现实主义理论的主要借鉴对象。道义现实主义理论并不是以儒家思想为基础的，这可能与荀子的思想是儒法合一有关。

道义现实主义理论是有选择地借鉴了荀子的思想，并非全面接受他的思想认识。荀子有时过分强调人的主观能动性，忽视客观条件对决策者的约束力。例如，荀子忽视了国家实力规模是王权的基础，没有考虑强大的实力是制定国家行为规范的必要条件，因此也没有注意到国家实力对比的变化是行为规范失效的重要原因之一。道义现实主义理论在借鉴荀子政治领导类别不同的基础上，更加明确了"权力"和"权威"的性质区别，因此对政治领导类型的认识比荀子深入，理论清晰度和逻辑自洽性也都明显强于荀子的分析。

第七章　先秦诸子关于
国家间关系的思想

王、霸、安存、危殆、灭亡，制与在我，亡乎人。

——《荀子·王制》

　　道义现实主义虽然从荀子思想中借鉴了很多观点，但荀子思想并非道义现实主义理论中唯一的中国先秦思想来源，其他政治思想流派对道义现实主义的形成也有很多影响。因此，全面了解先秦思想家们对于国家间关系的认识以及不同派别间的分歧与共识，有助于理解道义现实主义理论。由于先秦人士有关国家间关系的政治思想十分庞杂，无论是思想流派还是内容都难以穷尽，因此本章仅以管子、老子、孔子、孟子、墨子、荀子和韩非子的著述为蓝本，从先秦思想家们普遍关心的问题入手，就思想方法、国家秩序、天下主导权、霸权转移四个方面进行归纳分析。① 具体问题将涉及分析方法、哲学观念、战争原因、和平路径、道义作用、天下性质、天下主导权基础、实力不平衡发展和霸权转移九个方面。本章最后将讨论这些思想对于丰富现代国际关系理论的启示。

第一节 思想分析方法

先秦思想家的书面语言与现代人有很大区别，但他们思考问题的方法和逻辑却与现代人有较大的相似性。他们的著述中没有明确的方法论概念，思维方式是多角度的，分析逻辑也有自相矛盾的地方。为了更清楚地理解他们的思想逻辑，本章以他们各自的主要观点为依据，按照现代方法论的知识对其进行了分类。从分析层次和哲学观念两个维度，本章将管子、老子、孔子、孟子、荀子、墨子、韩非子的思想进行了归纳（见表7-1）。

表 7-1 对国家间关系的分析层次与哲学观念

	体系分析	国家分析	个人分析
观念决定论	墨子、老子		孔子、孟子
二元论		管子	荀子
物质决定论		韩非子	

一、体系、国家与个人分析层次

依照国际关系的体系、国家和个人三个分析层次，我们可以将墨子、

---

① 学界很多人怀疑先秦诸子著述的真实性，但是，无论这些著述中的思想是诸子本人的还是几百年后别人添加上去的，都不影响我们通过整理这些著述中的思想获得启迪，从而丰富现代国际关系理论。这些思想产生的时代背景并不影响我们将这些思想用来理解今天的国际政治，因此本书假定著述中的言论就是诸子自己的。

老子的分析视为体系层次；将管子、韩非子的分析视为国家层次；将孔子、孟子和荀子的分析视为个人层次。

墨子和老子是从整体利益的角度而不是从国家利益的角度分析国家间关系的。墨子认为通过战争方式实现崛起只有利于少数国家而不利于多数国家，战争使极少数国家成为霸权国但却使成千上万的国家灭亡，因此他得出了战争是弊大于利的观点。他反驳战争可使国家强大称霸的观点时说："古者天子始封诸侯也，万有余，今以并国之故，万国有余皆灭，而四国立。此譬如犹医之药万有余人，而四人愈也，则不可谓良医矣。"① 老子关于世界政治的理想模式是建立在所有国家都弱小的基础上，而非国家强大的基础上。他认为，如果能使所有国家都回到"结绳记事"的落后生产水平，减少国家的相互接触，就可以减少国家间的冲突，因此他提倡小国寡民。他说："使人结绳而用之。甘其食，美其服，安其居，乐其俗，邻国相望，鸡犬之声相闻，民至老死，不相往来。"②

管子和韩非子主要是从国家层次进行分析，他们分析的出发点是国家或君王，国与君两者经常相互替代。管子和韩非子都认为，相对实力是国家兴衰和国家间关系的决定性因素。管子说："国修而邻国无道，霸王之资也……夫先王所以王者，资邻国之举不当也"；"霸王之形，德义胜之，智谋胜之，兵战胜之，地形胜之，动作胜之，故王之"③。韩非子认为人是自私的，因此争夺是不可能消除的，只有国家强大才能保住国家利益。他认为国家强大的出路在于法制，他说："国无常强，无常弱。奉法者强，则国强；奉法者弱，则国弱。"④ 他不但强调国家实力是根本，甚至认为外交无助于国家强大。他说："今不行法术于内，而事

---

① 《墨子·非攻下第十九》。
② 《老子·第八十章》。
③ 《管子·霸言第二十三》
④ 《韩非子·有度第六》。

智于外，则不至于治强矣。"①

荀子主要是从明君贤相的个人层次分析问题，但有时带有国家制度层次的分析。荀子在分析国际社会性质时，又将主导国领导人及其大臣的性质作为自变量，即国际社会是王权性质还是霸权性质，取决于世界主导国领导人及其大臣的性质。他说："故道王者之法，与王者之人为之，则亦王；道霸者之法，与霸者之人为之，则亦霸。"② 但是他认为，人类社会是群体性的，因此没有等级规范管理就必然产生冲突，维持国家间的秩序就得建立等级规范。他说："人之生，不能无群，群而无分则争，争则乱，乱则穷矣。故无分者，人之大害也；有分者，天下之本利也。"③

孔子和孟子的分析方法是纯粹的个人层次，而且完全是从君王个人角度进行分析的。孔子认为世界秩序的稳定与否完全取决于政治领导人的道德修养。他认为领导人的个人品德是社会秩序的基础，所以他说："克己复礼为仁。一日克己复礼，天下归仁焉。"④ 还说"修己以安百姓"⑤。孟子继承了孔子的这种个人层次分析，他将世界秩序的存废和国家的兴亡都归结为君王是否推行仁政，而不仅仅是君主的个人道德修养。他认为夏商周三代的开国之君和末代之君获得和失去天下主导权的原因在于是否推行了仁政，他说："三代之得天下也以仁，其失天下也以不仁，国之所以废兴存亡者亦然。"⑥

二、物质决定论和观念决定论

以强调物质作用还是观念作用为标准，我们可以将这七位哲人分为

---

① 《韩非子·五蠹第四十九》。
② 《荀子·王霸第十一》。
③ 《荀子·富国第十》。分：等级。
④ 《论语·颜渊第十二》。
⑤ 《论语·宪问第十四》。
⑥ 《孟子·离娄上》。

三类。韩非子是坚定的物质决定论者,管子和荀子是物质和观念的二元论者,老子、孔子、孟子、墨子则都是观念决定论者。

韩非子对于社会冲突的起因和国家间关系的认识都是物质主义的。他认为由于时代变了,物质资源不能满足需求了,于是人类内部发生争夺,赏罚制度都无法阻止争夺,因此进行国家间的争夺也只能依靠物质力量。他说:"是以人民众而货财寡,事力劳而供养薄,故民争,虽倍赏累罚而不免于乱","故曰:事异则备变。上古竞于道德,中世逐于智谋,当今争于气力"①。

管子和荀子是物质和观念的二元论者。管子认为天下秩序和国家间关系是由人的物质关系和思想观念两个因素决定的。他认为维持一个稳定的天下秩序既需要物质实力也需要讲道义,缺少一项都维持不了。他说:"德不加于弱小,威不信于强大,征伐不能服天下,而求霸诸侯,不可得也。威有与两立,兵有与分争,德不能怀远国,令不能一诸侯,而求王天下,不可得也。"② 荀子对这一问题的认识比管子更清晰。他认为国家间的争夺源于主观欲念和物质不足两个方面。他说:"欲恶同物,欲多而物寡,寡则必争矣。"与此同时,他将等级规范视为影响国家间争夺的一个干预变量。他认为没有等级规范,人们就要争夺。他说:"人之生,不能无群,群而无分则争。"③

墨子、孔子和孟子都是从观念的角度分析国家间关系的,但他们经常把观念与规范联系到一起。墨子认为导致国家间冲突的原因是人们没有爱他人的观念,与此同时又没有制度能使人们的思想统一到正确的观念上来。他说:"当察乱自何起?起不相爱。"④ "明乎民之无正长以

---

① 《韩非子·五蠹第四十九》。

② 《管子·重令第十五》。威有与两立,兵有与分争:威望有与自己并立的国家,军事有与本国实争高下的国家。

③ 《荀子·富国第十》。

④ 《墨子·兼爱上第十四》。

一同天下之义，而天下乱也。"① 孔子和孟子认为影响国家间关系的根本是君王的道德观念，道德观念有两个变量值，即仁与不仁。孔子认为领导人可以靠道德征服远处不服的人，他说："远人不服，则修仁德以来之。"② 孟子说："天子不仁，不保四海；诸侯不仁，不保社稷；卿大夫不仁，不保宗庙；士庶人不仁，不保四体。"③ 孔子和孟子都肯定规范（礼）的作用，但他们认为仁是礼的基础，即认识是规范的基础。

老子可能是最纯粹的观念决定论者，他将国家间冲突归结于人们对于生活的观念和态度，他说："祸莫大于不知足，咎莫大于欲得。"④ 他认为，如果使人们从思想上降低欲望，满足于小国寡民的生活，怕死而不出远门，可用于战争的舟船和武器等物质力量就发挥不了作用，这样就没有暴力冲突了。他说："小国寡民，使有什伯之器而不用，使民重死而不远徙。虽有舟舆，无所乘之；虽有甲兵，无所陈之。"⑤

第二节　国家间秩序

先秦诸子的著述中有很多关于战争原因和实现和平的路径的论述。由于他们对于战争性质的认识不同，因此对于战争的正义性以及道德在维持国家间秩序上的作用也有着不同的看法。笔者将七位思想家对战争根源和实现和平路径的不同认识归纳为图7-1。其中内环为战争原因，相邻的外环是实现和平的途径，最外环是诸子。从图7-1中，我们能发现，

---

① 《墨子·尚同中第十二》。
② 《论语·季氏》。
③ 《孟子·离娄上》。
④ 《老子·第四十六章》。
⑤ 《老子·第八十章》。

他们对战争根源的认识分歧与他们对于实现和平的途径的认识并不完全一致。

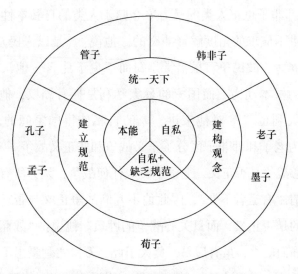

图 7-1　对战争根源与实现和平的途径的认识分歧

一、国家间冲突及战争

本章所分析的七位思想家对于人类冲突和战争的认识可以分为三类。老子、墨子、韩非子认为人类的冲突源于人的自私本性,荀子认为冲突源于人的自私本性和缺少规范两个因素,管子、孔子、孟子则认为国家间的冲突源于人的动物生存本能。

老子、墨子、韩非子认为人类的自私本性是争夺的原因。老子认为,贪心是最大罪过,贪心使人们陷于战争。他说:"天下无道,戎马生于郊。祸莫大于不知足,咎莫大于欲得。"① 由于他将战争视为贪心的结果,因此他认为战争是罪孽。他说:"夫兵者,不祥之器,物或恶之,

---

① 《老子·第四十六章》。戎马生于郊:战马不得不在野外产驹。

故有道者不处。"① 墨子也是从人的私心角度认识战争根源的,他将战争归为人只爱己的私心,他说:"诸侯各爱其国,不爱异国,故攻异国以利其国。"② 韩非子也将人类的暴力争夺归于人类的自私本性。不过他是从物质资源供不应求的角度解释冲突的。他说:"是以人民众而货财寡,事力劳而供养薄,故民争,虽倍赏累罚而不免于乱。"③ 他认为追求私利是国家行为的根本动力,而国家的最大私利是拥有霸权,他说:"霸王者,人主之大利也。"④ 对他来讲,人的自私使得国家间的战争不可避免。有人认为老子和韩非子区分了正义战争和非正义战争。⑤ 其实,他们两人都不关心战争是否正义,老子不赞成任何战争,认为所有战争都是不好的,即所谓"有道者不处",因此他不判断战争正义与否。韩非子则不问战争的目的是否正义,而只关心战争的胜负。他说:"战而胜,则国安而身定,兵强而威立,虽有后复,莫大于此,万世之利奚患不至?战而不胜,则国亡兵弱,身死名息,拔拂今日之死不及,安暇待万世之利?"⑥

荀子不否认人的自私和物质缺乏是人类冲突的根源,但他认为如果有社会规范的约束就可以避免冲突。有学者认为荀子将人对物质利益的追求视为人类争夺的原因⑦,其实,荀子是将人类的自私和物质缺少等级规范两个因素共同视为战争的原因。他说:"势位齐而欲恶同,物不能澹则必争。"⑧ 荀子和韩非子一样,认为人的本性是恶的,为争夺利益引发暴力冲突是必然的社会现象。他说:"今人之性,生而有好利焉,

---

① 《老子·第三十一章》。物或恶之:连器物都厌恶它,何况人呢?
② 《墨子·兼爱上第十四》。
③ 《韩非子·五蠹第四十九》。
④ 《韩非子·六反第四十六》。
⑤ 张露:《中西正义战争的思想比较》,《现代国际关系》2005年第4期,第17页。
⑥ 《韩非子·难一第三十六》。
⑦ 黄受安、段福德等编著:《中国古代九大思想学派集要》,解放军出版社2002年版,第31页。
⑧ 《荀子·王制第九》。澹:与"赡"通用,意为满足。

顺是，故争夺生而辞让亡焉……然则从人之性，顺人之情，必出于争夺，合于犯分乱理而归于暴。"① 荀子是性恶论，显然与孟子的性善论相反。荀子所讲的自私是从物欲角度分析的，这与墨子也不同。墨子的"不相爱"是抽象意义的自私。荀子与老子、墨子、韩非子的不同之处在于，他认为战争有正义和非正义之分，他认为正义战争的目的是禁暴除害，因此"仁者之兵行于天下也"②。

管子、孔子和孟子没有关于人类暴力冲突根源的直接论述，但从他们将战争视为工具的立场上，我们可以推测他们将人类暴力冲突的原因理解为是人的本能。然而，本能并不等于自私，本能是人的动物性，而自私则是人的社会性。管子和孔子没有关于人性是否自私的论述。管子认为战争虽不是有道德的工具，但可以服务于不同的政治目的。他说："谋得兵胜者霸。故夫兵，虽非备道至德也，然而所以辅王成霸。"③ 孔子认为战争是与人类共生的，并以蜂蝎有攻击本能说明人用武器自保也是生存的本能。当鲁哀公问他古代战争是如何形成的，孔子说："伤害之生久矣，与民皆生……蜂蝎挟螯而生见害，而校以卫厥身者也。人生有喜怒，故兵之作，与民皆生。"④ 有人认为孔子和孟子持"非战"的政治态度是反对战争的。⑤ 其实，他们并非反对所有的战争，而是反对非正义的战争，支持正义的战争。孔子以战争的目的为标准判断战争的正义与否。他说："圣人用兵也，以禁残止暴于天下也，及后世贪者之用兵也，以刈百姓危国家也。"⑥ 孟子是性善论者，不会将战争原因归结为人的自私。他用"讨"和"伐"区分正义战争和非正义战争。他说：

---

① 《荀子·性恶第二十三》。
② 《荀子·议兵第十五》。
③ 《管子·兵法第十七》。
④ 《大戴礼记·用兵》。
⑤ 黄朴民：《先秦诸子军事思想异同初探》，《历史研究》1996年第5期，第76页。
⑥ 《大戴礼记·用兵》。

"天子讨而不伐，诸侯伐而不讨"①，"春秋无义战"②。孟子对战争正义与否的区分，表明他认为战争是实现正义和非正义目标的工具，而使用工具实现目的则是人的本能。

二、国家间秩序与和平

先秦人士对于战争原因的认识分歧与他们对实现和平的路径偏好并不完全一致。这如同医生对病因认识相同但采取的治疗方法则可能不同。老子和墨子认为通过建构观念可以实现和平；孔子、荀子和孟子认为通过建立规范约束人的行为可以实现和平；管子和韩非子则认为要靠增强实力获取本国的和平。

老子和墨子都认为可以通过改变人的观念来避免战争，但是他们所要改变的观念的内容却是相反的。有学者认为，老子提倡小国寡民，是因为老子认为若都是小国就没有大国对小国发动战争的贪欲了。③ 其实，老子不仅将人类冲突的原因归结为人的自私，而且认为人的自私心理是无法消除的，于是他认为可通过强化人怕死和享乐的观念，使人们不愿外出，减少与不同人群的交往，从而减少冲突。他说："小国寡民，使有什伯之器而不用，使民重死而不远徙。虽有舟舆，无所乘之；虽有甲兵，无所陈之；使人复结绳而用之。甘其食，美其服，安其居，乐其俗，邻国相望，鸡狗之声相闻，民至老死，不相往来。"④ 他认为强化人们不求进取的观念有助于防止冲突。他说："对人之治，虚其心，实其腹，弱其志，强其骨，常使民无知无欲，使夫智者不敢为也。"⑤ 老子的思想使人联想到福山关于发达国家的优越生活条件使青年人胸无大志，因此

---

① 《孟子·告子下》。
② 《孟子·尽心下》。
③ 叶自成：《春秋战国时期的中国外交思想》，第177页。
④ 《老子·第八十章》。
⑤ 《老子·第三章》。

发达国家之间没有战争的说法。①

与老子主张强化人怕死和不求进取观念的想法相反，墨子提倡消除人的自私心理，建构爱人如己的利他主义观念，从而避免战争。墨子认为人的自私性是导致战争的必要条件，因此他认为改变人的自私性，使他们像爱自己一样地爱别人，和平就能实现。墨子说："视人之国，若视其国……是故诸侯相爱，则不野战。"② 墨子还认为建构这种爱人如己的观念要靠制度建设，即需要建立一种能统一思想认识的制度。这种制度可以将政府提倡爱人如己的精神转化成为全社会的观念。他认为有了"上之所是，必皆是之；所非，必皆非之"的制度，就能建构爱人如己的普世性观念，所以他说："察天下之所以治者何也？天子唯能壹同天下之义，是以天下治也。"③

荀子和孔子、孟子都认为只有建立等级规范（礼）才能维持社会秩序，但是他们所讲的规范内容却有所不同。荀子将战争的原因归结为人的私欲和缺少等级规范两者。他认为私欲无法消除，只能靠建立资源分配的等级规范。他说："故无分者，人之大害也，有分者，天下之本利也。而人君者，所以管分之枢要也。"④ 荀子所讲的规范是资源分配的等级规范。他说："先王恶其乱也，故制礼义以分之，使有贫富贵贱之等，足以相兼临者，是养天下之本也。"⑤ 荀子认为等级规范既能保证诸侯们应有的权力，又能限制他们的权力范围，有了规范，诸侯们就可以相互监督，相安无事。孔子认为用"仁"的道德规范约束诸侯们的行为，可以维护国家间秩序。他说："上好礼，则民易使也"⑥，"克己复礼为仁，

---

① 〔美〕弗朗西斯·福山：《历史的终结与最后之人》，黄胜强、许铭原译，中国社会科学出版社2003年版，第347页。
② 《墨子·兼爱中第十五》。
③ 《墨子·尚同上第十一》。壹同：统一，一致。
④ 《荀子·富国第十》。
⑤ 《荀子·王制第九》。兼：同"监"，意为监视。
⑥ 《论语·宪问》。

一日克己复礼，天下归仁焉"①。孔子所讲的礼是维护仁义的道德规范，这与荀子不同。孟子没有关于如何维持和平的论述，但从他判断战争正义性的原则与孔子相同且是孔子学说的忠实继承者这两点上，我们可推测他关于维护和平的方法与孔子相似。

　　管子和韩非子认为永久和平是不可能的，因此他们只讨论如何增强实力以维护本国的和平。管子和韩非子对战争原因的认识不同，前者认为是人的本性，后者认为是人的自私性，但是他们都将战争视为实现国家利益的工具，都认为本国的和平源于强于他国的军事实力。管子说："战不胜而守不固，则国不安矣。"② 韩非子认为物质资源满足不了需要是人类争夺的原因，但他不认为制度规范能抵制人类的争夺，所以他说"虽倍赏累罚而不免于乱"③。他认为只有实力可以保一国的和平，他说："故国多力，而天下莫之能侵也。"④ 以实力为和平的基础，管子和韩非子就不可避免地认为，强者会不断对弱者发动战争。管子认为强国会用战争方法提高其国际地位，他说："凡国之重也，必待兵之胜也，而国乃重。"⑤ 韩非子说得更加明白："大国之所索，小国必听；强兵之所加，弱兵必服。"⑥ 依据管子和韩非子的逻辑，只有用武力建立统一的世界政府才能实现普遍和平。管子和韩非子都没有讨论两国实力的均衡是否可以防止战争。

----

① 《论语·颜渊》。
② 《管子·七法第六》。
③ 《韩非子·五蠹第四十九》。
④ 《韩非子·饬令第五十三》。
⑤ 《管子·重令第十五》。
⑥ 《韩非子·八奸第九》。在《伯罗奔尼撒战争史》中，修昔底德描述雅典人对米洛斯岛人说："强者做其实力所能，弱者接受其所不得不接受"。这与韩非子的观点几乎一样。见 Phil Williams, Donald M. Goldstein and Jay M. Sharfritz, eds., *Classic Readings of International Relations*, Second Edition, p. 225。

三、道义与国家间秩序

先秦思想家普遍认为道义与国家间秩序具有直接的相关性,特别是政治领导人的个人道德水平对国家间秩序的稳定性具有决定性的作用。如果以道义和暴力两者在维持国家间秩序中的作用为标准,我们可将本章分析的七位思想家分为三组:韩非子认为道德只在特定条件下发挥维持国家间秩序的作用,在通常情况下须靠暴力而非道德维持秩序;管子、老子、孔子、荀子和孟子认为道德是维持国家间秩序的必要条件,但不排除使用暴力来维持秩序;墨子则认为道义足以维持国家间秩序,其原因在于道义本身是排斥暴力的。

韩非子被认为是否定道德作用的,他所说的"上古竞于道德,中世逐于智谋,当今争于气力"经常被引以为据。然而,他并非无条件地否定道德在维护社会秩序中的作用,而是认为道德的作用是建立在两个条件之上的:一是人类面临的主要威胁来自非人类,如禽兽和疾病等(这类似于现代的"非传统安全"概念),二是人类的衣食基本需求得到了满足。他说:"上古之世,人民少而禽兽众,人民不胜禽兽虫蛇。有圣人作,构木为巢以避群害,而民悦之,使王天下,号之曰有巢氏。民食果蓏蚌蛤,腥臊恶臭而伤害腹胃,民多疾病,有圣人作,钻燧取火以化腥臊,而民说之,使王天下,号之曰燧人氏……古者丈夫不耕,草木之实足食也;妇人不织,禽兽之皮足衣也。不事力而养足,人民少而财有余,故民不争。是以厚赏不行,重罚不用,而民自治。"[①] 他认为,当人类面临的安全威胁来自人类自己(这类似"传统安全威胁"的概念),且衣食基本需求得不到满足时,道德就失去了维持秩序的作用。

管子、老子、孔子、荀子和孟子认为道德是维持国家间秩序的核心因素。对于管子来讲,道德是担当国家间领导者的必要条件,有道德的

---

① 《韩非子·五蠹第四十九》。

领导者才能维持国家间秩序。他说:"夫欲用天下之权者,必先布德诸侯。"① 孔子认为,提高领导人的道德水平可以使远处不服的国家归顺。他说:"远人不服,则修仁德以来之。"② 荀子认为当主导国的领导人道德高尚时则天下不乱,天下乱的原因是领导人不合格。他说:"全道德,致隆高,綦文理,一天下,振毫末,使天下莫不顺比从服,天王之事也……天下不一,诸侯俗反,则天王非其人也。"③ 孟子认为道德是维护国家间秩序的根本,他说:"以力服人者,非心服也,力不赡也;以德服人者,中心悦而诚服也,如七十子之服孔子也。"④

老子将道与德在维持国际秩序中的作用进行了区分。老子认为"道"是和平的基础。他说:"天下有道,却走马以粪。"⑤ 这是说,世界有了道,马就可以从战车上卸下来到田里送粪,不用再打仗了。他将"德"理解为对"道"的应用,即他所说的:"道生之,德畜之。"⑥ 他认为政治领导人"德"的水平越高,德就能在越大的群体范围内普及。他说:"修之于国,其德乃丰;修之于天下,其德乃普。"⑦ 依据老子的"道"与"德"的关系,政治领导人有德就能实行道,于是就能维持国家间秩序。

虽然这五位思想家都认为道德是维持国家间秩序的根本,但他们也都认为讲道德并不排除使用暴力维持国家间秩序。管子认为,大国领导者的道德包括了对服从者的怀柔和对不服从者的惩罚两个方面。也就是说,不惩罚破坏国家间秩序者也是不道德的。他说:"二而伐之,武也。

---

① 《管子·霸言第二十三》。
② 《论语·季氏》。
③ 《荀子·王制第九》。俗:欲。非其人也:不是合适的人。
④ 《孟子·公孙丑下》。赡:满足。
⑤ 《老子·第四十六章》。
⑥ 《老子·第五十一章》。
⑦ 《老子·第五十四章》。

第七章　先秦诸子关于国家间关系的思想

服而舍之，文也。文武具满，德也。"① 孔子认为，仅靠说教是无法有效维持仁义规范的，因此他认为需要用战争方法惩罚违反仁义规范的诸侯们。例如，他建议哀公讨伐进行政变的齐国。② 荀子甚至认为，讲道德不排除以武力兼并其他国家。他说："以德兼人者强。"③ 孟子认为以正义战争维护国家间规范是仁义的、合法的。他说："为天吏，则可伐无道。"④ 这四位哲人关于以正义战争维护国际秩序的思想在当今仍有很大影响力。老子也认为在不得已时需要用战争维持国家间秩序，但战争本身并无正义可言。他说："兵者不祥之器，非君子之器，不得已而用之，恬淡为上。"⑤

墨子坚信道义是可以有效维持国家间秩序的，而且认为讲道义就不应该用暴力来维持国家间秩序。他遗憾的是决策者们不知何为道义，决策者们不以国内的道义标准判断国家间事务，因此国家间秩序无法像国内秩序一样得到维持。墨子用人们将个人偷盗、抢劫、杀人视为不正义，却将国家间的侵略、掠夺和战争视为正义的现象来说明，由于国内道义未能应用于国家之间，所以国家间秩序陷入混乱。他说："今小为非，则知而非之。大为非攻国，则不知非，从而誉之，谓之义。此可谓知义与不义之辩乎？是以知天下之君子也，辩义与不义之乱也。"⑥

---

① 《管子·霸言第二十三》。
② 《论语·宪问》。
③ 《荀子·王制第九》。
④ 《孟子·公孙丑下》。
⑤ 《老子·第三十一章》。
⑥ 《墨子·非攻中第十八》。

第三节　国家间领导权

先秦人士普遍认为国家间的秩序取决于国家间领导权的性质，因此"天下"和"王"是先秦诸子著作中经常使用的两个概念，而且这两个概念常常被联系到一起，即"王天下"。先秦人没有地球的概念，认为地是方的、平的，他们不知有不相连接的大陆，更不知其他地区还有别的人类文明。因此，从观念上讲，先秦人士所说的"天下"与现在所说的"世界"在含义上有两点共同之处。一是地理概念包括了天空下面的全部土地表面，二是内容限于人类之间的全部社会关系。先秦时期所说的"王天下"与我们现在所说的"称霸世界"既有相同之处，也有不同之处。而且先秦人士和我们现代人一样，对于天下或世界有许多不同的认识，对于"王权"和"霸权"也有许多不同的认识。依据对天下和王权的认识，我们将七位思想家的差别进行归类（见表7-2）。

表7-2　对天下性质和王权基础的认识

王权的基础 \ 天下的性质	与国家权力同质	与国家权力不同质	道义权威	超世俗权威
增强实力	韩非子			
为民谋福	墨子			
有道德力量		管子		
推行仁义			孟子	
讲道义			荀子	
修养道德			孔子	
为民受难				老子

一、"天下"的性质

以"天下"与"国家"是否性质一致为标准，我们可将本章中的先

第七章　先秦诸子关于国家间关系的思想

秦思想家分为四类。墨子和韩非子认为天下和国家是性质相同的权力；管子认为天下与国家是不同性质的权力；孔子、孟子和荀子认为国家是权力而天下是道义权威，两者性质不同；老子认为国家与天下的区别在于前者是世俗的，而后者是非世俗的。

韩非子和墨子认为天下是国家的规模放大，两者是性质相同的权力。他们认为家庭、封邑、国家、天下是四个不断放大的社会体系，这些社会体系在性质上是相同的，只是规模不同。韩非子将天下和国家都视为政治权力，认为只要有实力就能兼并天下所有的国家。他认为秦国以天下无人可比的法制和地理条件能兼并天下所有国家。他给秦昭王讲形势时说："秦之号令赏罚，地形利害，天下莫若也。以此与天下，天下不足兼而有也。"① 墨子认为国家和天下的权力性质相同，采取相同的治理方法，结果将是一样的。他说："治天下之国若治一家"②，"圣人为政一国，一国可倍也；大之为政天下，天下可倍也"③。

管子认为天下与国家都是政治权力，但是它们的权力性质不同，不可能以相同的方法获取。管子认为，家庭、封邑、国家和天下是不同层次的社会单位，具有本质上的差别，因此治理的方法各有不同。他说："以家为乡，乡不可为也；以乡为国，国不可为也；以国为天下，天下不可为也。"④ 管子认为获取天下并不等于统一天下，而是让所有诸侯国愿意服从，因此获取天下不仅要靠实力，还要施德于诸侯国。他说："夫欲用天下之权者，必先布德诸侯。是故先王有所取，有所与，有所诎，有所信，然后能用天下之权。"⑤ "夫先王取天下也术，术乎大

---

① 《韩非子·初见秦第一》。与天下：举天下。
② 《墨子·尚同下第十三》。
③ 《墨子·节用上第二十》。
④ 《管子·牧民第一》。
⑤ 《管子·霸言第二十三》。诎：屈。

德哉。"①

孔子、荀子和孟子认为国家与天下有本质区别,前者是政治权力,后者是道义权威。孔子认为天下是由许多国家组成的,天下和国家是两个不同的概念,他说:"故圣人以礼示之,故天下国家可得而正也。"②这句话表明孔子将天下和国家视为两个不同层次的政治单位。他认为天下是全人类共有的。他说:"大道之行也,天下为公。"③ 由于天子是上天的代表,所以"溥天之下,莫非王土;率土之滨,莫非王臣"④。他认为天下应是一种道义权威,因此代表天下的天子可做的事国家君主是不能做的。他说:"非天子,不议礼,不制度,不考文。"⑤他甚至认为通过观察在现实生活中制定国家间规则和进行军事惩罚的是天子还是诸侯国,就能知道天下的道义权威是否存在。他说:"天下有道,则礼乐征伐自天子出;天下无道,则礼乐征伐自诸侯出。"⑥ 这类似于现今有联合国授权的战争才被视为正义的。荀子认为国家是一种政治权力,因此有无道义的人都能努力获得和使用,但天下则是道义权威,只有圣人才能享有和使用。荀子说:"国,小具也,可以小人有也,可以小道得也,可以小力持也;天下者,大具也,不可以小人有也,不可以小道得也,不可以小力持也。国者,小人可以有之,然而未必不亡也;天下者,至大也,非圣人莫之能有也。"⑦ 他特别强调,由于国家是权力,所以人为努力可能获得;而天下是权威,因此不是人为努力能谋取到的,天下这一权威是自行归属于圣人的。他说:"汤武非取天下也……而天下归之也。桀

---

① 《管子·霸言第二十三》。
② 《礼记·礼运》。
③ 《礼记·礼运》。薄:普。
④ 《诗·小雅·北山》。
⑤ 《四书·中庸》。
⑥ 《论语·季氏第十六》。
⑦ 《荀子·正论第十八》。

纣非去天下也……而天下去之也。"① 又说："可以有夺人国,不可以有夺人天下;可以有窃国,不可以有窃天下也。"② 孟子的相似论述是:"不仁而得国者,有之矣;不仁而得天下者,未之有也。"③ 我们可以借助当今梵蒂冈教皇的权威与缅甸军政府的权力在性质上的差别,来理解荀子和孟子对"天下"与"国"所做的性质区分。

老子认为天下是一个超世俗的权威,与国家这一世俗权力完全不同。获取国家权力与获取天下不可能采用相同的方法,天下是自然归属的,这一点他和荀子认识一样。老子说:"以正治国,以奇用兵,以无事取天下。"④ 他甚至认为,不仅人为努力去争取得不到天下,而且也没有人能执掌它。他说:"将欲取天下而为之,吾见其不得已。天下神器,不可为也,不可执也。为者败之,执者失之。"⑤

二、国家间领导权的基础

先秦思想家普遍认为,国家间领导权有两类,即王权与霸权。在本章分析的七位先秦思想家中,韩非子和墨子认为王权和霸权没有太大的本质区别,管子、孟子和荀子三人认为王权与霸权是有区别的,墨子、孔子和老子则没有关于两者是否有区别的论述。

韩非子认为霸权与王权性质相同。在其著述中,韩非子多次将"霸""王"两字联用,如"霸王之名""霸王之道""霸王者"等。这表明他不认为王权与霸权有性质上的区别。与其他先秦思想家最不同之处是,他认为王权的基础不是道义。他认为王权在古代是靠道德维持的,但随着时代的变化,王权体系不再是靠道德维持了。他说:"故文王行

---

① 《荀子·正论第十八》。
② 同上。
③ 《孟子·尽心下》。
④ 《老子·第五十七章》。
⑤ 《老子·第二十九章》。

仁义而王天下,偃王行仁义而丧其国,是仁义用于古而不用于今也。"①他认为王权与霸权的核心是让诸侯国服从,他说:"四邻诸侯不服,霸王之名不成。"② 故此,他认为王权也是靠军事力量和法律制度维持的。他说:"夫王者,能攻人者也"③,"故法者,王之本也"④。

墨子用"王"字比"霸"字多,但他没有指出两者是否有所不同,而且用王权和霸权两种历史案例解释同一原理。墨子对王权的认识是非常世俗性的,他将王权视为社会功绩累积而成的一种社会威望,并认为这种威望产生于政府制定的利民政策。他认为,圣人能建立王权体系是因为他给民众带来了福祉,为了民众福祉而终生工作。他说:"古者明王圣人,所以王天下,正诸侯者,彼其爱民谨忠,利民谨厚,忠信相连,又示之以利,是以终身不厌,殁世而不卷。"⑤ 墨子认为舜、禹、商汤、周武王是王权,齐桓公、晋文公、楚庄王、吴王阖闾、越王勾践是霸权,但他没说明区别是什么。他认为王权与霸权的相同之处是两者的基础都是任用贤能。他说:"此四王者所染当,故王天下……此五君者所染当,故霸诸侯。"⑥ 这是说四位圣王和五位霸主都是受到贤人的影响才成王成霸的。墨子将王权和霸权的建立都归结为用人唯贤,贤的标准是给民众带来福祉。

管子认为霸权与王权的核心区别在于主导国道德能力的有无。他认为王权与霸权的共同之处是物质实力的强大,不同之处是王权具有匡正错误国家的能力,而霸权没有。他认为,王权匡正错误国家的能力源于其高水平的道德威信,而非物质实力。他说:"夫丰国之谓霸,兼正之

---

① 《韩非子·五蠹第四十九》。
② 《韩非子·初见秦第一》。
③ 《韩非子·五蠹第四十九》。
④ 《韩非子·心度第五十四》。
⑤ 《墨子·节用中第二十一》。
⑥ 《墨子·所染第三》。染当:受到的影响正当。

国之谓王。夫王者有所独明。德共者不取也,道同者不王也。夫争天下者,以威易危暴,王之常也。"① 他还说:"通德者王,谋得兵胜者霸。"② 他认为,王权与霸权都是人为努力可以获取的。王权的道德威信高,因此可以得到绝大多数贤能人才的追随;霸权的道德威信相对低,但追随其国的人才也得占天下半数。他说:"得天下之众者王,得其半者霸。"③

孟子也认为王权与霸权的根本区别在于是以道德还是以实力维持国家间秩序。他认为霸权是靠实力维持的,而王权则是靠较强的道德力量维持的,并不需要太大的物质实力支撑。他认为区分霸权与王权的标准是国君维持权力的目的而非实力大小,霸权是假借仁义的旗号维持权力,而王权是利用权力实行仁义政策。他说:"以力假仁者霸,霸必有大国;以德行仁者王,王不待大。"④

荀子认为王权和霸权都需要道义和实力这两种力量来维持,但前者主要靠道义,后者主要靠实力。荀子以商汤王和周武王以方圆百里的规模维持天下秩序为例,说明道义对于维持王权体系的重要性超过物质实力。他说:"以国齐义,一日而白,汤武是也。汤以亳,武王以鄗,皆百里之地也,天下为一,诸侯为臣,通达之属,莫不从服,无它故焉,以济义矣。是所谓义立而王也。"⑤ 他认为维持王权的道义表现为,王权领导人按道义规范采取行动,按法令规定判断事情,他说:"王者之人,饰动以礼义,明断以类。"⑥ 荀子认为,虽然霸权主要是靠物质力量维持,但没有最起码的政治诚信也维持不了。他说:"德虽未至也,义虽未济也,然而天下之理略奏矣,刑赏已诺,信乎天下矣,臣下晓然皆知其

---

① 《管子·霸言第二十三》。
② 《管子·兵法第十七》。
③ 《管子·霸言第二十三》。
④ 《孟子·公孙丑上》。
⑤ 《荀子·王霸第十一》。一日而白:名声很快显赫。
⑥ 《荀子·王制第九》。

可要也。政令已陈，虽睹利败，不欺其民；约结已定，虽睹利败，不欺其与。如是，则兵劲城固，敌国畏之；国一綦明，与国信之；虽在僻陋之国，威动天下，五伯是也……是所谓信立而霸也。"① 这是讲，霸权虽然道义水平不高，但至少要对本国民众和盟友讲诚信，当年五霸都是做到了这一点才建立起霸权的。

在孔子和老子的著述中，没有明确讨论王权与霸权的区别，但他们对于王权与霸权的态度明显不同。孔子有关于霸权的论述，但没有关于王权的论述。从他肯定管仲帮助齐桓公建立霸权的论述中，我们可以看到孔子对霸权的两点认识。一是他认为霸权也需要道德，较少使用武力成就的霸权也是仁德。他说："桓公九合诸侯，不以兵车，管仲之力也。如其仁，如其仁！"② 二是孔子认为霸权有制定世界规范的能力，主观上称霸，客观上民众受益。他说："管仲相桓公，霸诸侯一匡天下，民到于今受其赐。"③ 孔子推崇古代的圣王尧和舜，认为他们建立起王权靠的是自我道德修养，他说："修己以安百姓，尧舜其犹病诸？"④ 这是说，通过提高自己道德修养来安抚百姓，连尧舜都担心做得不够。孔子认为王权是建立在自我修养之上，因此他认为舜是以无为而治天下的。他说："无为而治者，其舜也与？"⑤

老子有关于王权的论述，但没有关于霸权的论述。老子认为王权是一种天下归心的威望，其基础是为民受难的道德精神。他以江海成为河流的"王"是因为江海处于所有河流的下流为例，说明王权是以甘心低下为前提的。他说："江海所以能为百谷王者，以其善下之，故能为百

---

① 《荀子·王霸第十一》。略奏：略聚集一些。未至：尚未达到。与：盟友。綦明：约定明确。
② 《论语·宪问》。
③ 同上。
④ 同上。病：不足。诸：虚词。
⑤ 《论语·卫灵公》。

谷王。"① 无论是谁，之所以能获得王权，都是因为他能承受最大的国家灾难，他说："受国之垢，是谓社稷主；受国不祥，是为天下王。"② 这种说法与基督教中耶稣成为"主"是因为他甘愿为民受难的说法有相似之处。老子认为只有甘心为大众受苦受难才能获取王权，他的逻辑是，想争王权的人都有私心，而有私心的人不愿受难，因此想争的人是争不到王权的。于是他认为获得王权者是靠"以其不争，故天下莫能与之争"③。

通过本节的分析，我们可以发现，先秦思想家对于天下的认识与他们对王权的认识有很强的一致性（参见表7-2）。韩非子和墨子认为天下是与国家一样的世俗权力，因此他们认为增强国家实力或是增加民众福祉是王权的基础。管子认为天下是与国家世俗权力不同的权力，因此将有纠正他国错误的道德力量作为王权基础。孔子、荀子和孟子认为天下是道义的权威，因此以讲道德修养和推行仁政为王权基础。老子认为天下是超世俗的权威，因此将为民受难的精神作为王权基础。

第四节 霸权的转移

世界霸权转移是国际政治中的一个永恒话题。先秦思想家就有关于霸权兴衰的论述，他们基本上是从国家领导力的角度讨论霸权兴衰的，并普遍将霸权兴衰归结为政治原因，很少有人将之归结为经济原因，更没有归结为生产力水平高低的。虽然他们都是政治决定论者，但是他们对于政治哪个方面的变化决定了霸权兴衰的认识却并不一致。

---

① 《老子·第六十六章》。
② 《老子·第七十八章》。不祥：灾难。
③ 《老子·第六十六章》。

一、国家间主导权的实力基础

先秦人士普遍认为国家间主导权的实力基础是综合性的,并且已经有了国力要素不可转换性的认识。司马错的说法最为典型,他说:"欲富国者,务广其地;欲强兵者,务富其民;欲王者,务博其德。"① 虽然先秦人士普遍认为政治、经济和军事三者同为重要的实力要素,但他们普遍认为政治是综合国力的基础。

本章中的先秦思想家们都认为,政治是国家总体实力的决定性要素。管子说:"夫国大而政小者,国从其政。国小而政大者,国益大。"② 老子说:"重积德,则无不克;无不克,则莫知其极;莫知其极,可以有国;有国之母,可以长久。"③ 孟子说:"今王发政施仁……孰能御之?"④ 荀子说:"故修礼者王,为政者强。"⑤ 韩非子说:"夫国之所以强者,政也。"⑥ 墨子认为国家贫富兴衰都取决于政治上用人是否得当,他说所有不能使国家富强的原因,"是在王公大人为政于国家者,不能以尚贤事能为政也"⑦。孔子在回答学生子贡关于什么是治国最重要的事情时指出,人民的信任重于粮食和军队。子曰:"足食,足兵,民信之矣。"子贡曰:"必不得已而去,于斯三者何先?"曰:"去兵。"子贡曰:"必不得已而去,于斯二者何先。"曰:"去食。自古皆有死,民无信不立。"⑧

虽然先秦人士普遍认为政治是国家实力强弱的基础,但是他们对于什么是政治实力的核心要素的看法有所不同。老子和孔子都认为,政治

---

① 《战国策·秦策一·司马错论伐蜀》。
② 《管子·霸言第二十三》。
③ 《老子·第五十九章》。
④ 《孟子·梁惠王上》。
⑤ 《荀子·王制第九》。
⑥ 《韩非子·心度第五十四》。
⑦ 《墨子·尚贤上第八》。
⑧ 《论语·颜渊》。

实力的核心要素是国家领导人的道德。老子认为，领导人积累德行是国家生存的根本，他将积德视为"深根固柢，长生久视之道"①。孔子说："为政以德，譬如北辰，居其所而众星共之。"② 这是说，以道德从政，就如同北极星一样，它定了位，别的星辰都环绕着它了。

孟子认为，政治实力的核心要素是推行仁义政策。他认为在领导人自身道德修养好的基础上还需要推行仁义政策。他认为仁政就要少刑罚、少苛税、使百姓安心生产、家庭和睦、社会和谐。一个国内和谐的国家，其军事实力弱也能战胜强敌。他对梁惠王说："王如施仁政于民，省刑罚，薄税敛，深耕易耨；壮者以暇日修其孝悌忠信，入以事其父兄，出以事其长上，可使制梃以挞秦楚之坚甲利兵矣……故曰：仁者无敌。"③

荀子认为，政治实力的核心要素是国家的方针路线。他认为，政治路线能决定政府的前途，采取道义、诚信和权谋三种不同的政治方针路线，结果将分别是获得王权、成为霸权和国家灭亡。因此，他提醒君主们要谨慎地选择政治方针路线。他说："故用国者，义立而王，信立而霸，权谋立而亡。三者，明主之所谨择也，仁人之所务白也。"④

墨子认为，政治实力的核心要素是任人唯贤的用人政策。他认为以往建立王权的经验都是不拘一格用人的结果，无论君主得意与否，要想建立王业都得尚贤。他说："得意贤士不可不举，不得意贤士不可不举，尚欲祖述尧舜禹汤之道，将不可以不尚贤。夫尚贤者，政之本也。"⑤

韩非子则认为政治的核心是实行法律制度。他说："奉法者强，则国强；奉法者弱，则国弱。"⑥ 他认为，诚信的贤人太少，不能满足治理

---

① 《老子·第五十九章》。
② 《论语·为政》中的子贡问政。
③ 《孟子·梁惠王上》。制：掣，拿着。梃：木棍。挞：攻击。
④ 《荀子·王霸第十一》。白：明白。
⑤ 《墨子·尚贤上第八》。祖述：继承、遵循。
⑥ 《韩非子·有度第六》。

国家的需要，因此要靠法律制度管理官员，使他们尽职尽责。他说："今贞信之士不盈于十，而境内之官以百数，必任贞信之士，则人不足官。人不足官，则治者寡而乱者众矣。故明主之道：一法而不求智，固术而不慕信。故法不败，而群官无奸诈矣。"① 他认为不靠法律制度而只靠领导人的道德治国是行不通的。他说："释法术而任心治，尧不能正一国。"② 这是说不以法治国，即使尧这样的君王也治理不了一个国家。

管子认为，政治实力的核心要素是综合性的治国方略。领导者的道德、用人唯贤、法律制度、思想统一、外交政策都关系到国家的兴盛衰亡。他说："国无以小与不幸而削亡者，必主与大臣之德行失于身也，官职、法制、政教失于国也，诸侯之谋虑失于外也，故地削而国危矣。国无以大与幸而有功名者，必主与大臣之德行得于身也，官职、法制、政教得于国也，诸侯之谋虑得于外也。然后功立而名成。"③ 管子将这些政治因素统称为"为之之术"，并说："世谓之圣王者，知为之之术也……天下僇者不知为之之术也。能为之，则小可以大，贱可以贵。不能为之，则虽为天子，人犹可夺之也。"④ 他还说："地大而不为，命曰土满；人众而不治，命曰人满；兵威而不止，命曰武满。三满而不止，国非其国也。地大而不耕，非其地也；卿贵而不臣，非其卿也；人众而不亲，非其人也。"⑤

二、国家间主导权的转移

先秦思想家们认识到了国家间主导权转移的必然性，如韩非子说：

---

① 《韩非子·五蠹第四十九》。一法：一心用法。
② 《韩非子·用人第二十七》。
③ 《管子·法法第十六》。
④ 《管子·形势解第六十四》。僇：辱。
⑤ 《管子·霸言第二十三》。

"国无常强，无常弱。"① 但这仅是对国家间主导权转移的定性判断，而不是权力转移的原理。根据上一节所分析的七位先秦人士对国家实力基础的认识，我们可归纳出他们对国家间主导权转移路径的认识异同，见图 7-2。

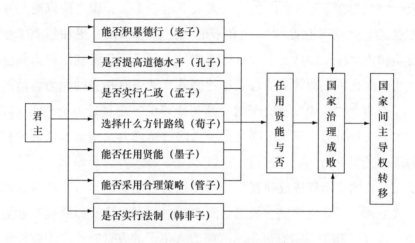

图 7-2　政治实力与国家间主导权转移

首先，我们注意到，无论这些思想家对于政治实力的核心要素有什么样的认识区别，他们都是将国家间主导权力转移的终极因素归结为君主，就是图 7-2 中最初始的自变量。国家治理成败与国家间主导权转移不过是个量变到质变的过程：也就是从国家治理成功或失败到双方实力的差距由程度变化转变为性质变化，再到国家间主导权力的转移。这如同管子所说的"国修而邻国无道，霸王之资也。……夫先王所以王者，资邻国之举不当也"②。

从图 7-2 中我们可以发现，先秦七位思想家对于君主治理国家成败的原因认识不同。孔子将领导人个人的道德修养视为国家治理成败的原

---

① 《韩非子·有度第六》。
② 《管子·霸言第二十三》。

因，这一点与本章中除韩非子之外其他几位思想家的解释具有一致性。我们可以看到，除韩非子之外，其他六位思想家有关王权的基础都属于道德范畴。不过，他们对于领导人道德的核心内容是什么有不同认识。

孟子将国家成败和国家间主导权转移都归结于君主是否实行仁政，他说："三代之得天下也以仁，其失天下也以不仁，国之所以废兴存亡者亦然。"① 他的"仁政说"比孔子的"道德修养说"更加强调了政府的行动和主动性，即君王不仅自己要修养道德，而且要利用权力积极实行仁政。而孔子强调君王的自我道德修养，其中有相当的无为而治的观念。孟子的"仁政说"比孔子的"道德修养说"更接近历史现实，即没有君主的主观努力，仅靠提高君主个人的道德修养实现国家间领导权转移的现象是很少的。

荀子将国家治理成败和霸权转移归结为君主的政治方针路线，即所谓"义立而王，信立而霸，权谋立而亡"②。这种"方针路线说"和孟子的"仁政说"相似，但有更强的解释力。荀子的方针路线说不仅能解释君主制定方针路线与国家间主导权转移具有相关性，而且能解释为什么国家间主导权转移后可能发生性质变化，即王权与霸权的区别。荀子认为，政治路线确定后，必然会引导执政者的政策和人才选用。他说："道王者之法，与王者之人为之，则亦王；道霸者之法，与霸者之人为之，则亦霸；道亡国之法，与亡国之人为之，则亦亡。"③

墨子将国家成败和国家间领导权力转移的原因归结为是否用人唯贤。针对舜、禹、商汤、周武王四人成功和夏桀、殷纣、周厉王和周幽王四人灭亡的事，他说："此四王者所染当，故王天下，立为天子，功名蔽天地……此四王者所染不当，故国残身死，为天下僇。"④

---

① 《孟子·离娄上》。
② 《荀子·王霸第十一》。
③ 同上。
④ 《墨子·所染第三》。

管子将国家间权力转移的原因归结为国家策略的合理性,他说:"大而不为者复小,强而不理者复弱,众而不理者寡,贵而无礼者复贱,重而凌节者复轻,富而骄肆者复贫。"① 他的策略合理说是一种包容性非常强的解释。管子的解释是多变量全面分析法。他所说的治国策略包括道德、政策、路线、用人、法治等多方面因素,包括其他几位思想家各自的核心观点。管子的策略说虽然完整,而且很容易应用于实践,但这种多变量解释使人无法抓住其核心要素。

孔子、孟子、荀子、墨子和管子对霸权转移的解释都需要借助贤人实施政策这一中介变量,即都认为贤能是政治实力强的必要条件,甚至是决定性的。如管子说:"夫争天下,必先争人。"② 孔子认为只有任用贤能才能使民众信服政府,他说:"举直错诸枉,则民服;举枉错诸直,则民不服。"③ 孟子说:"尊贤使能,俊杰在位,则天下之士皆悦而愿立于其朝矣……如此,则无敌于天下"④。荀子说:"故尊圣者王,贵贤者霸,敬贤者存,慢贤者亡,古今一也。"⑤ 墨子更是认为尚贤是治国之本。他说:"是在主公大人为政于国家者,不能以尚贤事能为政也。是故国有贤良之士众,则国家之治厚。贤良之士寡,则国家之治薄。故大人之务,将在于众贤而已。"⑥

老子认为君主积累道德是治国和取天下的路径,但是他并不认为任用贤能是有益的,在这一点上,他与上述五位思想家认识不同。(参见图 7-2)老子认为不争夺是美德,所以从积德到取天下的路径就是无为而治,即他所说的"以无事取天下"⑦。老子认为崇尚贤能会加剧人类之

---

① 《管子·霸言第二十三》。
② 同上。
③ 《论语·为政》。错:同"措",意为放置。枉:不正直。
④ 《孟子·公孙丑上》。
⑤ 《荀子·君子第二十四》。
⑥ 《墨子·尚贤上第八》。
⑦ 《老子·第五十七章》。

间的争夺，因此为了避免争夺，应不崇尚贤能。他说："不尚贤，使民不争。"①

韩非子认为法律制度是国家兴衰的首要原因，他的"法制说"与其他几位思想家的解释有着较大区别。（参见图7-2）第一个重要区别是韩非子的解释否认了道德对于国家兴衰和国际权力转移的作用。他说："故偃王仁义而徐亡，子贡辩智而鲁削。以是言之，夫仁义辨智，非所以持国也。"② 第二个区别是他将权力转移的原因归结为制度而不是用人。他认为有了严格的吏制，有无贤能都可以强国。他说："官治则国富，国富则兵强，而霸王之业成矣。"③

第五节　理论启示

一、安全合作

本章分析的先秦思想家普遍认为人的本性或自私性是战争的根源（参见图7-1），这一点与现代国际安全理论的基本认识相同。它给我们的理论启示是，以武力维护生存是国家本能，这一点已经成为国际安全研究中的一个公理。在丰富现代国际关系理论时，以这个公理为前提就可以避免许多不必要的分歧和争论。先秦思想家虽然都认为人性或自私性是战争根源，但他们对于如何实现和平的认识却有较大的差别（参见图7-1），这一点给我们的理论启示是，实现和平的方法可能是多种多样的。通过增强人类的和平道德观念，增加维护和平的物质力量，建立维护和平的制度与规范，都有实现人类普遍和平的可能。这如同在一个没有窗户的密室里，室内黑暗的原因只有一个，但解决照明的方法却

---

① 《老子·第三章》。
② 《韩非子·五蠹第四十九》。
③ 《韩非子·六反第四十六》。

是多种多样的，如蜡烛、火把、电灯、手电筒等都可以驱除室内的黑暗。然而，国际安全理论研究的重要目的是要寻找，在现代国际政治中，哪种方法是实现普遍国际和平的最现实和最有效的方法。这如同在没有现代科学技术之前，人们只能研究如何增强蜡烛和火把的照明能力一样。多种不同方法都能实现和平的理念给道义现实主义很大启示，从而发展出中国采取与美国不同的战略也能崛起为超级大国的理论原理。

韩非子认为，道德在应对非人的安全威胁时的作用大于应对人的威胁，这一认识也提供了理论启示。这个启示是，在非传统安全威胁不断上升和传统安全威胁相对下降的今天，道德在国际安全合作中的作用将可能大于战后两大军事集团对抗时期的安全合作。除恐怖主义之外，非传统安全基本上都是非人的安全威胁，如金融危机、能源危机、环境污染、气候变化。特别是在气候变化被视为日益严重的国际安全威胁时，减少二氧化碳排放正在成为一个道德问题。安全理论研究可能需要从道德的角度去理解和分析国家在非传统安全领域中的冲突、合作、成败及地位转换等。冷战时期，欧洲国家一直是国际安全合作中的追随者。2001年美国发生"9·11"事件后，欧洲国家在国际反恐合作中仍未改变其追随者的地位。自2006年气候变化被视为现实的安全威胁后，欧洲国家便成为这一领域安全合作的领导力量。

二、霸权稳定及崛起

先秦思想家有关天下的认识，给我们的理论启示是，国际主导权只靠硬实力强大是难以维持的。先秦思想家们对于"王"和"霸"的区分，使我们意识到现代国际关系理论缺少对"权力"（power）和"权威"（authority）的区分，更缺少对"权威"问题的研究。前者是强制性的力量，主要建立在实力之上；后者则是合法性的力量，主要建立在其他国家的信任之上。在没有世界政府的条件下，国际主导权的性质是权威而不是权力。这意味着,研究国际权威问题有可能促进现代国际关系理论取得突破性进展,道义现实主义在此认识的基础上区分了权力和权威,从而分析出道义对增强实力和权威的作用。

除韩非子外,本章分析的其他先秦思想家都认为,王权的基础是主导国的道义水平。(参见表7-2)这种认识给我们提供的理论启示是,现代国际关系理论中的霸权稳定论忽视了霸权性质与国际秩序稳定性之间的关系。冷战后美国新保守主义学者提出美国是"仁义霸权"的说法,但这种说法未能提出与"霸权"相对应的国际权力概念,因此被认为是粉饰性宣传,而未能深化为何霸权有利于国际秩序稳定的认识。[1] 先秦思想家们不但提出与霸权相对的王权概念,而且区分了两者的核心差别是道义的有无。根据他们的思想,我们可以假设霸权的道义水平高低关系到国际体系稳定性的高低和持续的长短。冷战后,克林顿时期美国采取重视国际规范的多边主义政策,小布什第一任期采取了违反国际规范的单边主义政策,其结果是克林顿时期国际秩序的稳定程度高于小布什时期。再如,历史上英法两国分别采取了间接管理和直接管理的殖民地政策,英国的殖民政策比法国的温和,其结果是英国殖民地的暴力反抗少于法国殖民地。这种认识还可以引申为,在一个地区,领导国的道义水平高低影响到该地区的稳定性和区域合作的持续性。道义现实主义借鉴了王、霸性质不同的思想,创造了不同类别的政治领导与不同外交战略取向相关联的理论。

三、国际权力转移

先秦思想家把国际权力转移的根本原因归结于政治领导人领导能力的不同,这给道义现实主义理论提供的启示是,国际权力转移的主要原

---

[1] Robert Kagan, "The Benevolent Empire," *Foreign Policy*, No. 111, 1998, p. 26.

因在于领导人的作用而不在于物质力量。"过度海外扩张说"①和"集团利益说"②，都是从霸权物质力量过度消耗的角度解释霸权衰落的，而忽视了同一霸权在不同领导人时期有实力衰落和实力增长的区别。例如，在20世纪80年代的里根时期和进入21世纪后的小布什时期，美国学界两次讨论美国霸权的相对衰落，而20世纪60年代的肯尼迪时期和90年代的克林顿时期，讨论的却是美国霸权的强大。实际上，新兴大国在不同领导人时期也有实力增长和实力衰败的情况。如斯大林和赫鲁晓夫时期苏联实力就增长得快，在安德罗波夫和戈尔巴乔夫时期就慢，以至苏联解体。借鉴先秦思想家对于领导人作用的认识，可以促进国际关系理论有关政治领导类型的研究，并发展出领导能力延续与国际权力转移的相关性研究。道义现实主义理论就是沿着这个方向发展的。

四、国际观念的建构

通过对七位先秦思想家的分析，我们可以发现他们有一个共同点，即将领导人的政治偏好视为政策取向的主要原因（参见图7-2）。这一现象提供的理论启示是，国际观念可能是在强国向弱国输出观念的基础上建构的。建构主义理论认为，国际观念是在国家间互动的过程中建立起来的，甚至注意到了模仿是一种互动路径。然而，建构主义理论却没有说明互动的方向。③ 建构主义对国际互动的认识与早期的相互依存论有一个相似的缺陷，即没有注意到国家间的相互关系是不对等的。从经济相互依存的角度讲，有一个谁更依附于谁的差别；从观念建构上讲，有

---

① Walter Lippmann, *U. S. Foreign Policy: Shield of the Republic*, Boston: Little Brown and Company, 1943, p. 10. Paul Kennedy, *The Rise and Fall of the Great Powers*, New York: Random House, 1987, p. 535.

② 〔美〕杰克·斯奈德：《帝国的迷思：国内政治与对外扩张》，于铁军译，北京大学出版社2007年版，第64—65页。

③ Alexander Wendt, *Social Theory of International Politics*, Cambridge: Cambridge University Press, 1999, Chapter 7.

一个谁的观念影响力更大、谁更多模仿对方的差别。先秦思想家们注意到，观念的建构始于领导者，然后向社会下层扩散。也就是说，观念的互动是领导者主动，下层社会被动，而模仿现象主要是下层社会模仿上层社会。在国际社会，观念的互动则是强国倡导观念，然后向弱国扩散。冷战结束后的民主化和市场化两大政治经济思潮，就是发达国家建构发展中国家观念的典型事例。道义现实主义理论受此启发，因此强调强国在国际规范建构中的样板作用。

通过分析先秦哲人有关国家间政治的思想，我们可以发现，虽然他们都是政治决定论者，但是他们所注重的政治要素却不一样。他们的思想既有共同之处，也有对立之处，这为道义现实主义理论提供了借鉴思想的巨大空间。道义现实主义在借鉴先秦思想家的观念时，采取了有用即取的原则，而不考虑与任何一个思想流派保持一致。这个原则可使道义现实主义理论获得较强的解释力。然而，这也引起一些人怀疑道义现实主义理论是否应属于现实主义流派。这种质疑类似于一些学者质疑荀子是否属于儒家。笔者以为，创建理论的目的应是增强解释力和预测力，而不必在意学派的纯洁性。

第八章 《战国策》中的霸权观念及战略

> 欲富国者，务广其地；欲强兵者，务富其民；欲王者，务博其德。三资者备，而王随之矣。
>
> ——《战国策·秦策一·司马错论伐蜀》

《战国策》是一部关于历史的记录，因此其思想内容无法与先秦诸子的著作相比。不过该书中有许多关于霸权的论述，这些论述对于创建道义现实主义理论还是有启迪的。学者们认为，从不同的语境分析《战国策》会得到不同的理解。[①] 本章的目的在于从阅读该书中得到创建道义现实主义理论的启迪，因此将忽略不同语境的理解分歧，原则上根据

[①] 一般观点认为，《战国策》是由西汉末年的刘向将战国时期史官和策士们辑录的史料编辑成书并定名的。学者们对于该书的作者、书中记录的真实性以及文字含义有争论。如果书中人物身份不明，本章将以史学界多数人的共识为准。本章摘引的原文以上海古籍出版社1978年版的《战国策》为准。有关《战国策》版本和编著者的讨论参见胡如虹：《〈战国策〉研究》，湖南人民出版社2002年版，第10—12页；罗根泽：《罗根泽说诸子》，上海古籍出版社2001年版，第382页；傅玉璋：《中国古代史学史》，安徽大学出版社2008年版，第17页。

字面意思分析出理论启示。本章将从霸权的实力基础、规范对霸权的作用以及争霸的战略原理三个方面，归纳该书中有关霸权的认识，并探讨这些认识对中国崛起战略的启示和发展现代国际关系理论的启示。

第一节　霸权的实力基础

《战国策》中有很多关于霸权实力基础的讨论。这些讨论涉及综合国力的构成要素问题、政治实力与其他实力要素的关系问题、政治领导力问题以及地理条件问题。书中所阐述的观点虽然是以农业经济和冷兵器为基础的，但有些道理却具有超越时代的普世性。

一、霸权的综合国力

《战国策》中的战略家们在讨论霸权的实力问题时，多是从综合国力的角度进行分析的，而且所分析的国力要素是不同性质的，并非如当前有些人将综合国力理解为不同经济实力要素的总和。在讨论国力要素时，先秦人士经常提到的实力要素是政治、军事、经济和地理这四个要素。例如，苏秦在为楚威王分析楚国赖以称霸的实力基础时，分析的就是这四要素。他认为楚国之所以能够获得霸权，其所依靠的实力是领导者的贤明、地理上的优势、军事的强大以及经济的支撑能力。他说："楚，天下之强国也。大王，天下之贤王也。楚地西有黔中、巫郡，东有夏州、海阳，南有洞庭、苍梧，北有汾陉之塞、郇阳。地方五千里，带甲百万，车千乘，骑万匹，粟支十年，此霸王之资也。"[①]

书中的人物不仅有许多强调霸权的实力基础是综合国力的议论，而且其中有些人物还认识到增强不同实力要素的途径是不同的。这种认识

---

① 《战国策·楚策一·苏秦为赵合从》。

虽然不能完全等同于现代国际关系理论中的实力要素不可转换原理，但已经具备了不同国力要素只能实现不同国家目标的含义。司马错对秦惠王说："欲富国者，务广其地；欲强兵者，务富其民；欲王者，务博其德。三资者备，王随之矣。"① 司马错对国力要素与综合实力关系的总结含有三层认识。一是他认为增强经济、军事和政治实力要分别靠开拓土地、改善民生和实行德政来实现。二是只有这三项实力要素都强大的综合国力国家，才能获取天下主导权。三是政治实力是获得天下主导权的必要条件，而且是比军事和经济实力更为重要的条件。

书中的策士们普遍认为争夺霸权需要综合国力，虽然他们对于一国综合实力的评价往往是随意的，但他们从多种实力要素的角度分析霸权实力这一点对道义现实主义理论是有启发的，即单一实力的国家是获得不了霸权的。

二、霸权的政治实力

《战国策》中的政治人物在霸权的综合国力是由政治、军事、经济和地理四要素构成这一点上无争论，但是在不同的情景下，他们强调不同要素的重要性。《战国策》中强调军事实力重要性的论述最多。例如，苏秦与张仪两人虽然政治立场迥异，但他们在分别向秦惠王讲称霸之道时都说要靠军事实力。苏秦总结了以往历史上称王称霸的经验，做出了使用武力是获得霸权的必由之路的论断。他对秦惠王说："昔者神农伐补遂，黄帝伐涿鹿而禽蚩尤，尧伐驩兜，舜伐三苗，禹伐共工，汤伐有夏，文王伐崇，武王伐纣，齐桓任战而伯天下。由此观之，恶有不战者乎？……今欲并天下，凌万乘，诎敌国，制海内，子元元，臣诸侯，非兵不可！"② 张仪则告诉秦惠王，齐国是靠五场战争获得霸权的，因此秦

---

① 《战国策·秦策一·司马错与张仪争论于秦惠王前》。
② 《战国策·秦策一·苏秦始将连横》。诎：屈。子：慈爱。元元：百姓。

国要称霸就得打仗,就得用战争征服荆国。他说:"齐,五战之国也,一战不胜而无齐。故由此观之,夫战者万乘之存亡也。……东以强齐、燕,中陵三晋。然则是一举而伯王之名可成,四邻诸侯可朝也。"①

《战国策》中也有许多强调政治实力是决定性实力要素的论述。政治实力是个现代概念,与其相对应的古代概念是"德""仁""道""义""法""贤""圣"等。例如,苏秦虽然认为称霸必须进行战争,但他也说过政治与人口、土地、军力相比对霸权更具有决定性意义的话。他以尧的人不多,舜的地不大,禹的部落小,商汤和周武的军力不强,却都能称王称霸的例子,论证政治正确是称霸的关键。他对赵惠文王说:"臣闻,尧无三夫之分,舜无咫尺之地,以有天下。禹无百人之聚,以王诸侯。汤、武之卒不过三千人,车不过三百乘,立为天子。诚得其道也。"② 苏秦的这句话并不是否认其他资源性实力要素对于霸权的重要性,而是说针对实现霸权这一具体目标来讲,具有操作性功能的政治实力是首位的。楚国春申君的谋士与苏秦持有相似的看法,他也认为,如果君主贤明,在资源性实力要素较弱的情况下也能得到霸权。他以商汤和周武王以小地方称霸天下的例子证明这一观点。他对春申君说:"汤以亳,武王以镐,皆不过百里以有天下。"③

书中似乎没有比较政治实力与经济实力重要性的讨论,但有关于政治实力与地理优势何者更重要的争论。在争论中,强调政治实力的一方表现出较强的说服力。例如,王钟认为晋国强大靠的是地势险峻,凭借地理优势可以称霸。当魏武侯感慨地势险要的重要意义时,他对魏武候

---

① 《战国策·秦策一·张仪说秦王》。

② 《战国策·赵策二·苏秦从燕之赵》。虽然《史记·苏秦列传》认为苏秦的游说对象是赵肃侯,但现代史学界的主流论点认为苏秦应生活在不早于赵惠文王时期,故本文采用赵惠文王的说法。参见王阁森、唐致卿主编:《齐国史》,山东人民出版社1992年版,第410页;杨宽:《战国史》,上海人民出版社1980年版,第342—343页。关于苏秦在赵国的活动考证,参见沈长云等:《赵国史稿》,中华书局2000年版,第184—186页。

③ 《战国策·楚策四·客说春申君》。

第八章 《战国策》中的霸权观念及战略

说:"此晋国之所以强也。若善修之,则霸王之业具矣。"然而,吴起却认为,地理优势不是霸权兴起的基础。他以三苗、夏桀、殷纣都是在地理优势不变的条件下因政治错误而灭亡的事例说明,政治正确才是称霸的根本,政治错误的国家即使地理条件优越也会走向灭亡。他说:"河山之险,信不足保也;是伯王之业,不从此也。昔者,三苗之居,左彭蠡之波,右有洞庭之水,文山在其南,而衡山在其北。恃此险也,为政不善,而禹放逐之。夫夏桀之国,左天门之阴,而右天谿之阳,庐、睪在其北,伊、洛出其南。有此险也,然为政不善,而汤伐之。殷纣之国,左孟门而右漳、釜,前带河,后被山。有此险也,然为政不善,而武王伐之。且君亲从臣而胜降城,城非不高也,人民非不众也,然而可得并者,政恶故也。从是观之,地形险阻,奚足以霸王矣!"① 他还当场指出魏武候靠地理优势可称霸的认识是危险的。他说"吾君之言,危国之道也。"②

国家政治实力的核心是政府的政治改革能力。《战国策》中的政治人物已经意识到,大国成为新的霸权需要根据社会变化进行政治改革。例如,赵国大臣赵文进和赵造劝谏赵武灵王不要进行胡服骑射的改革,赵武灵王则以尧、舜、禹三王和齐桓公、宋襄公、秦穆公和楚庄王等霸主都采用了不同的社会和政治制度为例,说明与时俱进改革制度对建立一个新霸权的必要性。他认为不必过多地模仿以往的霸权规制,现在的规制与过去的规制不同无可厚非。他说:"三代不同服而王,五伯不如教而政。……圣人之兴也,不相袭而王。夏、殷之衰也,不易礼而灭。然则反古未可非,而循礼未足多也。"③

《战国策》中有关政治改革的论述很散乱,不集中,但各种改革成

---

① 《战国策·魏策一·魏武侯与诸大夫浮于西河》。
② 同上。
③ 《战国策·赵策二·武灵王平昼间居》。如:依从、依照。

功的事例很多。在这些事例中，赵武灵王进行胡服骑射改革是非常著名且成功的案例。这对道义现实主义理论的启示是领导力的核心是改革能力。缺乏改革能力的政府是不可能实现大国崛起的，当霸权国失去改革能力，霸权就会走向衰败。进入21世纪后，美国政府改革能力不足可解释美国的相对衰落。

三、任用贤能为实力核心

现代学者认为，政治实力包括国家性质、政治制度、政治体制、国家的领导、组织和决策能力。[1]《战国策》中没有关于政治实力构成要素这种概念，但是在《战国策》中，君主和大臣们的政治品德和领导力常常被视为霸权政治实力的核心要素，即所谓"明君贤相"论。明君是强调君主个人领导力的重要性，贤相则是强调决策层集体领导力的重要性。《战国策》中的多数人物将是否任用贤能作为衡量君主是否英明的标准。他们认为世界上贤能很多，关键在于君主是否任用他们。他们都将齐桓公称霸的政治实力核心归结为齐桓公能任用贤能。例如，在与齐宣王讨论为什么齐桓公能称霸而齐宣王就称不了霸时，王斗的解释是齐桓公喜好任用贤能，而齐宣王不喜好。他说："先君好士，是王不好士"。[2] 鲁仲连认为齐桓公之所以能称霸，不仅是他喜好贤能，而且在选用贤能时不拘小节。他以齐桓公不计较管仲的三次错误，委其大任，继而称霸天下为例说明这一点。他说："管子并三行之过，据齐国之政，一匡天下，九合诸侯，为五伯首，名高天下，光照邻国。"[3] 苏代认为齐桓公的英明领导力体现为他信任谋臣。当燕哙王问苏代为什么他认为齐宣王称不了

---

[1] 黄硕风：《综合国力新论——兼论新中国综合国力》，中国社会科学出版社1999年版，第10页。
[2] 《战国策·齐策四·先生王斗造门而欲见齐宣王》。
[3] 《战国策·齐策六·燕取齐七十余城》。

第八章 《战国策》中的霸权观念及战略

霸时,他说因为齐宣王"不信其臣"①。虽然苏代这样讲有激励燕哙王重用宰相子之的目的,但燕哙王认为他的解释是有道理的,并相信了他的说法。

战国时期的战略家甚至认为,在任用贤能方面,君主的领导力有高低之别,这种区别不仅决定了一国能否建立霸权,而且关系到所建立的霸权等级。当时,人们将霸权分为皇、帝、王、霸四个不同的等级。例如,《管子》一书中有"明一者皇、察道者帝,通德者王、谋得兵胜者霸"的说法。② 燕国的郭隗就认为,一个君主将贤能当做老师对待的可以建立帝业,当朋友对待的可建立王权,当大臣对待的可建立霸权,当仆人对待的则国家灭亡。他对燕昭王说:"帝者与师处,王者与友处,霸者与臣处,亡国与役处。"③

书中也有人认为贤相与明君对于霸权的政治实力具有同等重要的作用。这种认识往往将首相的重要性等同于明君的作用。例如,楚国的一个谋士就认为,如果一个核心贤才离去,拥有天下的君主会失去天下。他以夏朝和鲁国分别失去伊尹和管仲后衰败为例论证这一观点。他对春申君说:"昔伊尹去夏入殷,殷王而夏亡。管仲去鲁入齐,鲁弱而齐强。夫贤者之所在,其君未尝不尊,国未尝不荣也。"④《战国策》的评论甚至将苏秦说成决定战国时期霸权的决定性人才,任用苏秦一人即可使天下服从。书中写道:"当此之时,天下之大,万民之众,王侯之威,谋臣之权,皆欲决苏秦之策。不费斗粮,未烦一兵,未战一士,未绝一弦,未折一矢,诸侯相亲,贤于兄弟。夫贤人在而天下服,一人用而天

---

① 《战国策·燕策一·燕王哙既立》。匡:纠正。
② 《管子·兵法第十七》。"帝业""王业""霸业"的解释,参见《古代汉语词典》编写组编:《古代汉语词典》,商务印书馆2001年版,第310、1603、105页。
③ 《战国策·燕策一·燕昭王收破燕后即位》。
④ 《战国策·楚策四·客说春申君》。

下从。"①

有些人不是从一个贤相的角度理解贤能对于霸权的重要性，而是从大臣的群体角度进行分析。例如，张仪认为，在具备资源性实力的条件下，大臣们的忠诚品德对于获取霸权具有决定性意义。他认为，秦国未能在地理、军事、经济三方面超强的优势下获得霸权，其原因就是秦国的谋臣们不忠于国家。他对秦惠王说："四邻诸侯不服，伯王之名不成，此无异故，谋臣皆不尽其忠也。"② 还有人认为，获取霸权需要许多善辩和多谋之士。例如，石行秦认为，网罗西周和东周当时那种善辩多谋人士才能称霸。他对秦国的大梁造说："欲决霸王之名，不如备两周辩知之士。"③

四、称霸的地理条件

从《战国策》中可以看到，战国时期的战略家们已经有很多地缘政治观念，而且对地理优势在称霸中的作用有相当的认识，并将地理环境视为实现霸权的必要条件之一。书中的人物在分析称霸条件时，经常是从一国的地理环境入手。例如，苏秦为秦惠王分析秦国称霸的实力基础时说："大王之国，西有巴、蜀、汉中之利，北有胡貉、代马之用，南有巫山、黔中之限，东有肴、函之固。田肥美，民殷富，战车万乘，奋击百万，沃野千里，蓄积饶多，地势形便，此谓天府，天之下雄国也。以大王之贤，士民之众，车骑之用，兵法之教，可以并诸侯，吞天下，称帝而治。"④ 为秦昭王分析霸权的实力基础时，范雎也是从秦国的地理环境入手，他说："大王之国，北有甘泉、谷口，南带泾、渭，右陇、蜀，左关、阪；战车千乘，奋击百万。以秦卒之勇，车骑之多，以当诸侯，

---

① 《战国策·秦策一·苏秦始将连横》。
② 《战国策·秦策一·张仪说秦王》。
③ 《战国策·东周策·石行秦谓大梁造》。辩知：能言善辩、足智多谋。
④ 《战国策·秦策一·苏秦始将连横》。

第八章 《战国策》中的霸权观念及战略

譬若驰韩卢而逐蹇兔也,霸王之业可致。"①

当时的战略家已经意识到地理优势在争霸中的双重作用,即地理优势既可以作为本国称霸的实力资源,也可以作为阻止他国称霸的实力资源。例如,一个谋士为赵国的张相国分析时,将赵国成功抑制齐国的强权并使秦国40年扩张不能成功的原因归结为赵国的地理条件和军事力量。他说:"今赵万乘之强国也,前漳、滏,右常山,左河间,北有代,带甲百万,尝抑强齐,四十余年而秦不能得所欲。"②

书中不仅有人分析自然地理条件对争霸的作用,还有人关注政治地理条件在争霸中的作用。张仪从魏国的自然地理和政治地理两方面的劣势入手,向魏襄王解释与秦国结盟的必要性。他说魏国地理面积小而且没有自然险阻,魏国的南西北东分别与楚、韩、赵、齐四国接壤,与任何一国关系不好,该国就会从一个方向上攻击魏国,于是魏国成了这些国家的争霸战场。他对魏襄王讲:"魏地方不至千里,卒不过三十万人。地四平,诸侯四通,条达辐凑,无有名山大川之阻。从郑至梁,不过百里;从陈至梁,二百余里。马驰人趋,不待倦而至梁。南与楚境,西与韩境,北与赵境,东与齐境,卒戍四方,守亭障者参列。粟粮漕庾,不下十万。魏之地势,故战场也。魏南与楚而不与齐,则齐攻其东;东与齐而不与赵,则赵攻其北;不合于韩,则韩攻其西;不亲于楚,则楚攻其南。此所谓四分五裂之道也。"③ 张仪的地缘政治分析说服了魏襄王。

---

① 《战国策·秦策三·范雎至秦》。当:抵挡。卢:良犬。
② 《战国策·赵策三·说张相国》。
③ 《战国策·魏策一·张仪为秦连横说魏王》。守亭障者参列:边境的哨所和城堡星罗棋布。庾:露天的粮仓。与:盟友,结友。合:会和,结合。

第二节 规范对霸权的作用

战国时期的战争史和秦国通过兼并实现统一的成功,都会使人们认为战国时期的战略家不关心国家间规范的政治作用。然而,在《战国策》的人物对话中,我们却可以发现许多关于国家间规范是霸权合法性基础的观点。本章对《战国策》中规范思想的分析不在于这些认识是否发自内心或实践是否成功,而重点在于分析这些说法本身的内容。霸权不仅是一种国际地位,而且也是一种国际秩序,因此获取霸权和维持霸权都关系到国际秩序和国际规范的问题。《战国策》中有关社会规范与霸权之间关系的议论体现在许多方面,其中议论较多的两个方面是规范与霸权合法性的关系和建立新规范与遵守旧规范的关系。现代理论家对于国际规范的讨论重点在于规范的功能及演变原理,而《战国策》中的人物多是讨论遵守或违反国家间关系规范的政治效果。

一、遵守规范与霸权合法性

《战国策》中关于霸权合法性的论述涉及合法性的形式和实质两个方面。战国时期,周天子对霸权国的承认是霸权合法性的形式规范,而得到多数诸侯国的认可则是霸权合法性的实质规范。不同的人对于霸权合法性的形式和实质的重要性认识不同。张仪比较看重霸权合法性的形式,他认为秦国通过兵临周王城郊区,占据九鼎、地图和户籍,控制天子就能获得霸权的合法性。他对秦惠王说:"据九鼎,桉图籍,挟天子以令天下,天下莫敢不听,此王业也。"①然而,司马错更加注重合法性

---

① 《战国策·秦策一·司马错与张仪争论于秦惠王前》。桉:按,压住。九鼎和图籍是周天子的王权标志,有如现代政治中的权杖或图章。掌有这两样东西就有了以天子名义号令诸侯国的形式合法性。

第八章 《战国策》中的霸权观念及战略

的实质,他认为如果秦国据有九鼎和图籍的方法是攻打韩国和挟持天子,这不但不能使秦国获得霸权的合法性,反而是十分危险的。他反驳张仪的观点说:"今攻韩劫天子,劫天子,恶名也,而未必利也。又有不义之名,而攻天下之所不欲,危!"①

书中的一些策士们认为,要得到多数诸侯国对一国霸权的承认,只靠武力是做不到的,霸权国还得遵守国家间规范才行。秦国的一个谋士认为,战胜国以何种态度对待与己签订条约的国家,关系到其他诸侯国是否能够心悦诚服地接受其霸权地位。他认为,战胜而不骄傲的可称王,签约而不生气抱怨的可称霸。前者能使所有国家服从,后者可使邻国参加同盟。他对秦武王说:"王兵胜而不交,伯主约而不忿。胜而不交,故能服世;约而不忿,故能从邻。"② 从这句话中我们可以看到,战国时人们已经意识到,霸权国能否带头甚至是自觉地遵守国家间规范,对其霸权地位具有重大影响。21世纪小布什的单边主义外交政策削弱美国国际政治动员能力的现象,似可从反面印证这种认识的合理性。

二、建立新规范的必要性和风险

《战国策》中的一些战略家已经认识到,修改国家间规范对建立新霸权是必要的,但也是危险的,特别是改变诸侯国与周朝等级关系的规范。战国时期,国家间的等级规范是多方面的,其中最具代表性的规范是国君的称谓。周朝国君称为"天子",诸侯国的国君称为"王"或"公"。所有想建立新霸权体系的诸侯国都面临着继续原有国君称谓规范还是以"帝"取代"王"为本国国君称谓的两种选择。使用"帝"的称

---

① 《战国策·秦策一·司马错与张仪争论于秦惠王前》。
② 《战国策·秦策五·谓秦王》。交:骄;从:纵。《战国策》的不同版本的点校者对于"秦王"是何人有不同意见。东汉高本认为是秦始皇,而后代的校勘本则认为是秦武王。笔者采纳的是秦武王的说法。对该问题的考证参见缪文远:《战国策考辨》,中华书局1984年版,第70页。另见王扶汉、孟明主编:《文白对照全译战国策》,中央民族大学出版社1993年版。

世界权力的转移

谓意味着与周天子有了平等地位。称谓规范的改变就是建立新霸权体系的一部分，但这意味着违反当时既有的国家间规范，很可能引发其他诸侯国的反对。谨慎的战略家认为建立新规范需要试探而行。当秦国给齐闵王送来"帝"的称号时，苏秦认为在不知其他诸侯国是否认可齐闵王为帝的前提下称帝是危险的，因此建议齐闵王先看看各诸侯国对秦国称帝的反应如何再作决定。如果秦国称帝无人反对，则齐闵王也称帝，否则就不称帝，这样可得到天下人的支持。苏秦对齐闵王说："秦称之，天下听之，王亦称之，……秦称之，而天下不听，王因勿称，其于以收天下，此大资也。"①

有的战略家则利用修改国家间规范对建立霸权的危险作用，破坏敌对国家的争霸事业。例如，为了削弱魏国的争霸地位，秦国的卫鞅利用魏惠王急于建立新霸权规范的心理，劝他带头建立称帝的规范，而后再去征服齐、楚两国。魏王听从了他的建议，其结果是，魏国违反诸侯国国君与周天子之间的等级规范，遭到齐、楚及其他诸侯国的联合反对，魏国的实力被削弱，失去了称霸条件。书中记载："卫鞅见魏王，曰'……大王有伐齐、楚之心，而从天下之志，则王业见矣。大王不如先行王服，然后图齐、楚。'魏王说于卫鞅之言也，故身广公宫，制丹衣柱，建九旗斿，从七星之旗。此天子之位，而魏王处之。于是齐、楚怒，诸侯奔齐，齐人伐魏，杀其太子，履其十万之军。魏王大恐，跣行按兵于国，而东次于齐，然后天下乃舍之。"②

---

① 《战国策·齐策四·苏秦自燕之齐》。史学家对苏秦劝齐王勿称帝一事的时间及历史背景有争议。参见缪文远：《战国策考辨》，第120页。
② 《战国策·齐策五·苏秦说齐闵王》。说：悦。斿：旗上飘带。旗：军旗。跣：光着脚。

第三节　争霸的基本战略

《战国策》中的许多政治人物都相信，战略的正确与否对争霸的成败具有决定性作用。例如，魏国宰相惠施认为，获取王权靠法度，但要获取霸权得靠计策。他说："王者得度，而霸者知计。"① 楚国策士陈轸更是将战略视为国家称霸的根本，他说："计者事之本也；听者，存亡之机。"② 陈轸这种战略决定论的观念与一些现代学者的信念几乎相同。例如，中国社会科学院国际战略课题研究组的成员们就认为："国际战略的制定与实施是关系国家前途、命运的大事"。③《战国策》中有关争霸战略的议论没有大战略和军事战略的区分，两者总是紧密联系在一起的。从争霸角度来讲，《战国策》中的主要战略就是两个，即兼并战略和结盟战略。

一、兼并战略

《战国策》中所记载的许多事件是大国兼并小国，强国兼并弱国。这些事件反映出，当时的政治人物不仅普遍认为兼并战略是实现霸权的有效途径，而且也主张采取兼并战略。在农业社会兼并战略的原理是，人口与土地的结合形成经济实力，众多的人口可组建强大的军队，兼并他国土地可削弱他国的经济和军事实力，提高自己的经济和军事实力，从而实现霸权。秦国有谋士就对秦武王讲，只有连续不断地兼并其他国家，使各国不敢反抗，占领其他诸侯国，逼近周朝边界，使各诸侯不敢

---

① 《战国策·魏策二·齐魏战于马陵》。
② 《战国策·秦策二·楚绝齐》。
③ 李少军主编：《国际战略报告》，中国社会科学出版社2005年版，第1页。

世界权力的转移

过阳侯，韩和楚不敢出兵，秦国才能实现三王五霸那样的霸业。他说："今王破宜阳，残三川，而使天下之士不敢言；雍天下之国，徙两周之疆，而世主不敢交阳侯之塞，取黄棘，而韩、楚之兵不敢进。王若能为此尾，则三王不足四，五伯不足六。"①

称霸的兼并战略需要远交近攻、逐步蚕食的政策，这是书中战略家们的一个最重要的认识。例如，范雎为秦昭王分析为什么齐国打败楚国后，攻下了大片土地却无法占领。他认为并非齐国不想占领这些土地，而是齐楚之间隔着其他国家的这种地理形势使齐国的兼并战略不奏效。范雎说："昔者，齐人伐楚，战胜，破军杀将，再辟千里，肤寸之地无得者，岂齐不欲得地哉，形弗能有也。"② 据此，范雎建议秦昭王采取远交近攻战略，这样攻占多少土地就能兼并多少，而到远处征伐楚国的战略是不合理的。他认为韩国与秦国领土相互交织，这对秦国非常不利，因此秦国应首先兼并韩国。他对秦昭王说："王不如远交近攻，得寸则王之寸，得尺则王之尺也。今舍此而远攻，不亦缪乎？……秦、韩之地形，相错如绣。秦之有韩，若木之有蠹，人之病心腹。天下有变，为秦害者，莫大于韩，王不如收韩。"③

苏秦为燕文侯分析燕国应与秦国还是与赵国结盟的战略时，讲的也是兼并战略的远交近攻原理。他的分析是，秦国离燕国很远，中间隔着赵国，秦国攻下燕国也守不住；而赵国与燕国相邻，赵国要攻下燕国却很容易。燕国关注与远处秦国的关系却不关心与邻居赵国的关系是大错误。燕国与赵国结成合纵之盟才有安全保障。苏秦对燕文侯说："且夫秦之攻燕也，逾云中、九原，过代、上谷，弥地踵道数千里，虽得燕城，秦计固不能守也。秦之不能害燕亦明矣！今赵之攻燕也，发兴号令，不

---

① 《战国策·秦策五·谓秦王》。雍：拥有。徙：步行。世主：国君。交：通过。尾：终了。不足：还没有达到。
② 《战国策·秦策三·范雎至秦》。弗：不。
③ 《战国策·秦策三·范雎至秦》。

至十日，而数十万之众，军于东垣矣。渡呼沱，涉易水，不至四五日，距国都矣。故曰，秦之攻燕也，战于千里之外；赵之攻燕也，战于百里之内。夫不忧百里之患而重千里之外，计无过于此者。是故愿大王与赵从亲，天下为一，则国必无患矣！"①

由于兼并的结果是吞并他国，因此书中的战略家还有关于兼并彻底性的论述。有人认为兼并战略的最终成败取决于对人的兼并而非对土地的兼并。他们认为，对一个国家的兼并包括了土地和民众两个方面，只占领土地而不灭亡该国人，将有被该国人复国后反兼并的危险。国家的灭亡有物质上的和观念上的两个方面，而后者是根本。能否改变被占领国民众的国家认同，决定了兼并战略是否实现了最终目标。一位名字叫造的客卿用吴与越、齐与燕的历史事例向秦国宰相穰侯说明兼并战略需要彻底的道理。他说："吴不亡越，越故亡吴；齐不亡燕，燕故亡齐。齐亡于燕，吴亡于越，此除疾不尽也。"②

二、结盟战略

称霸的结盟战略和兼并战略具有同等悠久的历史，两者在历史上曾具有同等重要的意义。第二次世界大战之后，《联合国宪章》建立了维护国家领土主权完整的规范。此后，兼并战略变得越来越不合时宜，于是结盟战略就成为现代国际政治中争取霸权的最主要战略。结盟战略的原理是，在一个内部相互联系的国际体系中，当一个强国通过结盟的方法组建成实力强大的同盟，该国如果担当了该同盟的盟主，即获得体系内的霸权地位。如果这个同盟是体系内最强大的同盟，其盟主就是最大的霸权；如果是唯一的同盟，其盟主就是该体系内的唯一霸权。卫鞅为秦孝公分析魏国的霸权基础时说："夫魏其功大，而令行于天下，有十

---

① 《战国策·燕策一·苏秦将为从北说燕文侯》。计无过于此者：没有比这更大的错误决策了。
② 《战国策·秦策三·秦客卿造谓穰侯》。

二诸侯而朝天子,其与必众。"①

《战国策》中有许多关于结盟的记录,其中最为有名的是苏秦提倡的合纵同盟和张仪提倡的连横同盟。合纵是以齐、楚、赵、魏、燕、韩这六国结盟抵御秦国的战略,即所谓"合众弱以攻一强"。连横则是破坏六国同盟以促进秦国称霸的战略。这一战略是与秦国结盟而进攻其他弱国的战略,也被称为"事一强而攻众弱"。

苏秦对于结盟称霸战略具有比较深刻的认识,他认为这一战略的关键是盟国的互相信任与团结。集体行动的最大障碍是参与者违约背叛,因此苏秦建议赵惠文王通过与山东诸侯会盟的方式规定盟友受到第三方攻击时相互提供军事支持,并以交换人质的方式保证各国履行义务,从而实现霸业。苏秦说:"故窃大王计,莫如一韩、魏、齐、楚、燕、赵六国从亲,以傧畔秦。令天下之将相,相与会于洹水之上,通质刑白马以盟之,约曰:秦攻楚,齐、魏各出锐师以佐之,韩绝食道,赵涉河漳,燕守常山之北。秦攻韩、魏,则楚绝其后,齐出锐师以佐之,赵涉河、漳,燕守云中。秦攻齐,则楚绝其后,韩守成皋,魏塞午道,赵涉河、漳、博关,燕出锐师以佐之。秦攻燕,则赵守常山,楚军武关,齐涉渤海,韩、魏出锐师以佐之。秦攻赵,则韩军宜阳,楚军武关,魏军河外,齐涉渤海,燕出锐师以佐之。诸侯有先背约者,五国共伐之。六国从亲以摈秦,秦必不敢出兵于函谷关以害山东矣!如是则伯业成矣!"②

张仪为秦国称霸提出连横结盟策略,这一策略的目标是破坏六国同盟,其原理是小国为了私利会违约,愿意搭秦国的便车。秦惠王接受了张仪的策略,是因为他相信,六国同盟成员的利益不同,就像很多绑在一起的鸡一样乱动,难以合作配合。他对寒泉子说:"诸侯不可一,犹

---

① 《战国策·齐策五·苏秦说齐闵王》。
② 《战国策·赵策二·苏秦从燕之赵》。傧:同"摈",排除、去除。此处采纳赵惠文王的说法。

第八章 《战国策》中的霸权观念及战略

连鸡之不能俱止于栖之明矣。"① 张仪提出连横结盟的原理在实践中得到了验证。申不害向韩昭禧侯（即韩昭侯）解释，为什么韩国应与秦国结盟的理由就是弱国的机会主义思想。他认为，韩与秦结盟，秦能称王，韩就能称霸，秦称不了王，韩则可避开秦国的威胁祸患。他说："夫先与强国之利，强国能王，则我必为之霸；强国不能王，则可以辟其兵，使之无伐我。然则强国事成，则我立帝而霸；强国之事不成，犹之厚德我也。今与强国，强国之事成则有福，不成则无患，然则先与强国者，圣人之计也。"② 这种与强者结盟的战略与现代国际关系理论中追随强者的战略逻辑比较类似。③

《战国策》所讨论的兼并与结盟两种战略并非是互斥的，而是交替使用的互补战略。书中关于这两种战略的讨论不过是以哪一个为主和哪一个为辅的问题。从战略史上看，齐国称霸是以结盟为主、兼并为辅，而秦国则是以兼并为主、结盟为辅。在书中，即使强烈主张以兼并战略获取霸权的谋士们也不排除运用结盟战略。他们多是采取兼并为主、结盟为辅的战略，而且结盟对象的选择经常是服务于兼并战略的。例如，张仪向秦惠王建议的称霸战略就是以兼并为主、辅以结盟的战略。他向秦惠王建议的打破合纵同盟的战略是，攻占赵国，兼并韩国，使荆、魏两国臣服，但与齐、燕两国结好，从而建立霸权。张仪说："所以举破天下之从，举赵亡韩，臣荆、魏，亲齐、燕，以成伯王之名，朝四邻诸侯之道。"④

---

① 《战国策·秦策一·秦惠王谓寒泉子》。

② 《战国策·韩策三·谓郑王》。与：结交。

③ 追随国家的逻辑，参见 Robert Powell, *In the Shadow of Power: States and Strategies in International Politics*, Princeton, N. J.: Princeton University Press, 1999, p. 195. Randall L. Schweller, *Deadly Imbalances: Tripolarity and Hitler's Strategy of World Conquest*, New York: Columbia University Press, 1998, p. 69。

④ 《战国策·秦策一·张仪说秦王》。举：攻占。

三、战争时机

兼并与结盟两个战略都需要军事征伐支撑，因此《战国策》中还讨论了战略时机问题，特别是讨论了先发制人和后发制人的战略时机的选择问题。《战国策》中的许多战略家认为后发制人的战略更有利于赢得霸权。例如，苏秦用一个三段论的方式为齐闵王分析后发制人的优势。苏秦认为，先发制人战略后患多，而后发制人战略可依靠较多的盟友，盟友多力量就大。人多势众可压倒寡助者，能赢得战争，做事得人心，必然得利。大国采取后发制人战略，不费力就能成为霸主。他说："臣闻用兵而喜先天下者忧；约结而喜主怨者孤。夫后起者藉也，而远怨者时也。"并且说："夫后起之藉与多而兵劲，则事以众强适罢寡也，兵必立也。事不塞天下之心，则利必附矣。大国行此，则名号不攘而至，伯王不为而立。"①

在后发制人战略思想的基础上，又发展出"坐山观虎斗"的战略思想。在齐楚两国进行争霸战争时，陈轸为了防止秦国助齐攻楚，对秦惠王讲解了坐山观虎斗的战略如何有利于秦获取霸权。他先讲了管与劝管庄子待两虎相斗受伤后一举获得两只老虎的故事，然后建议秦惠王等齐国在与楚国的争霸斗争中失败后，再前去救齐国，这样名正言顺。他说："齐楚今战，战必败。败，王起兵救之，有救齐之利，而无伐楚之害。"②虽然陈轸的目的是用坐山观虎斗的战略说服秦国不对楚国进攻，但这种战略对秦国来讲的确有益，因此秦惠王接受了陈珍的战略建议。苏代劝燕惠王别与赵国相争，以免秦国坐收渔人之利。他用"鹬蚌相争，渔翁得利"的故事劝燕惠王说："今赵且伐燕，燕、赵久相支，以弊大众，

---

① 《战国策·齐策五·苏秦说齐闵王》。主怨：导致怨恨。藉：凭借。远怨：远离怨恨。适：到达。罢：疲乏。塞：阻隔。攘：推回对方的拳。
② 《战国策·秦策二·楚绝齐》。

臣恐强秦之为渔父也。"① 这个例子是防止为别国采取坐山观虎斗战略提供机会。

书中有关坐山观虎斗战略的讨论已经注意到，该战略的成功条件是斗争双方实力相似。坐山观虎斗战略的目标是消耗其他争霸方的实力。如果坐观的结果是胜方实力大增，则是养虎遗患，这样坐山观虎斗战略就失败了。例如，魏国包围赵国的邯郸，昭奚恤建议楚宣王不要援救赵，可坐观赵魏互相攻杀。景舍则主张救赵。他认为楚不救赵，赵就可能灭亡，这相当于楚帮助魏灭赵。这种可能将迫使赵为避免灭亡与魏合作，共同对抗楚国。景舍建议楚宣王派出少量部队援赵，加剧赵魏之争使其两败俱伤，这才有利于楚国扩大势力范围。他对楚宣王说："夫魏之攻赵也，恐楚之攻其后，今不救赵，赵有亡形，而魏无楚忧，是楚、魏共赵也，害必深矣！何以两弊也？且魏令兵以深割赵，赵见亡形，而有楚之不救己也，必与魏合而以谋楚。故王不如少出兵，以为赵援。赵恃楚劲，必与魏战。魏怒于赵之劲，而见楚救之不足畏也，必不释赵。赵、魏相弊，而齐、秦应楚，则魏可破也。"② 根据《战国策》记载："楚因使景舍起兵救赵。邯郸拔，楚取睢、濊之间。"③

第四节　对国关理论和崛起战略研究的启示

《战国策》的争霸思想受到了儒家学者的长期批评，但是国家间的争霸历史却历尽千年而不衰，直至今天，大国之间的权力竞争虽然不如古代那样暴烈残酷，但权力竞争仍是国际政治的核心内容。了解《战国

---

① 《战国策·燕策二·赵且伐燕》。且：将要。痹：麻木。
② 《战国策·楚策一·邯郸之难》。
③ 同上。

策》中有关争霸问题的思想认识，不但有助于我们更加深入地理解现实的国际政治，而且还可在综合国力研究、国际体系研究、国际战略研究等方面得到启示。

一、对国家实力研究的启示

政治实力是综合国力的基础。《战国策》中有关霸权实力是以政治实力为基础的思想，与现代国际关系理论有关霸权实力基础的分析有所不同。现代理论基本上是把资源性实力（领土面积、人口、经济、军事）视为霸权实力的基础。即使近年来学界开始关注国家软实力的重要性，但主流观点依然是硬实力是软实力的基础。即使重视软实力的学者也多强调文化资源实力，而非操作性的政治实力。然而，如果我们从政治实力是综合实力基础的角度观察当今世界政治，我们会发现，其所能解释的现象并不亚于经济决定论，也许更多一些。《战国策》中有关霸权综合实力是以政治实力为基础的论述，给我们带来的理论问题是：如何用科学方法验证经济实力和政治实力何者是综合国力的基础？在我们未能有效证实之前，需要问一下：如今以经济实力为国力基础的假定与当年以军事实力为国力基础的假定在可信性上有区别吗？

领导力是国家政治实力的核心。领导力是政治实力核心这个信仰古今一致。然而，当制度决定论在20世纪70年代兴起后，有关领导力的研究重点转向决策制度研究，而不再是关于决策者和决策集体的研究。进入21世纪，关于决策者和决策集体的研究重新受到重视，国际政治心理学代表了这一趋势。[1]《战国策》中有关国家领导力的议论，多是侧重

---

[1] 参见 Rose McDermott, *Political Psychology in International Relations*, Ann Arbor: The University of Michigan Press, 2004; Jerold M. Post, *Leaders and Their Followers in Dangerous World: The Psychology of Political Behavior*, Ithaca and London: Cornell University Press, 2004; Jerold M. Post, ed., *The Psychological Assessment of Political Leaders with Profiles of Saddam Hussein and Bill Clinton*, Ann Arbor: The University of Michigan Press, 2003。

于领导人的道德和用人政策。这给道义现实主义的启迪是,应该从领导人的信念、领导集体的结构、国家的官僚体制三个方面研究领导力与国家政治实力之间的关系,领导力与对外决策之间的关系,以及领导力与国际动员能力之间的关系。

是否任用贤能是国家领导力强弱的重要因素。《战国策》有关任用贤能与霸权关系的分析有两点与现代观念不同:一是衡量国家领导人道德水平的标准是他是否任用贤能,二是被任用的贤能的类型决定了能否获取霸权以及霸权的等级。这种以政治家的德能水平为衡量国家领导力的方法也许并不完美,但却比现代国际关系理论缺乏衡量国家政治实力标准的状态好。《战国策》这种衡量国家领导力的方法给我们提供一个启示,即可用人才流动为标准衡量国家的政治实力。"人往高处走,水往低处流"是常见的社会现象,人才从政治实力弱国向政治实力强国流动是国家吸引力的表现。以人才流动的方向和程度作为衡量国家政治实力甚至软实力的标志,有可能是合理的。

二、对国际体系研究的启示

世界权力中心转移是崛起国努力的结果,而非命中注定。《战国策》中有关霸权兴衰的解释可以简单地归结为人为努力的正确与否,而不是自然轮替。苏秦认为,三王的兴起和五霸轮替,都是这些领导人不安于现状、努力奋斗的结果。他对燕易王说:"且夫三王代兴,五霸迭盛,皆不自覆也。"[①] 这种认识与现代国际关系理论研究试图寻找世界霸权转移的非人为因素的研究方向不同。结合《战国策》将霸权转移归结于人为努力的结果和现代理论认为霸权转移有客观规律的观念,道义现实主义认为,可以从寻找导致领导力衰败或增强的客观因素入手,研究霸权转移的原理。

---

① 《战国策·燕策一·人有恶苏秦于燕王者》。

等级规范是国际秩序的基础,但不同时代的规范不同。《战国策》中关于社会规范与社会秩序的认识是,社会秩序只能建立在等级规范的基础上。这种认识与现代国际关系理论中的国际体系无政府性是国际冲突根源的原理相同,但与尊重国家主权平等的现代国际政治原则不同。这给道义现实主义的理论启示是,国际规范的建立需要结合平等原则和等级原则,而不能只依据一个原则。这如同为了保证拳击比赛的平等与公平,既要有裁判胜负的规则,也要有区分重量级的规则。前者是平等原则,后者是公平原则。现代国际关系理论多是依据平等原则研究国际规范功能的,而道义现实主义则将等级原则与平等原则两者相结合进行研究,从而深化了对国际规范功能的认识。

三、对大战略研究的启示

道义现实主义认为,成功大战略的核心是其战略创新而非战略模式本身。《战国策》中有关争霸战略的议论多是对立的。这给人们的启示是,争霸战略作为实现一种政治目标的方法必然是多种多样的。现代国际关系理论研究虽然对有史以来的争霸战略类型进行过多种总结,但却没有发现任何一个成功的争霸战略是可以被成功复制的。这也许是因为争霸战略的本质是创新,所以凡是仿照前人争霸战略的都无法成功。现代国际关系理论研究了不同战略成功的条件,但是忽视了争霸战略的创新本质,即争霸战略是无形的,是因时代而变的,是战略家们因地制宜创建的。也就是说,历史上已有的争霸战略可能都不适用于其后的大国崛起。邓小平"有中国特色"的思想恰巧符合了大战略的这一性质,即中国崛起战略一定是全新的才有成功的可能。从争霸战略不可成功复制的角度出发,道义现实主义认为国际战略理论研究的重点应转向争霸成功战略是如何创建的和创建一种成功战略的基本原则是什么这两个主题。

成功的结盟战略以战略诚信为基础。《战国策》中有许多关于合纵或连横结盟成败的记录,这些记录反映的结盟成败原理是,盟主有诚信

第八章 《战国策》中的霸权观念及战略

则结盟成功，结盟者缺乏诚信则结盟失败。书中关于结盟战略不可靠性的议论，与后来卢梭的"捕鹿游戏"模型有很强的相似性。[①]《战国策》中的战略家将结盟战略的不可靠性归结为结盟者缺少诚信，而卢梭则归结为结盟者不相信盟友的诚信。这给道义现实主义的理论启示是，现代结盟理论侧重于共同利益、组织功能以及合作观念的研究，而对于信誉在结盟中的作用研究不多。如果从盟主的战略诚信如何形成、结盟者的诚信来源、结盟者互信形成的原理等角度，深入研究现代结盟理论，不仅可以深化现有的国际安全合作理论，而且有深化对崛起战略成败认识的可能。

---

① 〔美〕詹姆斯·多尔蒂、小罗伯特·普法尔茨格拉夫：《争论中的国际关系理论》，阎学通、陈寒溪等译，世界知识出版社2003年版，第544页。"捕鹿游戏模型"是指多人集体捕鹿，其中一人或多人开小差去抓身边的兔子，鹿则逃脱。这是说当合作者怀疑其他合作者的合作诚意时，会采取实现小利而放弃集体合作大利的决策。这使得集体合作常常失败。

第九章　道义现实主义的崛起战略

> 故道王者之法，与王者之人为之，则亦王；道霸者之法，与霸者之人为之，则亦霸；道亡国之法，与亡国之人为之，则亦亡。
>
> ——《荀子·王霸》

道义现实主义借鉴了先秦诸子的政治决定论理念。"夫国大而政小者，国从其政；国小而政大者，国益大"[1]是这一理念的精炼阐释。故此，道义现实主义对于中国崛起战略的设想也是以提高政治实力为核心的。先秦诸子虽然都是政治决定论者，但是他们对政治实力核心要素的认识不一样，老子和孔子认为是观念，荀子认为是路线，墨子认为是人才，韩非子认为是制度，管子认为是战略，孟子认为是政策。[2]道义现实主义理论认为，上述这些政治因素均受到政府最高领导班子的影响，因此，道义现实主义为中国崛起提供的是政治导向型战略，是以不断政治改革创新为核心的民族复兴战略。

---

[1] 《管子·霸言》。
[2] Yan Xuetong, ed., *Ancient Chinese Thought, Modern Chinese Power*, pp. 52—56.

第九章　道义现实主义的崛起战略

第一节　政治战略

中国在21世纪崛起面临着两个特殊的历史条件：一是经济全球化；二是科技发展速度急剧加快。这两个因素相结合使世界成为地球村，即各国人往来交流的频繁程度如同在一个小村子内部，相互之间的影响使得内外差别越来越小，即所谓国际国内两个大局融为一体。先秦思想家们"治"的概念是不分内政和外交的，内外秩序和内外关系采用一致的政策。借鉴先秦这种内外结合的政治治理观念，道义现实主义提出的崛起战略不局限于外交领域，也包含内政建设。

一、确立王权的战略目标

中国本届政府提出要在21世纪实现中华民族的伟大复兴，但是对于民族复兴使中国成为什么样的世界强国却没有明确的定义。[①] 中国崛起将是21世纪国际政治中最大的事件，这一历史变化不仅关系到中国人民的未来，而且也直接影响到全世界人民的生活，因此国际社会非常关注中国将成为什么样的超级大国。国际社会显然不愿意中国成为二战时期的法西斯德国和军国主义日本，同时也不愿意看到中国成为第二个美国。中国如果成为另一个美国，其结果只有两种：一种是世界出现两个霸权国家，重现冷战；另一种是中国取代美国霸权，改变今天世界的领导者但不改变当下不公平的国际秩序。这两者都是国际社会所不希望见到的。为了使中国人民清楚国家发展的未来，也为了使世界欢迎中国的崛起，中国有必要将崛起的目标定位于"王权"国家，即成为一个讲道义的世

---

① 《习近平：承前启后继往开来　继续朝着中华民族伟大复兴目标奋勇前进》，中国共产党新闻网，2012年11月30日，http://cpc.people.com.cn/n/2012/1130/c64094-19746089.html。

界超级大国。

荀子说："彼王者不然，仁眇天下，义眇天下，威眇天下。仁眇天下，故天下莫不亲也；义眇天下，故天下莫不贵也；威眇天下，故天下莫不敢敌也。"① 荀子所讲的王权标准是一种理想的标准，完全达到这个标准是不可能的，因为任何世界主导国都不可能没有敌对者。然而，与世界上绝大多数国家的关系亲密友好，使绝大多数国家支持其国际主张并使与之敌对的国家不敢先发动攻击，这是做得到的。将中国建设成为一个王权国家，这不仅意味着中国实现了民族复兴，而且还意味着中国将建立一个比现在更公平和更安全的国际秩序。王权体系并不是完美的，但相比于目前美国主导的霸权体系，它是一个能带来更多国际合作、减少战争数量和安全威胁的体系。

在核武器、知识经济和全球化三者并存的条件下，中国将自己建设成为一个王权国家是有可能的。在中美都拥有核武器的条件下，中国无法靠全面战争的方式获得世界主导地位，同样美国也无法靠全面战争的方式阻止中国崛起。在知识成为经济发展第一要素的条件下，大国积累财富的主要方式将靠发展科学技术，而不是靠占有自然资源产地。在全球化条件下，威胁全人类的非传统安全问题不断增加，实行道义的超级大国将获得世界绝大多数国家的支持。韩非子认为王权之所以存在于上古时代，是因为当时人类面临的最主要安全威胁来自自然界，即今天所说的非传统安全威胁。② 虽然全球化并没有使大自然成为人类的最主要安全威胁，但恐怖主义、金融危机、工业污染、网络黑客、核扩散、科研造成的病毒变异等，都具有不分国别的全球性威胁作用。全球性的非传统安全威胁日益严重，世界需要一个王权国家领导各国来应对这

---

① 《荀子·王制》。
② "上古之世，人民少，而禽兽众，人民不胜禽兽虫蛇。有圣人作，构木为巢以避群害，而民悦之，使王天下，号曰有巢氏。民食果蓏蚌蛤，腥臊恶臭而伤害腹胃，民多疾病。有圣人作，钻燧取火以化腥臊，而民说之，使王天下，号之曰：燧人氏。"（《韩非子·五蠹第四十九》）

些威胁，因为只有王权国才同时具备提供这种领导的物质能力和政治意愿。

中国将来是否成为一个王权国，其重要标准之一是中国能否成为一个被多数国家自愿效仿的国家。学界提出的"北京共识"与"华盛顿共识"的分歧，其实就是当前中美两种社会模式的竞争。① 近年来，中国经济建设的成就令许多国家羡慕，但却不令它们向往，其主要原因在于中国经济增长与社会腐败同步发展。中国政府从2013年起加大反腐败力度，并且已经取得较大成果，这为提升中国模式的吸引力奠定了基础，然而这还不足以使中国成为一个王权国。中国需要在反腐败的基础上，将国家的发展方向从积累财富转向建设一个公平正义和文明富强的社会。中国只有在公平、正义、文明、富强四个方面都超越了美国，才能成为一个王权国家。

二、践行公平、正义、文明的价值观

根据大国崛起困境的原理，中国崛起的速度越快，国际体系的反弹压力也越大，其中最大的反弹就是美国防范中国崛起的策略。② 中国崛起的结果将不仅会改变中国与美国的物质实力对比，而且会改变东西方文明的主次地位。西方学界对中国崛起的恐惧已经从担心中国的物质力量增长向担心中华文明挑战西方文明主导地位的方向发展③，许多西方学者已开始研究这个问题。④ 这意味着，中美之间的战略竞争并不仅仅局限于物质实力方面，而且包括价值观方面。对于中国来讲，中华民族

---

① 吕及基：《"北京共识"VS"华盛顿共识"》，《东北大学学报（社会科学版）》2006年第1期，第1页。
② 孙学峰：《战略选择与大国崛起成败》，载阎学通、孙学峰：《中国崛起及其战略》，北京大学出版社2005年版，第28—29页。
③ 阎学通：《西方人看中国的崛起》，《现代国际关系》1996年第9期。
④ Zhang Yongjin and Barry Buzan, "The Tributary System as International Society in Theory and Practice," *The Chinese Journal of International Politics*, Vo. 5, No. 1, Spring 2012, p. 5.

的复兴不仅需要增强物质力量,还需要为世界提供一种价值观,而且是高于美国价值观的价值观。

道义现实主义认为,中国崛起的目标应是建立一个王权国际秩序而非美国式的霸权国际秩序,因为王权国际秩序会比霸权国际秩序更受国际社会的欢迎。在主权国家仍为最主要国际行为体的条件下,新型国际秩序需要新型的国际规范来支撑。要建立起各国更愿自觉遵守的国际规范,就需要一个高于美国的平等、民主、自由的价值观作为指导原则。道义现实主义认为,公平、正义、文明是高于平等、民主、自由的普世价值观,中国具备利用传统政治思想"仁、义、礼"来建设这种价值观的文化优势。

中国要建立一个比现有国际秩序更受国际社会欢迎的国际秩序,就需要在本国实践公平、正义、文明的价值观,并以此建立一个比美国更令人向往的社会。只有使其产生令国际社会愿意效仿的效果,这种价值观才有可能被国际社会普遍接受。荀子曾说:"有擅国,无擅天下。古今一也。"[①] 借鉴这个道理,道义现实主义认为,王权国际体系的建立是世界绝大多数国家主动效仿王权国的结果。弱者效仿强者,穷国效仿富国,落后国家效仿发达国家,是国际政治中的普遍现象。东施效颦的规律意味着,由于效仿者并不真正知道效仿对象成功的原因,于是效仿将是全面的和盲目的,包括效仿价值观。当一种价值观在世界上流行时,它就为建立新国际规范和国际秩序奠定了思想基础。

三、坚持民富国强的政治路线

王权的基础是实力和道义两要素,因此王权国需要有确保自身实力强大于其他国家的政治路线。经济决定论者认为,只要经济财富增加了,国家就能强大。然而,这种认识并不完全符合历史事实。日本于20世纪

---

① 《荀子·正论》。

70年代成为世界第二大经济体,并且将这个地位保持了三十多年,直到2010年其GDP才被中国超过。[1]然而,在这三十多年的时间里,日本既没有成为超级大国,更谈不上成为一个实行道义的超级大国。究其原因,就是日本在民富与国强之间没有保持平衡,其结果是民富也难以长久维持下去。

道义现实主义认为,王权国家需要坚持民富国强的政治路线,以保持综合国力的要素持续性地平衡增长。战国时期的司马错就意识到国力要素的不可转换性,他提出了王权需要以综合国力为基础。[2]借鉴这种观念,道义现实主义认为,民富不必然导致国强,国强也不必然带来民富,中国要崛起为一个实行道义的超级大国,就需要坚持民富与国强平衡发展的原则。

民富国强是一个相对的概念。富和强的横向标准是相对于世界上同一时代的其他国家而言的,富和强的纵向标准是相对于不断进步的特定历史时代而言的。在21世纪初期,横向标准的民富与否,是以发达国家的生活水平为标准,达到发达国家的标准才为富;国强与否,是以美国的物质实力为标准,达到美国水平的才为世界强国。从纵向讲,当今时代的民富是指高水平的社会福利,而非个人财产多寡;国强的标准是军事装备的科技水平,而非军队的规模。中国要在21世纪实现崛起,就需要制定一个符合时代要求的民富国强的政治原则,这个原则就是综合国力要素平衡发展。

坚持综合国力要素平衡发展的原则,才能保持政治、文化、军事和经济四种实力的平衡发展。目前在中国,许多人将经济实力视为综合国力的基础,因此把提高综合国力的重点放在经济发展方面。然而,回顾

---

[1] 《中国GDP超过日本有何意义》,《中国青年报》2011年2月15日, http://www.chinanews.com/cj/2011/02-15/2843005.shtml。

[2] 司马错说:"欲富国者,务广其地;欲强兵者,务富其民;欲王者,务博其德。三资者备,而王随之矣。"(《战国策·秦策一·司马错论伐蜀》)

新中国发展的历史，我们看到的是1949年以来我国都是先有政治变革，然后才有经济发展或军事实力上升。1949年中国共产党在中国建立了一个全新的政治制度，于是有了1949—1956年综合国力的大幅上升。1978年我国政府实行改革开放，于是创造了三十多年经济高增长历史。2002年，我国政府开始实行国防建设与经济建设平衡发展的政策，于是国防实力迅速提高。[①]反之，中国政府制定错误的政治路线，如开展"大跃进"运动和发动以"阶级斗争为纲"的"文化大革命"，国家的经济实力和军事实力就严重衰落。

道义现实主义认为，政治实力是操作性实力，因此它是综合国力的基础。根据综合国力的原理，在目前军事实力、经济实力和文化实力不变的基础上，中国只要能较大幅度地提高自身的政治实力，至少提高国际战略诚信，就能大幅提高其综合国力和国际地位。以2006年的中非合作论坛北京峰会为例。我国为非洲国家提供的三年经济援助总量并没有超过欧洲和美国，但非洲国家对中国援助做出的正面反应远大于对欧美援助的反应。其原因就是中国对非洲的援助不附加任何政治条件，而欧美的援助是以某些政治条件为前提的。中国援助非洲的真诚性极大地提高了中国在非洲国家中的政治影响。自2013年起中国政府加大反腐败力度，并且取得了实质性成果，这不仅极大增强了中国政府的国内威望，而且大幅提升了中国政府的国际权威，中国崛起的正义性随之上升。

四、建立选拔贤能的人才制度

道义现实主义将政治实力的提高视为一国崛起成败的关键，因此认为中国崛起战略的核心应为人才战略。管子说："夫争天下者，必先争

[①] 朱镕基：《政府工作报告》，载《十六大以来重要文献选编》上册，中央文献出版社2005年版，第188页。

人。"① 如果说两千多年前的大国竞争与现代全球化下的大国竞争同样表现为人才竞争，这意味着人才竞争并非当今时代的特殊性，而是大国实力竞争的本质。人才战略的核心是选拔贤能从事领导工作。斯大林在1935年提出过"干部决定一切"的观点，毛泽东1938年提出"政治路线确定之后，干部就是决定的因素"的看法。② 大国竞争的核心人才是领导型人才，因为政治决策的对错对国家强大的作用远大于科技人才的发明创造。大国崛起最需要的是有制度创新能力的政治家和管理创新的官员，因为只有进行制度创新和管理创新才能实现大国崛起。例如，引进一流大学的校长和引进一流大学的教授对建立世界一流大学的作用有本质的不同。前者具有整体提升作用，后者只有局部发展作用。目前，中国人才制度面临的问题是将人才限定于从事科技工作的人员，而非政治领导者和高级官员。因此，中国的人才战略重点有必要考虑从引进科技人才向引进领导型人才转变。

世界上德才兼备的人并不少，关键在于他们能否被选用。提高选任官员的开放度，依据能力和品行标准在全球范围内选任官员，可增强政府正确决策的能力。例如，古代中国的唐朝和印度半岛的莫卧儿帝国，在崛起的过程中都大量聘用外籍人为官员。据说高峰时期莫卧儿帝国官员中的外籍人士高达70%。③ 美国能获得今日的霸主地位，也靠的是吸引外国精英的人才制度。中国的人才战略如果不能吸引到比美国更多的世界一流人才，实现民族复兴大业将是困难的。目前，中国的移民政策不仅没有美国宽松，而且还在许多领域限制外国人担任重要职务。中国需要禁止掌握政治权力的人拥有外国国籍，而不是严格限制外国人加入中国国籍。

---

① 《管子·霸言第二十三》。
② 《毛泽东选集》第2卷，人民出版社1991年版，第526、535页。
③ L. S. Stavrianos, *The World Since 1500: A Global History*, London: Prentice-Hall International, INC, 1966, pp. 36—37.

选任贤能的另一面就是能及时淘汰不合格的政府官员，降低错误决策的概率。所有政治家和官员都有可能因为某种原因失去做出正确决策的能力，如被权力腐蚀、知识过时、思想蜕变、思维能力下降、健康恶化、家庭纠纷等。建立一个及时淘汰不合格官员的制度，既可为选拔人才提供机会，也可减少决策失误，其结果是增强了国家的政治实力。制定淘汰制度是选任贤能制度的核心，缺少及时淘汰不合格官员的制度，将不可避免地导致各级机构的政治领导能力退化，从而导致国家实力的衰落。

五、不断改革贤能领导的遴选制度

道义现实主义认为，国家兴衰的根本在于政治领导，因此确保国家由贤能担任领导是核心。荀子说："王、霸、安存、危殆、灭亡，制与在我，亡乎人。"[①] 对于现代政党政治的国家来讲，一国政治领导力强弱的核心，首先是执政党领导人的能力，其次是中央政府决策核心层的能力，再次是政府各级官员的能力。

"领导"是指率领并引导大众实现一个目标的过程。[②] 领导力是多方面的，但核心要素是有率领和引导民众进行持续不断改革创新的能力，因为只有改革创新的能力强于主导国，崛起国才能在综合实力方面赶超主导国，从而实现崛起的目标。保持和增强各级领导的改革创新能力，是增强我国政治领导力的关键。唐太宗李世民认为创造贞观之治的重要经验是"明主思短而益善，暗主护短而永愚"[③]。改革创新的政治领导力包括三个基本方面：对时代政治方向的判断力、推动改革创新的意志力、引导大众参与改革的动员力。简言之，即改革创新的方向正确、意志坚

---

① 《荀子·王制》。
② 中国社会科学院语言研究所词典编辑室编：《现代汉语词典》，商务出版社1996年版，第807页。〔美〕詹姆斯·麦格雷戈·伯恩斯：《领袖论》，刘李胜、郑明哲、陆震纶译，第19页。
③ 〔唐〕吴兢：《贞观政要》，葛景春、张弦生注译，中州古籍出版社2008年版，第66页。

第九章　道义现实主义的崛起战略

决和方法高明。三者缺一则失去崛起的领导力，三项中只要一项弱其领导力就不强。这样的政治家必是那些心中只有民族使命而无他欲的人。他们活着的目的是改变世界，而不是追求个人的得失。

领导力是人的一种能力，因此增强国家领导力的方法就是让具有卓越领导能力的人担任国家领导职务。一个人的领导能力是由人的先天禀赋与后天习得相结合而成的。这意味着，皇亲贵胄的后裔不一定具备领导能力，经历磨练的干部也不一定具备领导能力。判断一个人领导能力强弱的方法，只能是观察其为人品行和工作效果这两个方面，这就是所谓的"贤能"。"贤能"与只要"抓住耗子就是好猫"是两种不同的能力衡量标准。前者是政治领导力的衡量标准，后者是行政执行力的衡量标准。古今中外有过无数确保贤能治国的方案和实践，但并无一劳永逸的方案。公民直选国家领导人的制度，不仅未使许多发展中国家强大，甚至连美国都无法避免其在21世纪的相对衰落。美国《世界网络日报》发表了题为《奥巴马加速美国下滑》的文章，对此福克斯电视台节目主持人说："奥巴马不只满足于操控美国的衰落，他甚至在给滑道涂抹润滑剂。"[①]

道义现实主义认为，由于各国面临的内外环境都是不断变化的，因此遴选贤能国家领导人的最佳策略就是根据环境的变化及时改革遴选方法。以民主选举产生贤能领导，以任期制淘汰不合格领导。十年之内，中国将崛起为一个全球性的超级大国，中国的内外环境将发生巨大变化。中国应根据环境变化不断地改革创新国家领导人的遴选方法。遴选领导人的方法需要将定期改革与不定期改革相结合。定期改革是为了保证遴选方式不落后于社会的客观变化，不定期改革是为了保证遴选方式能应对社会的突变。只有根据社会客观变化不断改革创新领导人的遴选方法，才能保持一代一代的贤能接续国家领导工作。

---

① 李勇等：《美众院授权起诉奥巴马》，《环球时报》2014年8月1日，第6页。

第二节 外交战略

  道义现实主义认为，大国成功崛起的内外战略都是在适应不断变化的环境中创造出来的。自新中国成立以来，中国根据不同时期的国际环境提出了许多外交战略原则，分别适用于不同的国际环境。国际形势不断发展变化，外交战略原则如果长期不变，就不可避免地难以适应新形势。例如，20世纪80年代，我国政府判定在相当长一段时间内不会爆发世界大战，因此可以集中精力进行经济建设。① 这种认识后来被归纳为"战略机遇期"②，而且这种认识至今仍主导着许多人对国际形势的认识。③ "维护战略机遇期"成了外交的首要任务，于是以我国其他利益为代价维护战略机遇期就成了基本外交战略原则，回避和化解冲突也随之成为基本外交策略。随着我国实力地位的上升，今后面临的国际冲突将只增不减，回避和化解冲突的策略将不足以应对新的任务和挑战，为此我国需重新思考外交基本策略问题。有关当前形势下的具体外交策略已在2013年出版的《历史的惯性：未来十年的中国与世界》一书中发表，因此下面有关崛起战略的讨论将集中于外交原则方面。

---

  ① 1985年6月4日，邓小平在军委扩大会议上指出："这几年我们仔细地观察了形势，认为在较长时间内不发生大规模的世界战争是有可能的，维护世界和平是有希望的。"《邓小平文选》第3卷，人民出版社2001年版，第127页。

  ② 这一概念在中共十六大时被正式写入十六大报告。十六大报告提出："综观全局，21世纪头20年，对我国来说，是一个必须紧紧抓住并且可以大有作为的重要战略机遇期。"《人民日报》2002年11月18日，第1版。

  ③ 中国社会科学院国际研究学部在最近出版的一部文集中继续认定未来一个时期，中国仍然处在发展的战略机遇期。张蕴岭、邵滨鸿主编：《中国发展战略机遇期的国际环境》，社会科学文献出版社2014年版，前言，第1页。

第九章 道义现实主义的崛起战略

一、政治导向的外交战略

实现民族复兴的任务要求外交改革创新。我国外交的战略目标是服从和服务于"两个一百年"奋斗目标和实现中华民族伟大复兴。① 为民族复兴创造条件和实现民族复兴是两种性质不同的战略任务，前者是积累实力，后者如同参加比赛。在积累实力阶段我国避开与世界主导国进行正面战略竞争是可能的，但在参赛阶段却无法回避。具体而言，有利于经济建设的和平环境并不必然有利于民族复兴目标的实现。例如，对日本安倍政府否定二战罪行的做法采取绥靖政策，可能有利于维护我国经济建设需要的周边和平环境，但却不利于我国民族复兴大业。因此，实现民族复兴的战略目标决定了我国外交工作需要改革创新。

中美结构性矛盾加剧要求中国外交更多考虑安全战略利益。在中国实现崛起之前，美国防范我国崛起的"亚太再平衡"战略不会改变，美国维护其世界霸主地位与中国实现民族复兴的结构性矛盾将日益深化。2014年初乌克兰危机发生后，俄罗斯以武力将克里米亚从乌克兰分离出来纳入俄罗斯。对此，奥巴马政府明确表示，无论俄罗斯采取何种军事行动，美国决不会改变以亚太为中心的全球军事部署。② 美防长哈格尔（Charles Timothy "Chuck" Hagel）更是明确指出，美国军费开支的缩减不会影响"亚太再平衡"战略，美国将60%的海军力量部署在亚太的原则不会改变。③ 目前，美国在亚太地区部署了33万军队、1800多艘军

---

① 在2013年10月的周边外交工作座谈会上，中国国家主席习近平明确指出："我国周边外交的战略目标，就是服从和服务于实现'两个一百年'奋斗目标、实现中华民族伟大复兴。"《为我国发展争取良好周边环境，推动我国发展更多惠及周边国家》，《人民日报》2013年10月26日，第1版。

② 《美国"亚太再平衡"战略面临考验》，《文汇报》2014年4月6日，http://news.xinhuanet.com/world/2014-04/06/c_126361431.htm。

③ 《哈格尔亚太军事部署计划遭亚太盟国质疑》，《南方日报》2013年6月3日，http://www.chinanews.com/mil/2013/06-03/4884043.shtml。

舰、2000多架飞机，在欧洲则只有6—7万军队。① 与此同时，奥巴马于2014年4月访问了日本、韩国、菲律宾、马来西亚。在访日期间签署的《日美联合声明》中，明确写入美国将在中日钓鱼岛冲突上协防日本的立场。② 访菲期间，美菲签署了为期十年的《加强防务合作协议》，该协议允许美国派出更多军队、军舰和战机到菲律宾驻扎，共用其军事基地。③

提高国际战略信誉，中国需要为中小国家提供安全保护。将经济利益置于外交所服务的国家利益首位，会阻碍对提高我国国际战略信誉的重视。安全战略信誉是崛起大国增强其国际影响力的核心要素，亦是崛起大国的一个本质属性。要承担更多的国际安全责任，就需向全球和地区提供更多公共安全产品。只有如此，才能增大本国对国际安全体系的影响力。由于非传统安全的威胁不断上升，我国要提高自身的国际战略信誉，还需要在非传统安全领域提供公共产品，如防范金融危机、应对气候变化、打击恐怖主义威胁、防止生化核武器扩散等。

提高战略伙伴关系的质量需要增强双边安全战略合作水平。目前，美国、日本、英国、法国、德国、俄罗斯等世界主要大国都拥有自己的盟友。美国的盟友数量更是多达五十多个，而我国则缺乏"铁哥们儿"式的战略伙伴。盟友的多少与应对国际危机的能力成正比。为此，我国需要从全球战略的角度考虑，在全球范围内培育战略支柱型伙伴国，通过逐渐提高我国外交友好关系的质量，扩大国际社会对我国崛起的政治支持。

---

① 《一张图告诉你美国在亚太的重要军事基地》，人民网，2014年5月5日，http：//military.people.com.cn/n/2014/0505/c52960-24977297.html。根据这个图，美在亚太军力似没达到33万人。

② 《日美联合声明用TPP问题与钓鱼岛安保作交换》，中国网，2014年4月25日，http：//finance.china.com.cn/roll/20140425/2364851.shtml。

③ 《美菲签署10年防务合作协议 允许美国增加驻军》，中国新闻网，2014年4月28日，http：//www.chinanews.com/gj/2014/04-28/6112322.shtml。

二、树立大国的全球外交意识

我国需有大国外交的全球意识。由于鸦片战争之后我国外交长期处于以弱对强的地位，因此"弱国无外交"成为我国外交界的共识。这个认识被理解为三重含义：一是由于我国物质实力不强，因此外交工作维护不了国家利益是理所当然的；二是因为我国是弱国，所以外交上不能采取主动进取的策略，只能采取被动防御的政策；三是由于我国是弱国，故不应承担国际责任，更无必要为周边国家提供安全保障。[①] 随着我国实力地位逐渐向一个超级大国接近，"弱国无外交"的说法将失去解释外交被动局面的效力，同时也不适宜用来指导我国对外战略和实现民族复兴的国家目标。实现民族复兴的目标是将我国建设成世界上最强大的国家，因此我国需要培养大国外交意识。当今时代的"大国外交"是指：以不怕事的态度应对各种挑战；以宽容的态度对待经济合作；以敢担当的态度为友邦提供安全保障；以自信的态度推动国际新秩序和新规范的建立。简言之，大国外交是舍小利而谋大势。

大国外交需要敢担当的意识。今后十年，中国的大国地位和大国责任无法掩饰和回避，因此我国外交需强化敢担当的意识。这个意识应体现在个人工作和国家政策两个层次上。在个人层面，外交工作者应敢于担当，负起责任；在政策层面，我国应主动承担与自身国际地位相应的国际责任。20世纪90年代初，中国的经济实力不足美国的1/14，综合国力比美国差得更远，而美国是世界唯一的超级大国，其国际动员能力

---

① 反映这种思想的论述，参见张博文：《中国会放弃不结盟政策吗？》，《国际展望》2000年第10期，第17—18页；曲星：《坚持韬光养晦、有所作为的外交战略》，《中国人民大学学报》2001年第5期，第13—17页；冯昭奎：《争取实现和谐世界之策——也谈韬光养晦，有所作为》，《世界知识》2005年第20期，第52—53页；李恒杰：《论邓小平韬光养晦的外交战略思想》，《国际关系学院学报》2008年第3期，第1—6页；王在邦：《论创造性坚持韬光养晦、有所作为》，《现代国际关系》2010年庆典特刊，第48—53页。

一呼百应。在当时的环境下,"不当头"的理念是适合我国外交的。然而,在中美综合实力差距缩小加快、两极化不断发展的今天,继续坚持不当头策略,正在给我国带来巨大的国际责任压力。为推进民族复兴进程,我国外交要勇于参加大国博弈,在涉及国家利益以及全球重大问题上要主动表明立场和提出主张,尤其要加大工作力度动员国际社会接受我国的主张。

全球化时代的大国外交需要有全球意识。我国的民族复兴是一个发展过程,在这个过程中我国需要首先成为地区强国,然后才有可能成为世界强国。这种地缘政治进程决定了我国外交需要以周边为重点,进而向其他地区辐射。然而,我国民族复兴处于全球化的特殊时代,我国崛起的结果是成为世界强国而不仅仅是一个地区强国。在全球化的时代,许多国际事务已难以区分是地区性的还是全球性的,例如应对气候变化、打击恐怖主义、国际贸易、资本流动、国际投资、航运安全、游客安全、留学交流等事务均已无地区限制。因此,我国外交需要强化全球外交意识,即使是双边政策和地区政策也要从全球角度考虑,特别是有关国际规范的事务更要从全球的角度进行考虑。

三、从回避冲突转向直面冲突

崛起大国的外交策略应是直面冲突而非回避冲突。随着我国海外利益规模的日益扩大,我国与其他国家发生冲突的可能性将大幅增加,因此我国外交工作的重点将是如何面对冲突而非回避冲突。国家间冲突是以双方发生关系为前提的,当前深化改革开放的政策必然导致我国与他国的冲突增多。但从另一方面讲,冲突又是促成多种合作的重要条件之一,没有相互冲突,国家间就失去了合作的主要动力。例如,冷战时期的中苏战略冲突促成了中美战略合作;2012年以来的中日钓鱼岛主权冲突促成了中俄在维护领土主权上的合作;近年来西太平洋地区日益严重的海洋权益冲突,促成了该区域国家就防止海上意外事故的合作,于

2014年达成了《海上意外相遇规则》。① 目前,我国已成为世界第一贸易大国,我国与他国间的贸易冲突将呈上升趋势,回避此类冲突的增加已不可能,因此推进自由贸易协议的谈判就成了重要工作。

我国与他国冲突的增加将使预防性合作与积极合作同等重要。当我国与他国发生冲突后,可发展两类战略合作。一类是与第三方进行积极合作,如针对安倍政府否定日本二战罪行的行为,我国可与韩国进行战略合作,共同牵制日本的对抗政策。另一类是防止冲突升级的预防性合作,如20世纪90年代,中美达成战略核武器互不瞄准对方的合作。② 鉴于战略竞争成为今后中美关系的主流趋势,双边合作需要更多地注重预防性合作,因为此类合作具有管控分歧和冲突的最直接作用。在其他国家之间发生战略冲突的情况下,我国也可以开展多种不针对第三国的国际安全合作。如当美俄在叙利亚问题上发生战略冲突时,我国强化了与俄罗斯的战略合作。③ 当马里发生内乱爆发冲突后,我国首次派出安全部队参与国际维和行动,加强了我国与联合国的合作。④

将全球性冲突增多转化为推进国际新秩序的动力。全球化进程不断加快,给世界各国带来的冲突也必然增加,新的贸易规则、减排规则、引渡规则、避税规则等,都会频繁引发各国之间的冲突。解决此类冲突需要大国提供领导和公共产品。借助我国在世界经济领域影响力不断上升的趋势,我国可在一些非军事冲突领域加大与相关国家的合作,推进

---

① 2000年,"西太平洋海军论坛"(Western Pacific Naval Symposium)制定了《海上无预警遭遇规则》(Code for Un-alerted Encounters at Sea),包括军舰、潜艇、民用船舶或海军航空器进行接触时所应遵循的安全措施、程序以及限制相互干扰、怀疑和促进沟通的方法等多方面内容。

② 这两类合作又可称为"积极安全合作"和"消极安全合作"。阎学通:《国际政治与中国》,北京大学出版社2005年版,第161页。

③ 2011年以来,中国和俄罗斯三次在安理会否决由西方国家提出的关于叙利亚问题的决议案。

④ 《中国20多年来首派安全部队,今赴非洲马里维和》,中国新闻网,2013年12月3日,http://news.xinhuanet.com/world/2013-12/03/c_118403997.htm。

国际规范的建立。例如，我国可在中国—东盟自贸区的基础上进一步推进地区经济一体化，深化我国与东盟国家的经济合作。当一些国家在网络安全和太空安全方面发生冲突时，我国可推动国际社会制定管控网络安全和太空安全的合作协议。在地区性冲突频发的情况下，我国可在周边的东北亚、东南亚、南亚和中亚等次区域推动区域化合作，并开展我国提倡的全球治理合作。

四、从维护战略机遇期转向创造战略机遇

战略机遇在于利用而非维护。国际战略机遇的有与无，取决于一国对国际环境和趋势的认识和利用能力，而非能否维护环境长期不变。冷战后，美国成为世界上唯一的超级大国，享受着占绝对优势的国际环境，但它也无法保持这种环境不发生改变。美国所面临的国际环境变化主要是我国的崛起，这是美国无法阻止的。这意味着任何一国都无法维持国际环境永久不变，都面临着如何利用不断变化的国际环境的问题。对所有国家来讲，全球化的内容基本上是相同的，但有的国家利用全球化发展了自己，有些国家却在全球化中被边缘化。2008年发生的世界经济危机对所有国家都有危害，然而会利用者则能够化"危"为"机"，不会利用者则只能深受其害。例如，德国利用这场危机提升了自己在欧洲的主导地位，而法国在欧洲的影响力却在这场危机中下降了。世界舆论普遍认为，中国是这一轮全球化的最大受益者。

国际战略机遇是不断出现的，关键在于能否利用起来。"战略机遇期"的字面含义是，机遇是外来的且时间有限。然而，客观上国际战略机遇是无固定期限的，并且各种机遇总是伴随着国际政治活动不断出现的。回顾新中国建立以来的历史，任何时期我国都有战略机遇。在20世纪50年代我国建国之初，我国利用朝鲜战争把中国从一个被西方蔑视的弱国打成了列强刮目相看的军事大国。然而，在50年代后期到70年代

第九章 道义现实主义的崛起战略

末期,我国错失了美苏争霸的良好战略机遇,连续开展"大跃进"、人民公社和"文化大革命"运动使国家陷入了贫困。历史经验表明,大国崛起靠的不是一个失不再来的"战略机遇期",而是靠自身化"危"为"机"的战略能力。有抓住机遇的能力,战略机遇就源源不断;没有这种能力,就永无战略机遇。① 新中国的历史告诉我们,极左思潮常常是抓不住战略机遇的主要原因之一。

民族复兴需要创造战略机遇。2001 年发生"9·11"事件后,美国相继发动了阿富汗战争和伊拉克战争,有人认为是恐怖主义将美国的战略重心吸引到了中东,所以我国的战略机遇期才得以延长。2014 年乌克兰危机发生后,一些人又希望这场危机将美国的战略重心吸引至欧洲,弱化美国的"亚太再平衡"战略。然而,奥巴马政府非常明确地表示,无论俄罗斯在乌克兰采取什么样的军事行动,美国都不会改变以对冲和防范中国为目的的"亚太再平衡"战略。② 如果只靠外部事件延长我国的"战略机遇期",我国就将处于被动地步,因为美国不将战略重心转移,我国就无法延长"战略机遇期",也就没有崛起的机遇了。实现民族复兴的任务要求我国主动创造战略机遇,这样才能把握国际战略机遇的主动权。③ 宣布"东海防空识别区"为我国争取到了关于制定防空识别区国际规范的发言权,这是一个成功创造战略机遇的例子。今后我国需要更多地为自己创造战略机遇,而不是守株待兔般地等待机遇。

---

① 越来越多的中国学者意识到,"战略机遇期"并非静态地存在,而是需要我们动态地把握。张宇燕指出:"任何机遇均来自于自身主动地创造或采取行动成功地化挑战为机遇。"张宇燕:《战略机遇期:外生与内生》,《世界经济与政治》2014 年第 1 期,卷首语。

② 夏晓阳:《美国亚太再平衡战略面临考验》,《文汇报》2014 年 4 月 6 日, http://news.xinhuanet.com/world/2014-04/06/c_126361431.htm。

③ 这一点也得到越来越多的中国学者的认同。邹加怡指出:"如果说过去我们对待战略机遇期的态度是'有条件要上',那么现在的态度就应该是'没有条件创造条件也要上'。未来的战略机遇期需要我们主动去营造。"邹加怡:《中国面临不一样的战略机遇期》,载张蕴岭、邵滨鸿主编:《中国发展战略机遇期的国际环境》,第 8 页。

五、从融入国际体系转向塑造国际环境

中国崛起速度越快,受到的国际体系压力越大。融入国际体系曾是我国长期的外交策略,但是随着实力规模的进一步扩大,我国的国际影响和海外利益的拓展会形成一定的反作用力。大国崛起困境是一个客观规律,它决定了随着崛起大国的实力不断上升,其面临的国际体系压力会不断增大。① 今后十年,世界上很多国家将不适应我国在更多领域中不断上升的影响力。例如,在我国接近成为世界第一大贸易国的几年中,面临的国际贸易诉讼案数量猛增。② 随着我国 GDP 总量跃居世界第二,我国面临的减少二氧化碳等温室气体排放的国际压力上升。随着我国政治影响力上升,国际社会对我国在国际争端中表态的期望值也在增加,"中国责任论"的压力日趋增大。随着我国海军力量上升,我国与周边国家的海洋权益争端增多。崛起大国实力增长与国际体系压力成正比的规律是客观存在且难以改变的,只有依据规律制定策略才能为民族复兴创造有利条件。

中国实力越强,影响国际环境的作用就越大。目前,我国影响国际环境的力量越来越强,这意味着我国所面临的国际环境的变化越来越取决于我国的政策和行为,我国已具备从正反两个方面影响国际环境的能力。因此,塑造国际环境的重要性就超过了适应国际环境的重要性。从正面讲,我国可通过自身政策的调整促进国际环境向有利于我国的方向发展。例如,加大国际贸易双边货币结算的政策,就有利于人民币走出

---

① 崛起困境是指崛起大国既要将不断增长的物质实力转化为体系影响力,又要有效缓解体系安全压力的两难局面。关于崛起困境的研究,参见孙学峰:《中国崛起困境:理论思考与战略选择》,社会科学文献出版社 2011 年版。

② 截至 2013 年 12 月,我国在 WTO 的起诉案件共计 12 起,被诉案件 19 起(按照 WTO 的统计为 31 件),中国还作为第三方参与了 103 起争端解决案件。陈雨松:《2013 年中国贸易摩擦形势严峻 中国积极参与 WTO 争端解决机制》,《法制日报》、法制网,2014 年 1 月 7 日,http://www.legaldaily.com.cn/bm/content/2014-01/07/content_5179297.htm?node=20738。

去，从而为人民币发展成为国际储备货币创造条件。开展和扩大与周边国家的安全合作，特别是组织大型联合军演，可以改变我国与周边国家的军事关系，增强周边国家的安全感，促使其从担心中国崛起向依靠中国崛起转变。我国到发达国家自费留学的人数快速增长，故此我国可将国家资助的留学和学术交流的重点由发达国家转向发展中国家，这不仅可以为我国培养迫切需要的发展中国家问题专家，而且可以扩大我国对发展中国家知识界的影响。[1]

融入国际体系与改造国际环境需要并行展开。塑造有利的国际环境包括改造不利国际环境的工作。对那些故意与我国对抗的国家，应力求挫败其政策，以儆效尤。邵缺说："叛而不讨，何以示威？服而不柔，何以示怀？非威非怀，何以示德？"[2] 实现民族复兴不仅要将我国建成世界上物质力量最强大的国家，而且还要树立国际威望。不能挫败敌对力量，会阻碍我国国际威望的树立。孤立安倍政权和阿基诺政权的目的不是孤立日本和菲律宾，而是促使这两国的民众认识到，与中国对抗的战略对他们是弊大于利。这将有助于这两国政权更迭后，新政府快速改善与我国的关系。中韩关系在李明博时期走向低迷，但朴槿惠执政后两国关系迅速升温，这个经验说明，双边关系短期恶化并非好事，但如果主动把握趋势，也具有激励下届执政者努力改善关系的作用。

六、从坚持不结盟转向建设命运共同体

国际格局的两超趋势使我国执行的不结盟政策难以为继。从历史上看，不结盟策略较为适合两极格局下的中小国家。自1982年以来，我国之所以能够长期执行该策略，其核心原因是我国长期不具备承担地区安

---

[1] 清华大学2012年启动了一项发展中国家研究博士项目，专门培养有志于从事发展中国家政治、经济和外交研究的青年学者。

[2] 《左传·桓公三年·周郑交质》。

全责任的能力。在冷战期间,中小国家利用不结盟策略周旋于美苏两个超级大国之间,最大限度地维护自身国家利益。这一战略的确适合我国当时的弱国地位。冷战后,国际格局转变为一极世界,不结盟策略的效力明显下降,不结盟运动的影响力也因此衰落。2008年的金融危机使美国的霸权地位相对弱化,中国崛起使两极化趋势凸显,不结盟运动重新开始活跃。2012年伊朗主办的第16届不结盟运动峰会有一百多个国家领导人出席,展现的活力可为例证。① 然而,今后十年,在国际格局两极化中,我国将不再具有冷战时期的弱国地位,继续实施不结盟策略不但无益,而且可能弊端丛生。今后,将是越来越多的国家以不结盟策略来应对中美两个超级大国的战略竞争。

两极化趋势还决定我国对结盟的需求不断上升。目前的大国实力对比发展趋势是有利于我国崛起的,但是大国战略关系却对我国不利。美国虽然处于物质实力增长缓慢的状况,但仍是世界上拥有最多盟友的国家,至少有五十多个盟友。相比之下,我国由于采取不结盟政策,因此没有一个严格意义上的盟友。缺乏盟友已经成为我国改善与周边国家关系时所面临的不利条件。奥巴马政府执政后采取了"巧实力"外交②,即扩大统一战线的策略,这使美国的大国战略合作关系得到了巩固和加强。③ 在此情况下,如果我国能就不结盟政策进行调整,增加战略合作者的数量,就能有效地塑造有利于崛起的国际环境。例如,如果我国与

---

① 朱小龙:《第16届不结盟运动首脑会议开幕》,新华网,2012年8月30日,http://news.xinhuanet.com/2012-08/30/c_112908319.htm。

② "巧实力"一词最早由苏珊尼·诺瑟于2004年提出。2007年,美国前副国务卿阿米蒂奇和小约瑟夫·奈共同发表了题为《巧实力战略》的研究报告,明确提出美国应运用"巧实力"进行对外战略转型,以恢复其国际影响力。Suzanne Nossel, "Smart Power," *Foreign Affairs*, March/April, 2004, pp. 131—142; Richard L. Armitage and Joseph S. Nye, Jr., *Commission on Smart Power: A Smarter, More Secure America*, Washington, D. C.: Report for Center for Strategic and International Studies, 2007, http://www.csis.org/media/csis/pubs/071106_csissmartpowerreport.pdf。

③ 参见唐彦林:《奥巴马政府"巧实力"外交政策评析》,《当代亚太》2010年第1期。

柬埔寨和老挝是盟友，美国就无法使2014年8月的东盟外长联合声明提及南海争端问题。①

大力推进与周边国家建设命运共同体的策略。由于"结盟"二字被贴上了"冷战思维"的标签，因此很多结盟的国家都采取口头否定、实际加强的同盟策略。例如，普京一方面对媒体讲"同盟体系已经过时"，另一方面却努力巩固以俄罗斯为首的集体安全组织。② 美国政界人士一方面警告中国搞结盟将导致冷战，另一方面却敦促奥巴马加强与东亚盟国的战略合作。为了适应这种变化趋势，我国应加快与周边国家的"命运共同体"建设。③ 我国应强调命运共同体与经济共同体的区别在于，前者是以军事合作为核心的全面战略合作，而后者是以经济合作为核心的经济一体化。为防止"命运共同体"因泛化而失去战略意义，命运共同体的建设应限定于有军事合作的国家之间。在"军事同盟"这个词汇不太适用的情况下，我国应创造性地开展军事共同体或政治共同体的建设。

七、从坚持平等互利转向推行公平正义

中国崛起为超级大国，意味着中国的综合国力远大于美国之外的其他国家，这将迫使我国的对外战略从以弱对强向以强对弱的方向转变。2013年我国提出的"有中国特色的大国外交"与原先提出的"大国外

---

① 杨讴等：《东盟外长发表声明对南海紧张局势"严重关切"》，《环球时报》2014年8月11日，http://world.huanqiu.com/exclusive/2014-08/5101218.html。

② 《普京：俄罗斯不会考虑与中国建立军事政治同盟》，人民网，2014年4月17日，http://world.huanqiu.com/article/2014-04/4974327.html。

③ 2013年10月3日，习近平主席在印尼国会演讲时首次提出"携手建设中国—东盟命运共同体"的倡议，强调要坚持讲信修睦、合作共赢、守望相助、心心相印、开放包容，使双方成为兴衰相伴、安危与共、同舟共济的好邻居、好朋友、好伙伴。《习近平在印尼国会发表演讲：携手建设中国—东盟命运共同体》，人民网，2014年4月17日，http://news.xinhuanet.com/2013-10/03/c_117591652.htm。

交"含义不同。① 孟子当年就意识到，大国建立国际秩序得靠仁义政策争取小国，而小国要保住生存就得小心对待大国。② 在无序的国际体系里，只有弱国无法获得与强国平等权力的问题，而不存在强国缺少与小国同样平等权力的现象。弱国要求平等互利，是因为其较弱的实力使它得不到平等的权利；强国坚持平等互利，实际上是要保证大国的获利大于小国的优势。为了适应中国崛起为超级大国的地位，中国应从强调平等互利向推行"公平正义"转变。这种转变不仅是中国实力地位上升的要求，而且也是建立王权国际新秩序的需要。

推行责任与权力相一致的国际规范原则。在任何时代，国家间都会有实力差距，因此国家根据实力大小享受不同的权力和承担不同的责任，这是有利于国际秩序稳定的。中国不宜采取美国的做法，即口头上宣传大小国家一律平等，而实际上却追求自身权力独大的国际地位。美国这种言行不一的政策使其被国际社会视为虚伪的霸权。

我国应推行"反向双重标准原则"，即越发达的国家越要执行比落后国家更严格的国际准则。例如，《京都议定书》中对发达国家和发展中国家提出的"有差别地控制二氧化碳排放标准"就属于这一类。中国不宜采取美国所推行的国际社会统一标准的原则。特别是在政治方面，反向双重标准原则比统一标准原则更有利于维护国际秩序的稳定。世界上有两百多个政治实体，其差别太大，统一标准只能加剧冲突而无助于减少摩擦。中国应提倡不同国家承担不同的国际安全责任，推行不同国家遵守不同的安全规范制度。西周五服体系之所以有助于维持国家间秩序，就是采取了反向双重标准规范。现代国际规范中，反向双重标准也

---

① Wang Yi, "Exploring the Path of Major-Country Diplomacy with Chinese Characters," *Foreign Affairs Journal*, Issue 109, Autumn 2013, pp. 10—23.

② 齐宣王问曰："交邻国有道乎？"孟子对曰："有。惟仁者为能以大事小，是故汤事葛，文王事昆夷；惟智者为能以小事大，故太王事獯鬻，勾践事吴。以大事小者，乐天者也；以小事大者，畏天者也。乐天者保天下，畏天者保其国。"(《孟子·梁惠王下》)

有成功的例子，如法国与西非国家签订的《洛美协议》。

推行"天下为一"的开放原则，即中国对全世界开放，世界各国对中国开放。自欧洲发明了现代民族国家之后，国家对边界的控制越来越严格，以至世界总体趋势不是融合为一，而是不断分裂。冷战后美国获得世界唯一超级大国地位后，不断加强其边界控制政策。"9·11"之后更是对外国人采取按指纹的入境管理制度。边界控制得越严，国家之间的猜疑就越严重，对立情绪就越大。中国应在全球推行旅行自由、居住自由和工作自由的原则。"人往高处走"具有一定的普遍性，越成功的国家越能吸引人才，因此我国在扩大开放的同时应推动有关开放规范的建设。

道义现实主义与理想主义的一个重要区别在于，前者是从国家利益的角度出发，后者是从抽象的人类利益角度出发。由于维护国家利益是现代国际政治中所提倡的道义，因此不考虑国家利益的理想主义策略是无法被决策者所实践的。道义现实主义的策略是从国家利益出发，特别是从崛起国的利益角度设计的，因此这些策略具有可行性。道义现实主义认为，由于不同国家之间的利益是相互冲突的，靠损害他国利益来实现本国利益的策略是难以持久的，因此提倡中国要使尽可能多的国家从中国崛起中受益，特别是安全受益。要实施这样的崛起战略，就需要王道的政治领导。

总　　结

> 大而不为者，复小；强而不治者，复弱；众而不治者，复寡；贵而无礼者，复贱；重而凌节者，复轻；富而骄肆者，复贫。
>
> ——《管子·霸言》

20世纪70年代，国际政治学者在国际体系分析层次发明了结构现实主义和新自由主义两种理论范式。这两种理论的巨大成功使得国际政治学界形成了一种错误认识，即认为只有在国际体系层次建构的理论才是科学的理论，在个人分析层次建立的理论都缺乏科学性。在国际体系层次建构的理论都是以非人的事物为自变量的，例如，结构现实主义是以实力结构为自变量的，新自由主义是以国际制度为自变量的。以非人的事物为自变量，这种研究方法的优点是控制了人的主观因素这个变量，提高了研究成果的客观性。然而，这种研究取向也使得国际政治的理论研究日益脱离了其本原的研究对象——决策者。国际政治是由决策者们的互动行为构成的，不研究决策者本身，而只研究其所处的外部环境，其理论必然局限于外部环境对决策者的影响，而无法解释为何不同的决策者在相同的环境下做出不同决策的行为。

近年来，部分国际政治学者重新从决策者的个人层次进行理论研究，国际政治心理学、新古典现实主义和道义现实主义都是这个层次的理论进步。自1992年以来,笔者在国际关系理论和外交战略两个方面做了一些研究,因此与国际关系理论家和战略家们都保持了长期的交流。战略研究人士批评理论家们忽视决策者个人作用的研究方法。曾于2009—2011年间担任美国常务副国务卿的斯坦伯格(James Steinberg)在他的著作中说:中美关系的"未来不是完全由两国的决策者不可控制的因素决定的,否则考虑政策选择就变得毫无意义了"①。曾在2009—2011年间担任美国国家安全委员会亚洲事务主任的贝德(Jeffrey Bader)对笔者说:"我实在不能理解理论家们怎么会把决策者看做没有自主性的物体!"自2004年开始研究先秦时期有关国家间关系的政治思想以来,笔者对于国际关系理论研究需要向决策者个人层次回归的意识日益强烈。目前,笔者意识到,"政治领导"重新成为现实主义理论的核心自变量之一,这实际上是理论回归个人层次分析的结果。

一、道义现实主义的理论问题

有关世界权力中心为何会发生转移的理论解释已经很多,其中"过度海外责任论"是影响较大的理论之一。20世纪40年代,美国新闻评论家李普曼(Walter Lippmann)提出,大国衰败是由于过度承担了海外责任。② 其后,这个观点对学界和政界都产生了很大的影响。20世纪80年代,耶鲁大学历史学家肯尼迪(Paul Kennedy)在其著作《大国的兴衰》中,以1500年后400多年的历史为依据论证了李普曼的这个观点,

---

① James Steinberg and Michael E. O'Hanlon, *Strategic Reassurance and Resolve: U. S. -China Relations in the Twenty-First Century*, Princeton: Princeton University Press, 2014, p. 3.

② Walter Lippmann, *U. S. Foreign Policy: Shield of the Republic*, Boston: Little Brown & Company, 1943, pp. 7—10.

此后这个观点成为学界和政界的一种主流看法。① 肯尼迪指出，史学家们普遍认为"帝国的过度扩张"（imperial overstretch）是大国衰败的原因，并预测美国的过度扩张将使其在 21 世纪面临着和当年西班牙、法国和英国相同的衰败危险。②

"过度海外责任论"虽然能解释美国在 21 世纪出现的相对衰落现象，但这个理论的缺陷是不能解释什么样的大国能在 21 世纪崛起为新的世界主导国。也就是说，过度海外扩张可以成为霸权衰败的原因，但不进行过度海外扩张的国家并不必然就能崛起为新兴主导国。进入 21 世纪后，学界和政界人士普遍认为，中国的崛起将是 21 世纪最大的国际政治事件。一些人认为中国有可能取代美国成为世界主导国。面对中国崛起的现实，国际关系理论界需要创建一种既能解释美国的相对衰败也能解释中国崛起的理论。长期以来，权力转移理论研究的核心问题有两个：一是霸权为何衰落，二是如何才能维护霸权的持续。自 2000 年到清华大学任教之后，我与一些博士生从相反的方向研究权力转移的理论问题，即"崛起国为何能成功取代霸权国"。由于我们从反向研究世界中心为何转移这个理论问题，于是第一步的研究成果是关于崛起战略的，而后逐渐积累成了道义现实主义理论。③

现实主义理论的不同流派都认为，大国综合实力对比的改变是世界权力转移的原因。然而，道义现实主义理论并不满足于这样的解释，而是提出了进一步深化这个解释的问题，即在综合国力的多项要素中，哪个要素起决定性作用？长期以来，许多国际关系理论将物质力量视为综

---

① Paul Kennedy, *The Rise and Fall of The Great Powers: Economic Change and Military Conflict from 1500 to 2000*, New York: Random House, 1987.

② Ibid., pp. 515—535.

③ 参见阎学通、孙学峰：《中国崛起及其战略》; Yan Xuetong, "The Rise of China and Its Power Status", *The Chinese Journal of International Politics*, Vol. 1, No. 1, Summer 2006; Yan Xuetong, "Xun Zi's Thought on International Politics and Their Implications", *The Chinese Journal of International Politics*, Vol. 2, No. 1, Summer 2008; Yan Xuetong, ed., *Ancient Chinese Thought, Modern Chinese Power*。

合国力的根本。"过度海外责任论"也是从物质实力满足不了扩张需求的角度解释霸权衰落的。从20世纪80年代末起,将"物质实力"狭隘化为"经济实力"的观念出现,于是把经济实力视为综合国力的基础。[①] 这种观点在中国成为主流认识,甚至进入了中学的课堂,成为学生考试的标准答案。[②] 道义现实主义理论质疑这种"经济决定论"的综合国力观。从逻辑上讲,崛起国是从经济实力弱于体系主导国时开始崛起的,而崛起国是无法靠这个弱于体系主导国的经济实力实现赶超主导国的。如果说崛起国是靠缩小与体系主导国的经济实力差距实现崛起的,那么又是什么力量使崛起国能缩小与主导国经济实力的差距呢?基于这样的问题,道义现实主义寻找到了改变崛起国与体系主导国综合国力差距的实力要素,即政治领导力。

道义现实主义并不满足于回答国际格局是如何转变的,而是在研究大国综合实力对比变化的同时,考察了国际规范的演化和国际体系的转变。冷战后的国际政治现实表明,虽然两极格局在冷战后转变为一极格局,但国际体系却没有发生改变。为什么冷战后国际格局的改变未能导致国际体系的改变?这成为道义现实主义研究的另一个重要理论问题。与此相联系的理论问题是,在什么条件下国际格局的转变会导致国际体系的变化?国家行为体、国际格局和国际规范这三个国际体系要素与国际体系类型转变的关系是什么?国际体系的转变与崛起国的政治领导性质是否相关?

针对上述这些与世界权力转移相关的理论问题,道义现实主义意识

[①] 张伯里:《论综合国力》,《世界经济与政治》1989年第12期,第52页。

[②] 龚洪培:《马克思主义若干理论问题在高考中的运用(二)经济基础与上层建筑》,《中学历史教学研究》1996年第3期,第19页;侯涧平:《经济基础和上层建筑理论的运用和迁移》,《中学历史教学研究》1997年第3期,第16—17页;王伦:《谈"政治常识"的高考复习》,《考试》1997年第3期,第29—31页;陈明本、刘波:《中学政治常识在高考历史中的应用》,《历史教学》1998年第11期,第33—34页;杨先侠:《基于时事政治的高中政治教学研究》,《考试周刊》2014年第77期,第113页。

到，对所有这些问题的理论解释必须保持逻辑上的一致性，才能建构出合理的理论体系。从方法论的角度讲，解释力强的理论应能同时解释正向和反向的案例。也就是说，一个解释力强的权力转移理论，应能同时解释霸权的延续或衰败，以及新兴大国崛起的成功或夭折。为此，道义现实主义采取用"政治领导"这个自变量来解释霸权国的衰败和崛起国的成功。具体而言，道义现实主义理论的核心变量是政治领导，这个变量既决定崛起国的成败，也决定霸权国是否衰败。崛起国与霸权国的权力地位是否转换，取决于两国政治领导力的相对差别。崛起国的政治领导力强于霸权国，则崛起成功，反之则霸权国能维持其世界主导地位不变，甚至进一步提高。正如管子所归结的："夫国大而政小者，国从其政；国小而政大者，国益大。"① 此话言简意赅，解释力极强，故成为道义现实主义的核心理念。

二、政治领导的作用

虽然道义现实主义是个人分析层次的理论，但这并不意味该理论忽视组织和体系两个层次因素对大国行为的影响。道义现实主义理论是二元论的理论，认为一国的实力地位和政治领导类型同时影响着体系大国的战略行为。体系大国是指在一个特定的国际体系内对国际体系具有重大影响力的国家。能否具备对国际体系形成重大影响的实力地位，取决于一国在体系内的相对综合国力，这意味着道义现实主义理论所研究的大国是一个在国际体系内物质实力位居前列的国家。

道义现实主义认为，一国在国际体系内的实力地位决定了其国家利益，只有实力地位居于前几位的大国才具有维持或改造国际体系的利益。例如，冷战时期，美国和苏联都将争夺国际体系主导权视为首要的战略利益，但冷战后，美国因获得了世界唯一超级大国的地位，其战略利益

---

① 《管子·霸言》。

演化为维持美国主导的单极格局,而苏联解体后的继承者俄罗斯,则不再把争夺世界主导权视为其战略利益了,转向以维持其在周边地区的主导权为首要战略利益。

无论是主导国还是崛起国,其国家战略利益都受到国际格局的约束。在不同的国际格局中,世界大国的战略利益是不同的。在单极格局中,主导国的战略利益是维持其绝对主导地位;在两极格局中,其战略利益是扩大主导权;而在多极格局中,其战略利益只能是争取大于其他大国的主导权。同理,崛起国在单极格局中的战略利益是争取缩小与主导国的权力差距,在两极格局中是争取与主导国相等的权力,而在多极格局中则是争取比其他大国更大的权力。在不同的历史时代,国际主导权的具体内容是不同的,因此,不同时代大国权力之争的内容和形式都会有所不同。

道义现实主义先以实力地位确定国家的战略利益,之后才分析政治领导类型对于国家战略取向的影响,因此政治领导成了该理论的核心自变量。既然将政治领导视为自变量,就需要对政治领导的类型进行分类,即确定变量值。这就需要确定一个划分类别的统一标准。受荀子政治思想的影响,在国际体系层面,道义现实主义理论将"道义"作为划分政治领导类型的标准,把体系主导者的类型分成"王、霸、强"三类。[①]

在决策者个人层面,借鉴从道义角度划分政治领导类型的原则,结合对政治领导的现代认识,将其划分为无为、守成、进取和争斗四种类型。[②] 这四种类型的政治领导的道义区别同时体现在国际政治和国内政治两个层面。具体区别如下:

(1) 无为型领导在国际事务上采取规避争端、多一事不如少一事的

[①] 《荀子·王制》。

[②] 阎学通:《道义现实主义的国际关系理论》,《国际问题研究》2014年第5期,第119—122页。

原则，在国内治理方面则不愿冒政治风险进行社会改革以兴利除弊；

（2）守成型领导在国际上注重经济利益但缺乏维护正义的动力，在国内也是只追求积累财富，而无意反腐和抑制两极分化；

（3）进取型领导在国际上重视国际战略信誉并努力建立公平正义的国际规范，在国内则主动进行社会改革，以建立民富国强的公平正义社会；

（4）争斗型领导在国际上以暴力争夺或维持其国际权力，在国内则违背民意一意孤行。

政治领导类型作为自变量影响国家的战略取向，但这并不意味某种战略取向必然成功或某种战略取向必然失败。道义现实主义认为，大国战略能否实现其目标，不完全取决于该国实施其战略的能力，同时也受到他国应对战略的影响。在国际政治中，国家间的战略行为是互动的，因此一国战略的成败也是互动的结果。[①] 影响战略竞争结果的不仅是他国的战略，还包括实力对比、时代特殊性、特定技术条件等众多因素，因此战略取向仅是战略成败的原因之一，而非全部。故此，道义现实主义理论认为，一国的战略取向对于国际格局、国际规范及国际体系的影响将取决于该国战略的成败。成败两种不同结果所产生的影响是不同的。从崛起国的角度讲，其战略失败意味着没有获得主导权，因而也不能改变国际格局、国际规范以及国际体系。道义现实主义理论是从获得主导权的角度解释政治领导类型对于国际格局、国际规范及国际体系转变的影响。现行主导国的战略取向具有维护体系持续的作用，而成功崛起的大国，其战略取向则关系到体系类型是否改变。

[①] 阎学通：《道义现实主义的国际关系理论》，《国际问题研究》2014年第5期，第119—122页。

三、道义与国际格局的转变

作为现实主义的一个流派，道义现实主义是从综合实力的角度去理解道义的作用。道义现实主义理论认为，主导国和崛起国的道义取向对于改变大国实力对比和国际格局转变有影响。首先，政治领导的道义取向影响大国的国际政治动员能力。当一国的政策主张被国际社会认为是符合时代道义的，该国将具有较强的国际政治动员能力，因此可争取到较多的国际支持，即人们常说的"得道多助，失道寡助"。国际支持并不仅限于政治方面，还包括军事和经济方面的物质支持。这些国际支持可从正向增强该国的相对实力。① 例如，在1990年的海湾战争中，美国得到了二十多个国家的军事支持，有效增强了美军在战场上的优势。②

从合法性角度讲，讲道义的对外政策行为具有较强的国际合法性，而合法性有助于减少敌对势力，这从反向增强了大国的相对实力。相反，如果一个大国的行为缺乏道义，其政策行为遭到许多国家的反对，这就会降低该国的相对实力。例如，美国对古巴的制裁政策缺乏道义性，在联合国内长期面临着国际批评，这严重削弱了美国在南美的影响力。2013年10月，联合国大会以绝对优势通过投票，连续第22年对美国经济封锁古巴的行为进行谴责。联合国成员中188个成员国投票支持大会决议，3国弃权，仅美国和以色列投了反对票。③

国际格局由大国实力对比和大国战略关系两个要素构成，这决定了改变国际格局的两个基本路径是增强本国综合实力和扩大国际战略联盟。从扩大战略联盟的角度讲，当崛起国通过实施道义政策建立起比主导国

---

① 阎学通：《道义现实主义的国际关系理论》，《国际问题研究》2014年第5期，第109—110页。
② 《世界知识年鉴1991/1992》，世界知识出版社1992年版，第2页。
③ 乌元春：《联合国大会连续22年谴责美国对古巴禁运》，环球网，2013年10月30日，http://world.huanqiu.com/exclusive/2013-10/4509035.html。

更为强大的战略合作同盟时，崛起国则可在自身综合实力弱于现行主导国的情况下改变国际格局。① 荀子所说的"义立而王"和孟子所说的"以德行仁者王，王不待大"就是这个道理。② （不过，他们过度忽视了物质实力在获取国际领导权中的作用，这是不可取的。）1945 年联合国成立后，形成了禁止吞并他国的国际规范，这使得扩大战略集团成为获得国际主导权的唯一合法外交战略。不仅在冷战时期美苏两个超级大国分别组建了北约和华约，中国在 21 世纪的崛起也得靠建立战略关系网。

为了避免出现荀子和孟子过分强调道义而忽视实力在获得国际主导权中的作用的缺点，道义现实主义特别指出，实施道义政策是以物质实力为基础的，即采取道义原则对于大国的作用和对于中小国家的作用是不同的。③ 在现实国际政治中，我们可以发现，大国愿意向国际社会提供公共产品而中小国家不愿意。20 世纪 90 年代，面对中国实力很弱的现实，邓小平提出"不当头"的韬光养晦外交原则。于是国际社会曾一度认为中国是一个"不负责任"的国家。当中国的经济实力达到世界第二时，中国政府在第二届世界和平论坛上首次提出要为世界提供公共产品。④ 在 2014 年举办亚太经合组织（APEC）论坛期间，中国领导人又亲自讲："随着综合国力上升，中国有能力、有意愿向亚太和全球提供更多公共产品。"⑤

作为现实主义理论，道义现实主义认为，大国为国际社会提供公共

---

① 阎学通：《道义现实主义的国际关系理论》，《国际问题研究》2014 年第 5 期，第 116—118 页。
② 《荀子·王制》《孟子·公孙丑上》。
③ 阎学通：《道义现实主义的国际关系理论》，《国际问题研究》2014 年第 5 期，第 126 页。
④ Wang Yi, "Exploring the Path of Major-Country Diplomacy with Chinese Characteristics," *Foreign Affairs Journal*, the 109th Issue, Autumn 2013, pp. 14—15.
⑤ 《习近平在 APEC 工商领导人峰会发表主旨演讲（全文）》，人民网，2014 年 11 月 9 日，http://finance.sina.com.cn/world/gjjj/20141109/102620769480.shtml。

产品是一种讲道义的行为，但是这种行为依然要以实力和利益为基础。[①] 从利益的角度讲，为国际社会提供公共产品的政策不能有害于大国本身，这是必要的前提，只有在利大于弊的条件下，大国才会更愿意主动采取这种道义的政策。从实力角度讲，大国需要有提供公共产品的物质能力。

四、道义与国际规范的演化

道义现实主义理论认为，除了少数例外现象，绝大多数的国际规范都是通过主导国提倡和践行自上而下形成的。不仅现代的主流国际规范理论持这种看法，而且中国古代的思想家也是这样认识的。例如，墨子就认为，虽然先天的人性是只爱自己不爱别人，但通过自上而下的建构，是可以塑造出兼爱的偏好的。他引证了"晋文公好恶衣，群臣祥羊之裘""楚王好细腰，宫中多饿死""越王好士之勇，士闻鼓而蹈火"三个故事来证明这个道理。[②] 借鉴了社会规范自上而下建构的原理，道义现实主义认为，新兴大国在成功崛起的过程中，不仅有能力改变国际格局，而且有能力改变国际规范。崛起国改变国际规范的能力源于其实力地位的上升，而改变国际规范的意愿则取决于其政治性质，即政治领导的道义取向决定国际常规原则。当崛起国的道义取向与主导国的相同时，即使崛起国取代了主导国的国际地位，原有的国际规范将继续维持而不会被改变。例如，第一次世界大战之后，世界大国之间的实力地位发生了变化，但是大国的帝国主义性质并没有发生变化，相同的道义取向使一战后的世界大国继续维持了一战前的国际规范。[③]

道义现实主义认为，主导国的类别直接关系到国际规范的类别。以道义取向为标准，主导国可划分为王权、霸权和强权三类国家，它们的

[①] 阎学通：《道义现实主义的国际关系理论》，《国际问题研究》2014年第5期，第113—114页。

[②] 《墨子·兼爱中第十五》。

[③] 王绳祖主编：《国际关系史》第四卷，第91—93页。

不同道义取向直接影响其所提倡和践行的国际规范。道义现实主义理论认为，这三类国家的对外行为原则分别是规范原则、双重标准原则和实力原则。当体系主导国是王权国家时，其对外行为会促使公平正义的国际规范的形成；如果是霸权国家，其对外行为会促成双重标准的国际规范，即道义原则适用于盟友之间，而实力原则适用于非盟友之间；如果是强权国，其对外行为会促成弱肉强食的丛林规范。① 例如，第二次世界大战前的国际规范是丛林法的实力原则，这些规范主要是由欧洲帝国主义列强促成；而二战后形成的国际规范是典型的双重标准原则，这种规范与美苏两国的霸权性质相关。

　　与建构主义理论不同，道义现实主义认为国际规范的变化是随机的而非线性的。建构主义理论认为国际规范的演化方向是线性的，即从敌对者的"霍布斯文化"向竞争者的"洛克文化"演化，而后再向朋友关系的"康德文化"演化，这种演化进程不会发生逆转。② 道义现实主义则认为，如果主导国是推动国际规范变化的最主要力量，并且主导国的道义类型变化又是随机的，那么主导国的道义类型变化的随机性和国际规范的线性演化就形成了内在矛盾。道义现实主义认为，如果接受国际规范是由主导国自上而下建构的，那么主导国的道义类型的随机变化必将导致国际规范演化方向的随机性。③ 如果仅观察一战之后的历史，国际规范的演化显现出线性特点；但如果从人类4000年文明史的长度进行观察，我们就会看到不同历史时代的国际规范的变化方向是随机的。例如，从春秋时期到战国时期，华夏地区的国家间规范就是从争霸规范向

---

① Yan Xuetong, "International Leadership and Norm Evolution," *Chinese Journal of International Politics*, Vol. 4, No. 3, pp. 237—241.

② Alexander Wendt, *Social Theory of International Politics*, pp. 249—251.

③ Yan Xuetong, "International Leadership and Norm Evolution," *Chinese Journal of International Politics*, Vol. 4, No. 3, pp. 247—249.

兼并规范转变的。① 用建构主义的语汇来描述，就是从竞争文化转变为敌对文化。

在主导国自上而下建构国际规范的路径问题上，道义现实主义同意现有国际规范理论的观点，即奖惩是主导国建立新国际规范的重要路径。有关主导国如何通过奖惩两条路径推行新规范的理论已经非常成熟，但是这些理论忽视了主导国自身行为在国际规范演化中的样板作用。道义现实主义理论也认为，主导国的样板作用是奖惩之外的第三条路径。② 主导国的样板作用在推动建立新国际规范中的原理与奖惩路径不同。奖惩是主导国通过影响中小国家的收益促使其遵守新国际规范的行为，而样板作用则是中小国家主动效仿主导国的行为。对于前者，中小国家是被动行为；对于后者，中小国家是主动行为。主导国的样板行为被中小国家效仿的机制，从正面讲是"见贤思齐"，从反面讲是"东施效颦"。主导国的强大使中小国家误认为主导国的行为原则是其国强的原因，故此它们会盲目地效仿主导国的行为原则。主导国的行为讲道义或不讲道义，都会被中小国家效仿。这即是所谓"小国之事大国也，德，则其人也；不德，则其鹿也"③。

五、国际体系的类型转变

国际体系的核心要素是国际行为体、国际格局和国际规范，因此道义现实主义理论认为，至少其中的两个要素改变时，国际体系才会发生类型的变化。长期以来，国际关系理论界和国际关系史学界都缺乏国际体系的分类标准。例如，欧洲维也纳体系和一战后的凡尔赛体系，长期

---

① 杨宽：《战国史》，上海人民出版社2003年版，第1—2页。

② Yan Xuetong, "International Leadership and Norm Evolution," *Chinese Journal of International Politics*, Vol. 4, No. 3, pp. 242.

③ 《左传·文公十七年》。

被视为两个不同类型的国际体系。① 然而，这两个体系只不过是地域范围的大小不同，并无性质差别。前者是欧洲的地区性国际体系，后者是全球性的国际体系。两者都是以民族国家为主要行为体，都是多极格局，都是丛林法性质的国际规范。冷战结束后，一些人误将国际格局从两极向一极的转变理解为国际体系的转变。② 之所以出现这种错误认识，是因为学界缺乏关于国际体系类型的划分标准。道义现实主义理论虽然没有提出划分国际体系类别的具体标准，但是提出了划分的基本原则，即认为在国际体系的三个要素中，至少有两个要素发生类型变化，国际体系才有类型之别。③

根据对历史的观察，自人类创建国家这种政治组织以来，国家类型变化的频率明显低于国际格局和国际规范的类型变化，而国际规范的类型变化频率又低于国际格局类型的变化。由于国家类型的变化是较少发生的，因此，道义现实主义认为，在多数情况下，是国际格局和国际规范两者的类型转变导致国际体系类型的转变。第二次世界大战之后的国际体系变化是个典型的例子，即国际格局由多极变为两极，国际规范由实力原则转向双重标准原则。冷战后则相反，美国成为唯一的超级大国，冷战时期的两极格局转变为一极格局，但美国却没有改变冷战时期形成的双重标准国际规范，国际体系类别没有发生改变。

道义现实主义理论认为，中国在21世纪的崛起必然改变世界格局，即改变冷战后由美国主导的单极格局，但是中国崛起能否带来国际规范的改变，还取决于中国是否有这样的政治意愿。中国的传统政治文化中

---

① 唐永胜、李冬伟：《国际体系变迁与中国国家安全战略筹划》，《世界经济与政治》2014年第12期，第28页。

② 林利民：《G20崛起是国际体系转型的起点》，《现代国际关系》2009年第11期；刘鸣等：《转型中的国际体系：中国与各主要力量的关系》，《国际问题研究》2008年第4期。

③ Yan Xuetong, "The Shift of the World Center and Its Impact on the Change of the International System," *East Asia: An International Quarterly*, Vol. 30, No. 3, Sep. 2013, pp. 225—230.

有王道思想，这与美国的基督教文化类型不同，这为中国崛起后建立王道国际规范奠定了思想条件。① 自 2012 年中国领导集体改变以后，中国政府对其外交政策进行了重大调整，从韬光养晦转向奋发有为，从弱国外交转向大国外交，并提出了对周边国家的"亲、诚、惠、容"外交理念。中国领导人说："要坚持睦邻友好，守望相助；讲平等，重感情；常见面，多走动，多做得人心、暖人心的事，使周边国家对我们更友善、更亲近、更认同、更支持，增强亲和力、感召力、影响力。要诚心诚意对待周边国家，争取更多朋友和伙伴。要本着互惠互利的原则同周边国家开展合作，编织更加紧密的共同利益网络，把双方利益融合提升到更高水平，让周边国家得益于我国发展，使我国也从周边国家共同发展中获得裨益和助力。要倡导包容的思想，强调亚太之大容得下大家共同发展，以更加开放的胸襟和更加积极的态度促进地区合作。"② 中国的新外交理念体现了王道思想，这有助于建立王道的国际规范，但是这种思想能在多大程度上付诸实践还需要历史检验。

建构主义将国际规范视为国际体系的社会结构，并认为社会结构对国际体系性质的作用大于实力结构。③ 与建构主义不同，道义现实主义认为国际规范和国际格局这两个要素何者对国际体系的类型影响更大需要实证研究才能判断。道义现实主义仅论证主导国和崛起国的政治领导类型与国际规范类型转变相关，国际规范类型与国际体系类型转变相关，但不敢做出国际规范类型决定国际体系类型的判断。

---

① Yan Xuetong, "The Shift of the World Center and Its Impact on the Change of the International System," *East Asia: An International Quarterly*, Vol. 30, No. 3, Sep. 2013, p. 233.
② 《习近平在周边外交工作座谈会上发表重要讲话》，《人民日报》2013 年 10 月 26 日，第 1 版。
③ Alexander Wendt, *Social Theory of International Politics*, pp. 249—250.

六、不断创新的崛起战略

鉴于道义现实主义是一种政治决定论的理论,它对于中国崛起战略的思考也是从政治角度出发的。中国先秦思想家们普遍认为治理家庭、国家和天下的原理是相同的,因此他们的治理政策几乎都是内政外交混为一体的。道义现实主义理论认为,在全球化不断深入的时代,崛起国的崛起战略也需要内外战略合为一体,不能采取内外有别的两种战略。崛起国要建立新的国际规范,就不可避免地要在内政外交两个领域实践相同的规范。为此,道义现实主义为中国建议的崛起战略是一种内外合一的战略。道义现实主义还认为,所有成功的崛起战略都是随着环境变化而不断变革的战略,因此只有能够持续推动并领导改革的政治家才能制定出成功的战略。① 故此,道义现实主义建议的中国崛起战略,也是一个不断改革的战略。

在总体战略方面,道义现实主义突出了王道的政治理念。第一,中国应确立王权的战略目标,即以实现民族复兴为国家的最高目标,而非发展经济或增加物质财富。民族复兴是要建立一个令世界羡慕的社会和赢得国际尊严,这需要提高综合国力才能实现。② 第二,中国应提倡和践行公平、正义、文明的价值观,这是建立国内和谐社会和王道国际规范的价值观。③ 第三,中国应坚持民富国强的政治路线。现代社会先进性的一个重要标志是有较好的社会福利,因此在快速增强国力和提高普通民众基本生活水平之间保持平衡是一个重要原则。第四,中国要建立开放式的人才选拔机制。在全球化时代,中国的崛起需要从世界范围内选择有创新能力的人才,特别是有创新能力的领导人才。世界上有创新

---

① Yan Xuetong, ed., *Ancient Chinese Thought, Modern Chinese Power*, pp. 141—143.
② Ibid., pp. 99—100.
③ Yan Xuetong, "New Values for New International Norms," *China International Studies*, January/February 2013, pp. 19—28.

能力的人并不缺少,关键是如何及时淘汰不称职的人员,将职位让给更贤能的人。① 第五,中国需要不断地改革贤能领导的遴选制度。决定中国崛起能否成功的最关键因素是国家政治领导的改革能力,前四项能否做到关键取决于国家的政治领导类型。故此,在中央政府定期换届的规则下,只有不断将那些除了民族使命而无他欲的改革家选入最高领导层,才能保持中国崛起的势头持续不断。

在国际战略方面,道义现实主义强调发挥主观能动性的理念。在相同的环境下,不同的国际战略所产生的结果是不同的,这意味着主动有所作为与消极等待的结果将是不一样的。中国崛起的成功只能是人为努力的结果,而绝不会是外来运气的结果。中国对外战略已经实现从韬光养晦向奋发有为的转变。奋发有为是根据自身实力发挥主观能动性,这不同于超越自身实力的大跃进式的海外过度扩张。在量力而为的基础上,中国需要明确下述基本原则。②

第一,中国外交应从回避冲突转向直面冲突。中国越接近实现民族复兴的成功,所面临的外部困难就越大,因此中国只有克服困难才能实现最终崛起,回避矛盾是无法实现民族复兴的。第二,中国应从维护"战略机遇期"转向创造战略机遇。战略机遇的有无,是相对于有无运用国际环境的能力而言的,只有能把困难环境转化为有利条件的国家才会有机遇。中国民族复兴的机遇只能靠中国政府自己创造。第三,中国应从融入国际体系转向塑造国际环境。随着中国实力地位的提高,中国与其他大国的结构性矛盾也将深化,因此中国需要不断地塑造有利于民族复兴的外部环境。第四,中国应从坚持不结盟转向建设命运共同体。中国的民族复兴需要大规模地扩大国际友好关系,争取最多的国际支持。

---

① Yan Xuetong, ed., *Ancient Chinese Thought, Modern Chinese Power*, pp. 67, 102—104.
② 清华大学当代国际关系研究院中国外交改革课题组:《打造中国外交改革创新的机制》,《国际政治科学》2014 年第 4 期,第 50—57 页。

命运共同体与经济共同体的本质区别是前者包括军事安全合作而后者不包括，因此建立命运共同体是扩大安全合作的重要路径。第五，中国应从坚持平等互利转向推行公平正义。未来十年中国将成为一个超级大国，要广泛建立友好关系，就需要采取孟子所说的"以大事小以仁"的原则①，不与中小国家计较物质利益，这是王道战略的基本原则。

笔者认为，只有在实践中行得通的理论才是好的理论。故此，在创建道义现实主义理论的过程中，笔者坚持了理论研究与现实政治相结合的原则。在梳理先秦政治思想、将这些思想现代化以及建构新理论的三个阶段，都注重将古代政治思想与现代国际政治相联系。这种联系包括理论解释和战略创新两个方面。理论上是借鉴先秦政治思想建构能解释现代国际关系现象的新理论，战略上是将新理论应用于创建新的崛起战略。道义现实主义理论是否比其他现实主义流派有更强的解释力，这将由学界同仁们来评判；而检验道义现实主义的崛起战略是否有效，则取决于采纳这些战略建议的大国能否成功。

---

① 《孟子·梁惠王下》。

附录

先秦诸子有关国家间政治的警句

1. 国家性质、构成与利益

国者，天下之利用也；人主者，天下之利势也。

《荀子·王霸》

诸侯之宝三：土地、人民、政事。

《孟子·尽心下》

利不可两，忠不可兼。不去小利，则大利不得；不去小忠，则大忠不至。故小利，大利之残也；小忠，大忠之贼也。圣人去小取大。

《吕氏春秋·慎大览·权勋》

利出于群也，君道立也。

《吕氏春秋·恃君览·恃君》

2. 道义与政治实力

夫国大而政小者，国从其政；国小而政大者，国益大。

《管子·霸言》

三代之得天下也以仁，其失天下也以不仁，国之所以废兴存亡者亦然。

《孟子·离娄上》

无德而强争诸侯，何以和众？

《左传·宣公十二年·楚庄王言勿筑京观》

欲富国者，务广其地；欲强兵者，务富其民；欲王者，务博其德。三资者备，而王随之矣。

《战国策·秦策一·司马错论伐蜀》

为天下及国，莫如以德，莫如行义。以德以义，不赏而民劝，不罚而邪止。

《吕氏春秋·离俗览·上德》

3. 对外战略与国家兴亡

王、霸、安存、危殆、灭亡，制与在我，亡乎人。

善择者制人，不善择者人制之。善择之者王，不善择之者亡。

《荀子·王制》

故用国者，义立而王，信立而霸，权谋立而亡。

故道王者之法，与王者之人为之，则亦王；道霸者之法，与霸者之人为之，则亦霸；道亡国之法，与亡国之人为之，则亦亡。

粹而王，驳而霸，无一焉而亡。

《荀子·王霸》

将以求富而丧其国，将以求利而危其身。古有万国，今有十数焉，是无它故焉，其所以失之一也。

《荀子·富国》

夫国非忠不立，非信不固。

《国语·晋语二·宫之奇知虞将亡》

安民之本，在于择交，择交而得则民安，择交不得则民终身不得安。

《战国策·赵策二·苏秦从燕之赵》

以大事小者，乐天者也；以小事大者，畏天者也。乐天者保天下，畏天者保其国。

《孟子·梁惠王下》

治强不可责于外，内政之有也。今不行法术于内，而事智于外，则不至于治强矣。

《韩非子·五蠹》

夫国之所以不可恃者多，其变不可胜数也。

《战国策·魏策四·八年谓魏王》

故国乱非独乱也，又必召寇。独乱未必亡也，召寇则无以存矣。

《吕氏春秋·有始览·应同》

凡治乱存亡，安危强弱，必有其遇，然后可成，各一则不设。

《吕氏春秋·孝行览·长攻》

故治乱存亡，其始若秋毫，察其秋毫，则大物不过矣。

凡持国，太上知始，其次知终，其次知中。三者不能，国必危，身必穷。

《吕氏春秋·先识览·察微》

4. 国际主导权与转移

君人者有道，霸王者有时。国修而邻国无道，霸王之资也。

夫先王所以王者，资邻国之举不当也。举而不当，此邻敌之所以得意也。

夫欲用天下之权者，必先布德诸侯。

得天下之众者王，得其半者霸。

《管子·霸言》

将欲取天下而为之，吾见其不得已。天下神器，不可为也，不可执也。为者败之，执者失之。

《老子·第二十九章》

今若有能以义名立于天下，以德求诸侯者，天下之服可立而待也。

《墨子·非攻下》

王夺之人，霸夺之与，强夺之地。夺之人者臣诸侯，夺之与者友诸侯，夺之地者敌诸侯。臣诸侯者王，友诸侯者霸，敌诸侯者危。

《荀子·王制》

天下归之谓之王，天下去之谓之亡。

故可以有夺人国，不可以有夺人天下；可以有窃国，不可以有窃天下也。

有擅国，无擅天下，古今一也。

《荀子·正论》

保民而王，莫之能御也。

《孟子·梁惠王上》

以力假仁者霸，霸必有大国；以德行仁者王，王不待大。

《孟子·公孙丑上》

不仁而得国者，有之矣；不仁而得天下者，未之有也。

《孟子·尽心下》

虽古五帝、三王、五伯，明主贤君，常欲坐而致之，其势不能，故以战续之。

今欲并天下，凌万乘，诎敌国，制海内，子元元，臣诸侯，非兵不可！

《战国策·秦策一·苏秦始将连横》

王也者，势也；王也者，势无敌也。势有敌则王者废矣。

《吕氏春秋·审分览·慎势》

强大未必王也，而王必强大。

《吕氏春秋·慎行论·壹行》

5. 国际冲突原因

当察乱何自起？起不相爱。

《墨子·兼爱上》

夫两贵之不能相事，两贱之不能相使，是天数也。势位齐而欲恶同，物不能澹则必争，争则必乱，乱则穷矣。

故人生不能无群，群而无分则争，争则乱，乱则离，离则弱，弱则不能胜物。

《荀子·王制》

欲恶同物，欲多而物寡，寡则必争矣。

夫不足非天下之公患也。

天下之公患，乱伤之也。

《荀子·富国》

是以人民众而货财寡，事力劳而供养薄，故民争，虽倍赏累罚而不免于乱。

《韩非子·五蠹》

凡兵之所起者有五：一曰争名，二曰争利，三曰积恶，四曰内乱，五曰因饥。

《吴子·图国》

天下无诛伐，则诸侯之相暴也立见。

《吕氏春秋·孟秋纪·荡兵》

6. 战争与和平

擅破一国，强在后世者王。擅破一国，强在邻国者亡。

《管子·霸言》

诸侯相厉以礼，则外不相侵，内不相陵。

《大戴礼记·朝事》

视人之国，若视其国。……是故诸侯相爱，则不野战。

《墨子·兼爱中》

先王耀德不观兵。夫兵戢而时动，动则威，观则玩，玩则无震。

《国语·周语上·祭公谏穆王征犬戎》

战胜大国，武也。杀无道而立有道，仁也。胜无后害，智也。

《国语·晋语三·秦侵晋止惠公于秦》

其名又有五：一曰义兵，二曰强兵，三曰刚兵，四曰暴兵，五曰逆兵。禁暴乱曰义，恃众以伐曰强，因怒兴师曰刚，弃礼贪利曰暴，乱人疲，举事动众曰逆。

《吴子·图国》

是故杀人安人，杀之可也；攻其国，爱其民，攻之可也；以战止战，虽战可也。

故国虽大，好战必亡；天下虽安，忘战必危。

《司马法·仁本》

兵者，以武为植，以文为种；武为表，文为里。

《尉缭子·兵令上》

兵苟义，攻伐亦可，救守亦可；兵不义，攻伐不可，救守不可。

《吕氏春秋·孟秋纪·禁塞》

古圣王有义兵而无有偃兵。兵之所自来者上矣，与始有民俱。

争斗之所自来者久矣，不可禁，不可止。故古之贤王有义兵而无有偃兵。

夫兵不可偃也，譬之若水火然，善用之则为福，不能用之则为祸。

《吕氏春秋·孟秋纪·荡兵》

凡兵之用也，用于利，用于义。攻乱则脆，脆则攻者利；攻乱则义，义则攻者荣。

名实不得，国虽强大者，曷为攻矣？

《吕氏春秋·有始览·应同》

凡兵之用也，用于利，用于义。攻乱则服，服则攻者利；攻乱则义，义则攻者荣。

《吕氏春秋·恃君览·召类》

7. 国际规范与秩序

使天下两天子，天下不可理也；一国而两君，一国不可理也；一家而两父，一家不可理也。

《管子·霸言》

夫明虖天下之所以乱者，生于无政长，是故选天下之贤可者，立以为天子。

《墨子·尚同上》

分均则不偏，势齐则不壹，众齐则不使。有天有地而上下有差；明王始立而处国有制。

《荀子·王制》

离居不相待则穷，群而无分则争；穷者患也，争者祸也，救患除祸，则莫若明分使群矣。

人之生，不能无群，群而无分则争，争则乱，乱则穷矣。故无分者，人之大害也；有分者，天下之本利也；而人君者，所以管分之枢要也。

《荀子·富国》

权钧则不能相使，势等则不能相并，治乱齐则不能相正。

分已定，人虽鄙不争。故治天下及国，在乎定分而已矣。

《吕氏春秋·审分览·慎势》

8. 国际战略

强国众，合强以攻弱，以图霸。强国少，合小以攻大，以图王。强国众,而言王势者,愚人之智也;强国少,而施霸道者,败事之谋也。

强国众,先举者危,后举者利。强国少,先举者王,后举者亡。战国众,后举可以霸;战国少,先举可以王。

《管子·霸言》

拘之以利,结之以信,示之以武。

《国语·齐语·桓公霸诸侯》

邻之厚,君之薄也。

《左传·僖公三十年·烛之武退秦师》

用兵而喜先天下者忧,约结而喜主怨者孤。夫后起者藉也,而远怨者时也。

且夫强大之祸,常以王人为意也;夫弱小之殃,常以谋人为利也。是以大国危小国灭也。

大国之计,莫若后起而重伐不义。

《战国策·齐策五·苏秦说齐闵王》

夫不忧百里之患而重千里之外,计无过于此者。

《战国策·燕策一·苏秦将为从北说燕文侯》

河山之险,信不足保也;是伯王之业,不从此也。

《战国策·魏策一·魏武侯与诸大夫浮于西河》

故文王行仁义而王天下,偃王行仁义而丧其国,是仁义用于古而不用于今也。故曰:世异则事异。

上古竞于道德,中世逐于智谋,当今争于气力。

《韩非子·五蠹》

9. 战略信誉与结盟

故大国以下小国,则取小国;小国以下大国,则取大国。

《老子·第六十一章》

政令已陈，虽睹利败，不欺其民；约结已定，虽睹利败，不欺其与。如是，则兵劲城固，敌国畏之；国一綦明，与国信之；虽在僻陋之国，威动天下，五伯是也。

《荀子·王霸》

夫盟，信之要也。

《国语·鲁语下·子服惠伯从季平子如晋》

信不由中，质无益也。

《左传·隐公三年·周郑交质》

叛而不讨，何以示威？服而不柔，何以示怀？非威非怀，何以示德？无德，何以主盟？

《左传·文公七年·晋郤缺言归卫地》

信以行义，义以成命，小国所望而怀也。信不可知，义无所立，四方诸侯，其谁不解体？

《左传·成公八年·晋侯使韩穿来言汶阳之田》

敌利则进，何盟之有？

《左传·成公十五年·子囊申叔时论背约》

且夫为从者，无以异于驱群羊而攻猛虎也。夫虎之与羊，不格明矣。

《战国策·楚策一·张仪为秦破从连横说楚王》

凡人主必信。信而又信，谁人不亲？

信于仇贼，又况于非仇贼者乎？

《吕氏春秋·离俗览·贵信》

参考文献

中文著作：

安国政、郭崇立、杨振武主编：《世界知识大辞典》（修订版），世界知识出版社1998年版。

〔英〕巴里·布赞：《人、国家与恐惧——后冷战时代的国际安全研究议程》，闫健、李剑译，中央编译出版社2009年版。

〔英〕巴里·布赞：《世界历史中的国际体系》，刘德斌译，高等教育出版社2004年版。

方连庆、王炳元、刘金质主编：《国际关系史（战后卷）》，北京大学出版社2006年版。

〔美〕弗兰西斯·福山：《历史的终结及最后之人》，黄胜强、许铭原译，中国社会科学出版社2003年版。

〔英〕G. R. 波特编：《新编剑桥世界近代史》第1卷，中国社会科学院世界历史研究所组译，中国社会科学出版社1999年版。

《古代汉语词典》编写组编：《古代汉语词典》，商务印书馆2001年版。

顾德融、朱顺龙：《春秋史》，上海人民出版社2001年版。

广东来注译：《老子》，山西古籍出版社2003年版。

郭树勇主编：《国际关系：呼唤中国理论》，天津人民出版社2005年版。

〔荷〕H. 克拉勃：《近代国家观念》，王检译，商务印书馆1957年版。

洪亮吉撰，李解民点校：《春秋左传诂》，中华书局1987年版。

何茂春：《中国外交通史》，中国社会科学出版社1996年版。

黄受安、段福德等编著：《中国古代九大思想学派集要》，解放军出版院2002年版。

黄硕风：《综合国力新论——兼论新中国综合国力》，中国社会科学出版社1999年版。

《国语·战国策》，岳麓书社1988年版。

〔美〕杰克·斯奈德：《帝国的迷思：国内政治与对外扩张》，于铁军译，北京大学出版社2007年版。

李少军主编：《国际战略报告》，中国社会科学出版社2005年版。

李铁城：《联合国的历程》，北京语言学院出版社1993年版。

李玉洁：《先秦诸子思想研究》，中州古籍出版社2000年版。

刘德斌主编：《国际关系史》，高等教育出版社2003年版。

刘华秋主编：《军备控制与裁军手册》，国防工业出版社2000年版。

林品石注译：《吕氏春秋今注今译》，台湾商务印书馆1985年版。

〔美〕罗伯特·阿特：《美国大战略》，郭树勇译，北京大学出版社2005年版。

〔美〕罗伯特·吉尔平：《世界政治中的战争与变革》，武军等译，中国人民大学出版社1994年版。

〔清〕马骕：《左传事纬》，徐连城点校，齐鲁书社1992年版。

〔美〕麦戈雷格·诺克斯、〔英〕埃尔文·伯恩斯坦编：《缔造战略：统治者、国家与战争》，时殷弘等译，世界知识出版社2004年版。

〔英〕H. J. 麦金德：《民主的理想与现实》，武源译，商务印书馆1965年版。

《毛泽东选集》，人民出版社1991年版。

缪文远：《战国策考辨》，中华书局1984年版。

倪世雄等：《当代西方国际关系理论》，复旦大学出版社2001年版。

盛广智：《管子译注》，吉林文献出版社1998年版。

《世界知识年鉴1991—1992》，世界知识出版社1992年版。

《世界知识年鉴1992—1993》，世界知识出版社1992年版。

斯德哥尔摩国际和平研究所：《SIPRI年鉴2003：军备·裁军和国际安全》，中国军控与裁军协会译，世界知识出版社2004年版。

孙学峰：《中国崛起困境》，社会科学文献出版社2013年版。

〔挪〕托布约尔·克努成：《国际关系理论史导论》，余万里、何宗强译，天津人民出版社2005年版。

王常则译注：《孟子》，山西古籍出版社2003年版。

王天海校译：《荀子校译》，上海古籍出版社2005年版。

王日华：《历史主义与国际关系理论：先秦中国体系研究》，广东人民出版社2013年版。

王绳祖主编：《国际关系史》，世界知识出版社1995年版。

王震中：《中国古代国家的起源与王权的形成》，中国社会科学出版社2013年版。

文正仁：《中国崛起大战略——与中国知识精英的深层对话》，李春福译，世界知识出版社2011年版。

吴光华主编：《现代英汉综合大辞典》，上海科学技术文献出版社1990年版。

〔唐〕吴兢：《贞观政要》，葛景春、张弦生注译，中国古籍出版社2008年版。

阎学通：《国际政治与中国》，北京大学出版社2005年版。

阎学通：《历史的惯性：未来十年的中国与世界》，中信出版社2013年版。

阎学通：《中国国家利益分析》，天津人民出版社1996年版。

阎学通、徐进等：《王霸天下思想及启迪》，世界知识出版社2009年版。

阎学通、杨原：《国际关系分析》（第二版），北京大学出版社2013年版。

杨宽：《西周史》，上海人民出版社2003年版。

杨宽：《战国史》，上海人民出版社2003年版。

杨晓明主编：《四书五经》，巴蜀书社1996年版。

叶自成：《春秋时期的中国外交思想》，香港社会科学出版社有限公司2003年版。

〔美〕伊万·迪内夫·伊万诺夫：《转型中的北约——新联盟、新任务和新能力》，赵文亮译，世界知识出版社2013年版。

〔美〕约瑟夫·奈：《软力量——世界政坛成功之道》，吴晓辉、钱程译，东方出版社2005年版。

〔美〕约瑟夫·奈：《硬权力与软权力》，门洪华译，北京大学出版社2005年版。

〔美〕詹姆斯·麦格雷戈·伯恩斯：《领袖论》，刘李胜、郑明哲、陆震纶译，中国社会科学出版社1996年版。

张觉译注：《韩非子全译》，贵州人民出版社1992年版。

张蕴岭、邵滨鸿主编：《中国发展战略机遇期的国际环境》，社会科学文献出版社2014年版。

中国社会科学院语言研究所词典编辑室编：《现代汉语词典》，商务出版社1996年版。

中华人民共和国国务院新闻办公室：《中国的和平发展》，人民出版社2011年版。

朱立群等：《中国与国际体系进程与实践》，世界知识出版社2012年版。

〔美〕兹比格涅夫·布热津斯基：《大抉择：美国站在十字路口》，王振西译，新华出版社2005年版。

中文文章：

《阿报文章：2011年：世界处在十字路口》，新华网，2011年1月22日，http://news.xinhuanet.com/world/2011-01/22/c_121009347.htm。

陈克勤：《〈穆斯林的无知〉风波的背后》，《光明日报》2012年9月22日。

陈明本、刘波：《中学政治常识在高考历史中的应用》，《历史教学》1998年第11期。

陈启懋：《国际体系的中国国际定位的历史性变化》，载徐敦信主编：《世界大势与和谐世界》，世界知识出版社2007年版。

陈雨松：《2013年中国贸易摩擦形势严峻 中国积极参与WTO争端解决机制》，http://www.legaldaily.com.cn/bm/content/2014-01/07/content_5179297.htm?node=20738。

陈玉刚：《试论全球化背景下中国软实力的构建》，《国际观察》2007年第2期。

〔英〕E.E.里奇：《全欧洲关心扩张》，载〔英〕G.R.波特编：《新编剑桥世界近代史》第1卷，中国社会科学院世界历史研究所组译，中国社会科学出版社1999年版。

俄罗斯战略形势评估课题组：《俄罗斯强势崛起述评》，《现代国际关系》2009年第2期。

恩格斯：《家庭、私有制和国家的起源》，载《马克思恩格斯文集》第4卷，人民出版社2009年版。

冯昭奎：《争取实现和谐世界之策——也谈韬光养晦，有所作为》，《世界知识》2005年第20期。

高飞：《强软实力建设——提升中国的国际影响力》，《当代世界》2012年第4期。

龚洪培：《马克思主义若干理论问题在高考中的运用（二）经济基础与上层建筑》，《中学历史教学研究》1996年第3期。

何天天：《尹卓：军事集团化有冷战思维 结盟不符合中俄利益》，凤凰网，2014年5月19日，http://news.ifeng.com/a/20140519/40363851_0.shtml。

何曜：《当代国际体系与中国的战略选择》，载上海社会科学院世界经济与政治研究所编：《国际环境与中国的和平发展》，时事出版社2006年。

侯涧平：《经济基础和上层建筑理论的运用和迁移》，《中学历史教学研究》1997年第3期。

黄朴民：《先秦诸子军事思想异同初探》，《历史研究》1996年第5期。

〔英〕J.H.帕里：《欧洲以外地区殖民地的扩张和国际的抗衡》，载〔英〕R.B.沃纳姆编：《新编剑桥世界近代史》第3卷，中国社会科学院世界历史研究所组译，中国社会科学出版社1999年版。

金灿荣：《从"中国威胁论"到"中国责任论"，中国如何应对》，新华网，2010年8月23日，13：39，http://finance.qq.com/a/20100823/004394.htm。

《就朝鲜宣布进行第二次核试验，中国外交部发表声明》，《人民日报》2009年5月26日。

李恒杰：《论邓小平韬光养晦的外交战略思想》，《国际关系学院学报》2008年第3期。

李克强：《政府工作报告》，载《十八大以来重要文献选编》上册，中央文献出版社2014年版。

李勇等：《美众院授权起诉奥巴马》，《环球时报》2014年8月1日。

《李显龙：中国不知道别国眼中自己多强大》，观察者网站，2012年9月3日，http://www.guancha.cn/Neighbors/2012_09_03_94989.shtml。

刘鸣等：《转型中的国际体系：中国与各主要力量的关系》，《国际问题研究》2008年第4期。

林丰民：《〈查理周刊〉事件及其诱因》，《学习时报》2015年1月12日。

林利民：《G20崛起是国际体系转型的起点》，《现代国际关系》2009年第11期。

鲁鹏：《建设中国国际关系理论四种途径的分析与评价》，《世界政治与经济》2006年第6期。

陆洋：《非洲拿什么拯救自己》，http：//news. xinhuanet. com/world/2005-07/22/content_ 3252643. htm。

吕及基：《"北京共识"VS"华盛顿共识"》，《东北大学学报（社会科学版）》2006年第1期。

门洪华：《中国软实力评估报告》，《国际观察》2007年第2期。

裴远颖：《美印核合作玄机》，http：//theory. people. com. cn/GB/49150/49152/4193314. html。

秦亚青：《国际体系转型以及中国战略机遇期的延续》，《现代国际关系》2009年第4期。

清华大学当代国际关系研究院中国外交改革课题组：《打造中国外交改革创新的机制》，《国际政治科学》2014年第4期。

裘援平：《关于中国国际战略研究的若干看法》，《中国国际战略评论2009》，世界知识出版社2009年版。

曲星：《坚持韬光养晦、有所作为的外交战略》，《中国人民大学学报》2001年第5期。

孙学峰：《东亚准无政府体系与中国的东亚安全政策》，《外交评论》2011年第6期。

孙学峰：《战略选择与大国崛起成败》，载阎学通、孙学峰：《中国崛起及其战略》，北京大学出版社2005年版。

唐彦林：《奥巴马政府"巧实力"外交政策评析》，《当代亚太》2010年第1期。

唐永胜、李冬伟：《国际体系变迁与中国国家安全战略筹划》，《世界经济与政治》2014年第12期。

王红续：《新中国外交的价值取向与战略抉择》，《国际关系学院学报》2011年第6期。

王欢：《菅直人将公布新外交政策 称与中国建立战略互惠关系》，环球网，2011年1月17日，http：//world. huanqiu. com/roll/2011-01/1433322. html。

王伦：《谈"政治常识"的高考复习》，《考试》1997年第3期。

王在邦：《论创造性坚持韬光养晦、有所作为》，《现代国际关系》2010年庆典特刊。

《为我国发展争取良好周边环境，推动我国发展更多惠及周边国家》，《人民日报》2013年10月26日。

温德义：《美国初始的导弹防御能力与影响》，载中国军控与裁军协会编：《2005：国际军备控制与裁军报告》，世界知识出版社2005年版。

乌元春：《联合国大会连续22年谴责美国对古巴禁运》，环球网，2013年10月30日，http：//world. huanqiu. com/exclusive/2013-10/4509035. html。

吴旭：《中国应放弃不结盟政策》，《中国新闻周刊》2012年1月10日。

《习近平：承前启后继往开来 继续朝着中华民族伟大复兴目标奋勇前进》，中国共产党新闻网，2012年11月30日，http：//cpc. people. com. cn/n/2012/1130/c64094-19746089. html。

《习近平会见联合国大会主席》，《人民日报》2012年12月28日。

《习近平接受拉美四国媒体联合采访》，《人民日报》2014年7月15日。

《习近平同外国专家代表座谈时强调：中国是合作共赢倡导者践行者》，《人民日报》2012年12月6日。

习近平：《为我国发展争取良好周边环境 推动我国发展更多惠及周边国家》，《人民日报》2013年10月26日。

习近平：《携手合作共同维护世界和平与安全》，《外交》（英文季刊）2012年第3期。

《习近平在APEC工商领导人峰会发表主旨演讲（全文）》，人民网，2014年11月9日，http：//finance. sina. com. cn/world/gjjj/20141109/102620769480. shtml。

《习近平在中共中央政治局第十八次集体学习时强调，牢记历史经验历史教训历史警示，为国家治理能力现代化提供有益借鉴》，人民网，2014年10月13日，http：//politics. people. com. cn/n/2014/1013/c1024-25825659. html。

夏晓阳：《美国亚太再平衡战略面临考验》，http：//news. xinhuanet. com/world/2014-04/06/c_ 126361431. htm。

谢旭人：《发展互利共赢的中美经济合作关系》，中华人民共和国商务部网站，http：//www. mof. gov. cn/zhengwuxinxi/caizhengxinwen/201005/t20100523_ 319021. html。

熊欣、李木子：《全球经济决策权力中心转移不可避免》，和讯网，2010年9月8日，http：//news. hexun. com/2010-09-08/124834325. html。

《阎学通对话米尔斯海默：中国能否和平崛起?》，《凤凰大学问》2013 年 11 月 29 日，http：//news. ifeng. com/exclusive/lecture/special/yanxuetong/#pageTop。

阎学通：《道义现实主义的国际关系理论》，《国际问题研究》2014 年第 5 期。

阎学通：《国际关系理论是普世性的》，《世界经济与政治》2006 年第 2 期。

阎学通：《伦敦奥运暴露中国崛起困境》，《环球时报》2012 年 8 月 14 日。

阎学通：《西方人看中国的崛起》，《现代国际关系》1996 年第 9 期。

阎学通：《"一超多强"开始向"两超多强"演变》，《环球时报》2011 年 12 月 30 日。

阎学通、徐进：《中美软实力比较》，《现代国际关系》2008 年第 1 期。

《要把中美关系塑造成 21 世纪新型大国关系》，国际在线，2012 年 2 月 16 日，http：//news. cntv. cn/china/20120216/106551. shtml。

杨成绪：《中国与国际体系》，载徐敦信主编：《世界大势与中国和平发展》，世界知识出版社 2006 年版。

杨讴等：《东盟外长发表声明对南海紧张局势"严重关切"》，环球网，2014 年 8 月 11 日，http：//world. huanqiu. com/exclusive/2014-08/5101218. html。

杨先侠：《基于时事政治的高中政治教学研究》，《考试周刊》2014 年第 77 期。

姚天冲、于天英：《"共同但有区别责任"刍议》，《社会科学辑刊》2011 年第 1 期。

《在首都各界纪念现行宪法公布施行 30 周年大会上的讲话》，《人民日报》2012 年 12 月 5 日。

张伯里：《论综合国力》，《世界政治与经济》1989 年第 12 期。

张博文：《中国会放弃不结盟政策吗?》，《国际展望》2000 年第 10 期。

张光政：《俄罗斯放弃在加里宁格勒部署导弹》，《人民日报》2009 年 9 月 20 日。

张露：《中西正义战争的思想比较》，《现代国际关系》2005 年第 4 期。

张宇燕：《战略机遇期：外生与内生》，《世界经济与政治》2014 年第 1 期。

赵广成、付瑞红：《国际体系的结构性变化析论》，《现代国际关系》2011 年第 8 期。

赵嘉麟：《俄暂停在加里宁格勒州部署短程导弹》，新华网，2009 年 1 月 28 日，http：//news. sina. com. cn/w/2009-01-28/171417118397. shtml。

赵可金、彭萍萍：《中国文化软实力面临的困境及其解决路径》，《当代世界与社会主义》2012 年第 3 期。

赵丕：《关于新军事变革若干问题的战略思考》，《战略研究》2013 年第 2 期。

《中共中央决定对周永康严重违纪问题立案审查》，《人民日报》2014 年 7 月 30 日。

《中共中央决定给予徐才厚开除党籍处分》，央视网，2014 年 6 月 30 日，http：//news. cntv. cn/2014/06/30/VIDE1404127450408608. shtml。

《中国 GDP 超过日本有何意义》，中国新闻网，2011 年 2 月 15 日，http：//www. chinanews. com/cj/2011/02-15/2843005. shtml。

《中国外长不认同"世界权力重心东移论"》，中国新闻网，2010 年 7 月 31 日，http：//www. chinanews. com/gn/2010/07-31/2438006. shtml。

朱锋：《俄格冲突的国际政治解读》，《现代国际关系》2008 年第 11 期。

朱镕基：《政府工作报告》，载《十六大以来重要文献选编》上册，北京：中央文献出版社 2005 年版。

朱小龙：《第 16 届不结盟运动首脑会议开幕》，新华网，2012 年 8 月 30 日，http://news. xinhuanet. com/2012-08/30/c_ 112908319. htm。

朱中博：《中国古代国际政治思想资源——评〈中国先秦国家间政治思想选读〉》，爱思想网站，http：//www. aisixiang. com/data/30513. html。

英文著作：

Buzan, Barry and Richard Little, *International Systems in World History：Remaking the Study of International Relations*, Oxford：Oxford University Press, 2000.

Cosmo, Nicola Di, *Ancient China and Its Enemies：The Rise of Nomadic Power in East Asian History*, Cambridge：Cambridge University Press, 2002.

Dougherty, James E. and Robert L. Pfaltzgraff, Jr., *Contending Theories of International Relations：A Comprehensive Survey*, New York：Addison Wesley Longman, Inc., 2001.

Genest, Marc A., *Conflict and Cooperation：Evolving Theories of International Relations*, 北京大学出版社 2003 年影印版.

Gilpin, Robert, *War and Change in World Politics*, 北京大学出版社 2003 年影印版.

Holsti, K. J., *International Politics：A Framework for Analysis*, Seventh Edition, Englewood Cliffs：Prentice Hall Inc., 1995.

Jackson, Robert H. and Carl G. Rosberg, *Personal Rule in Black Africa：Prince, Autocrat,*

Prophet, *Tyrant*, Berkeley: University of California Press.

Kennedy, Paul, *The Rise and Fall of the Great Powers*, New York: Random House, 1987。

Keohane, Robert O. and Joseph S. Nye, Jr., *Power and Interdependence*, 3rd Edition, 北京大学出版社 2004 年影印版.

Kissinger, Henry, *On China*, New York: Penguin Press, 2011.

Leonard, Mark, *What Does China Think?* London: Fourth Estate, 2008.

Lippman, Walter, *U. S. Foreign Policy: Shield of the Republic*, Boston: Mass., 1943.

Mandelbaum, Michael, *The Ideas that Conquered the World: Peace, Democracy, and Free Markets in the Twenty-first Century*, New York: Public Affairs, 2002.

McDermott, Rose, *Political Psychology in International Relations*, The University of Michigan Press, 2004.

Mearsheimer, John J., *The Tragedy of Great Power Politics*, New York: W. W. Norton & Compan, 2001.

Morgenthau, Hans J., *Politics Among Nations: The Struggle for Power and Peace*, 北京大学出版社 2004 年影印版.

Nye, Joseph S., Jr., *Bound to Lead: The Changing Nature of American Power*, New York: Basic Books, 1990.

Organski, A. F. K., *World Politics*, New York: Alfred A. Knopf, 1958.

Post, Jerold M., *Leaders and Their Followers in Dangerous World: The Psychology of Political Behavior*, Ithaca and London: Cornell University Press, 2004.

Post, Jerold M., ed., *The Psychological Assessment of Political Leaders with Profiles of Saddam Hussein and Bill Clinton*, Ann Arbor: The University of Michigan Press, 2003.

Powell, Robert, *In the Shadow of Power:? States and Strategies in International Politics*, Princeton, N. J.: Princeton University Press, 1999.

Schweller, Randall L., *Deadly Imbalances: Tripolarity and Hitler's Strategy of World Conquest*, New York: Columbia University Press, 1998.

Stavrianos, L. S., *The World Since 1500: A Global History*, London: Prentice-Hall International, INC, 1966.

Steinberg, James and Michael E. O'Hanlon, *Strategic Reassurance and Resolve: U. S. -Chi-*

na Relations in the Twenty-First Century, Princeton: Princeton University Press, 2014.

Waltz, Kenneth N., *Theory of International Politics*, Mass.: Addison-Wesley Publishing Company, 1979.

Webster's New Collegiate Dictionary, Massachusetts: G. & C. Merriam Company, 1977.

Wendt, Alexander, *Social Theory of International Politics*, Cambridge: Cambridge University Press, 1999.

Williams, Phil, Donald M. Goldstein and Jay M. Sharfritz, eds., *Classic Readings of International Relations*, Second Edition, 北京大学出版社 2003 年影印版。

Yan, Xuetong, ed., *Ancient Chinese Thought, Modern Chinese Power*, Princeton: Princeton University Press, 2011.

英文文章：

Amos, Deborah, "Arab Leaders Feel U. S. Abandoned Egypt's Mubarak," *NPR*, February 9, 2011.

"Angry Geithner Once Warned S&P about US Downgrade: Filing," *Business News*, January 22, 2014.

Armitage, Richard L. and Joseph S. Nye, Jr., "Commission on Smart Power: A Smarter, More Secure America," Washington, D. C.: Report for Center for Strategic and International Studies, 2007, http://www.csis.org/media/csis/pubs/071106_csissmartpowerreport.pdf.

Brudzinsika, Kinga and Maya Rostowska, "North American's New Tread Deals: From NAFTA to TPP and TTIP," *PISM Bulletin*, No. 22 (617), February 18, 2014.

"China Ships in Disputed Waters: Japan Coast Guard," *Press TV*, August 2, 2013.

Clark, Ian, "Towards an English School Theory of Hegemony," *European Journal of International Relations*, Vol. 15, No. 2, June 2009.

Cohn, Marjorie, "Iraq: A War of Aggression. No WMDs, No Connection to Al Qaeda," *Global Research*, March 19, 2013.

Cunningham-Cross, Linsay and William A. Gllahan, "Ancient Chinese Power, Modern Chinese Thought," *The Chinese Journal of International Politics*, Vol. 4, No. 4, Winter 2011.

Englund, Will, "Kremlin Says Crimea Is Now Officially Part of Russia after Treaty Signing, Putin Speech," *The Washington Post*, March 18, 2014.

Eric Koo Peng Kuan, "The US as Benevolent Hegemon," *Asia Times*, Sep. 23, 2004.

Finnemore, Martha, "Constructing Norms of Humanitarian Intervention", *The Culture of National Security: Norms and Identity in World Politics*, ed. by Peter J. Katzenstein, Columbia University Press, 1996.

Finnemore, Martha and Kathryn Sikkinnk, "International Norms Dynamics and Political Change," *International Organization*, Vol. 52, No. 4, Autumn 1998.

He, Kai, "A Realist Ideal Pursuit," *The Chinese Journal of International Politics*, Vol. 5, No. 2, Summer 2012.

Ikenbery, G. John and Charles A. Kupchan, "Socialization and Hegemonic Power," *International Organization*, Vol. 44, No. 3, 1990.

Jepperson, Ronald L., Alexander Wendt and Katzenstein, Peter J., "Norms, Identity, and Culture in National Security", The Culture of National Security: Norms and Identity in World Politics, ed. by Peter J. Katzenstein, Columbia University Press, 1996.

Kagan, Robert, "The Benevolent Empire," *Foreign Policy*, No. 111, Summer 1998.

Keinon, Herb, "Israeli Critics Open Up on US 'Abandonment of Mubarak," *The Jerusalem Post*, January 31, 2011.

Khanna, Tarun, "Japan Ready to Confront China, Says PM Shinzo Abe," *Zee News*, October 26, 2013.

Krasner, Stephen D., "Structural Causes and Regime Consequences: Regimes as Intervening Variables," *International Regimes*, edited by Stephen D. Krasner, Ithaca and London: Cornell University Press, 1983.

Lindsay, James M., et al, "By Focusing Now, Clinton Can Renegotiate ABM Treaty", *Los Angeles Times*, April 2, 2000.

Modelski, George and William R. Thompson, "Long Cycles and Global War", in Manus I. Midlarsky, ed., *Handbook of War Studies*, Boston: Unwin Hyman, 1989.

Nossel, Sussane, "Smart Power," *Foreign Affairs*, March/April, 2004.

Paltiel, Jeremy T., "Constructing Golobal Order with Chinese Characteristics: Yan Xuetong and the Pre-Qin Response to International Anarchy," *The Chinese Journal of International Politics*, Vol. 4, No. 4, Winter 2011.

Sweetman, Bill, "Japan Increases Defense Spending," *Aviationweek*, December 17, 2013.

Takashi, Oshima, "U. S. Expresses Disappointment at Abe Visit to Yasukuni Shrine," *The Asahi Shimbun*, December 27, 2013.

Tata, Samir, "Japan's Quest For A New Normal – Analysis," *Eurasia Review*, May 6, 2013.

The White House, "U. S. Withdrawal From the ABM Treaty: President Bush's Remarks and U. S. Diplomatic Notes," *Arms Control Association*, https://www.armscontrol.org/act/2002_01-02/docjanfeb02.

"US Lifts India and Pakistan Sanctions", BBC News, September 23, 2001, http://news.bbc.co.uk/2/hi/americas/1558860.stm.

VandeHei, Jim, and Dafna Linzer, "U. S., India Reach Deal On Nuclear Cooperation", *The Washington Post*, Friday, March 3, 2006.

Wang, Yi, "Exploring the Path of Major-Country Diplomacy with Chinese Characteristics," *Foreign Affairs Journal*, the 109th Issue, Autumn 2013.

Yan, Xuetong, "From Keeping a Low Profile to Striving for Achievement," *The Chinese Journal of International Politics*, Vol. 7, No. 2, Summer 2014.

Yan, Xuetong, "International Leadership and Norm Evolution," *The Chinese Journal of International Relations*, Vol. 4, No. 3, Spring 2011.

Yan, Xuetong, "New Values for New International Norms," *China International Studies*, Vol. 38, No. 1, Jan./Feb. 2013.

Yan, Xuetong, "The Rise of China and Its Power Status," *The Chinese Journal of International Politics*, Vol. 1, No. 1, Summer 2006.

Yan, Xuetong, "The Shift of the World Center and its Impact on the Change of the International System," *East Asia*, Vol. 30, No. 3, Sep. 2013.

Zhang, Feng, "The Tsinghua Approach and the Inception of Chinese Theories of International Relations," *The Chinese Journal of International Politics*, Vol. 5, No. 1, Spring 2012.

Zhang, Yongjin and Buzan, Barry, "The Tributary System as International Society in Theory and Practice," *The Chinese Journal of International Politics*, Vo. 5, No. 1, Spring 2012.

索 引

A

阿富汗战争　60，61，231
阿加迪尔事件　58
阿拉伯国家联盟　94
"阿拉伯之春"　14，30，62，111
埃塞俄比亚-厄立特里亚战争　61
安德罗波夫　189
安理会常任理事国　111，139，154
安全合作理论　213
安全困境　17
奥巴马　29，46，52，62，71，223，225，226，231，234，235

B

巴沙尔　94
包天民　111，118，120
北大西洋公约组织　66
"北京共识"　217

北约　22，30，49—51，60，62，65，71，246
贝淡宁　121
比较分析法　134
《伯罗奔尼撒战争史》　109，168
不结盟政策　233，234
《不扩散核武器条约》（《核不扩散条约》）　14，37，42，50，62
布赞　74，109

C

常规性互动　43，44
常规原则　39—45，55—57，60，247
朝贡体系　74，124
朝鲜战争　60，230
陈轸　203，208
城邦国家　77
楚宣王　209
楚庄王　147，176，195

传统安全威胁 169，187

春申君 194，197

D

代理人战争 19，60，97

单边主义 188，201

单极格局 65，78，82，83，87，243，250

道德主义 4

等级规范 55，111，116，125，150，153，155，156，160，161，164，167，201，202，212

等级结构 110

等级体系 110，124，156

邓小平 73，212，224，227，246

地缘政治 64，198，199，228

帝国 22，52，76，77，79，189，240，247，248

第二次巴尔干战争 58

第二次世界大战 18，31，44，59，65，66，68，78，79，82，83，98，142，145，205，248，250

第16届不结盟运动峰会 234

第三次全国国际关系理论研讨会 104

第三世界 139

第一次巴尔干战争 58

第一次国际关系理论讨论会 104

第一次世界大战 6，18，31，39，44，57，58，64，82，85，123，247

杜鲁门 29

多尔蒂 107

多极格局 79，80，243，250

E

俄军入侵蒙古 58

二元论分析 115—117

F

法理主义 4

《凡尔赛和约》 31，58

凡尔赛-华盛顿体系 74，77—80

反法同盟体系 80，81

范雎 198，204

非常规性互动 44

非传统安全威胁 123，187，216

《非战公约》 59

分离主义 47，61

分析层次 103，113，114，130，156，158，238，242

芬尼莫尔 37，38

福山 166

G

G20 63，75，250

戈尔巴乔夫 82，189

个案分析法 134

个人分析层次理论 113

个体主义分析法 129

公共产品 126，127，226，229，246，247

公平原则 92，93，98，212

共同但有区别的责任 92，93，111

勾践 56, 147, 176, 236

古伯察 107

古吉拉尔 29

观念决定论 25, 115, 116, 132, 158, 160—162

"光荣孤立" 57

规范原则 40, 42—44, 46—51, 53—56, 59, 60, 236, 248

国际常规互动行为原则 40, 41

国际格局 21, 22, 30, 34, 62, 75—87, 100, 106, 233, 234, 241, 243—247, 249—251

国际规范 7, 15—18, 23, 31, 32, 34—41, 44, 45, 47—53, 56, 57, 59, 61, 62, 75, 78—88, 92, 93, 97—100, 106, 115, 121, 124, 125, 127, 133, 142, 146, 188, 190, 200, 212, 218, 228, 230, 231, 236, 241, 244, 246—252, 261

国际货币基金组织 110, 154

国际联盟 58, 82

《国际联盟盟约》 59

国际体系的构成要素 34

国际体系的转变 62, 73, 77—81, 84, 241, 250

国际维和 229

国际行为体 62, 75, 77, 79, 84, 85, 129, 135, 218, 249

国际政治心理学 210, 239

国际制度 238

国际秩序 16, 20, 23, 29, 30, 32—34, 82, 83, 95, 111, 114, 124, 125, 127, 130, 170, 171, 188, 200, 212, 215, 216, 218, 236

国家道义 114, 115

H

海部俊树 29

海上意外相遇规则 228

海湾战争 12, 14, 47, 60, 61, 245

韩非子 120, 123, 157—159, 161, 163—166, 168, 169, 172, 173, 175, 176, 179—182, 184, 186—188, 214, 216, 257, 259, 262

合纵 204, 206, 207, 212

和谐世界 78, 99, 227

贺凯 107, 114, 119, 126, 127

赫鲁晓夫 29, 189

泓水之战 44, 143

后发制人战略 208

胡服骑射 195, 196

华沙条约组织 60, 66

"华盛顿共识" 217

惠施 203

霍布斯文化 52, 132, 133, 248

J

基欧汉 152

基辛格 108

菅直人 28

建构主义 4, 16, 35, 38, 123, 132, 149, 189, 248, 249, 251

杰克逊 23
结构性矛盾 19, 20, 26, 27, 225, 253
金融危机 14, 17, 59, 123, 187, 216, 226, 234
金正恩 29
金砖国家 63
进取型领导 27, 30, 244
晋文公 56, 147, 176, 247
《禁止化学武器公约》 42
《京都议定书》 92, 236
经济决定论 25, 26, 210, 218, 241
经济相互依存 189
景舍 209
靖国神社 11
崛起困境 19, 20, 26, 70, 217, 232
军事封锁 47
君主国 76—79, 108

K

卡拉汉 120, 124
康德文化 52, 132, 133, 248
科索沃战争 61
克拉斯纳 41
克里米亚战争 66
克林顿 4, 13, 16, 29, 52, 62, 188, 189
克洛斯 120, 124
肯尼迪 148, 189, 239, 240
肯亚塔 29
孔子 42, 73, 107, 120, 157—163, 165—175, 178—181, 183—185, 214

恐怖主义 10, 96, 187, 216, 226, 228, 231
库普乾 38, 39, 46, 47
"跨大西洋贸易与投资伙伴关系协议"（TTIP） 17
"跨太平洋伙伴关系协议"（TTP） 17
葵丘之盟 55, 56

L

莱昂纳德 73
老子 26, 73, 120, 157—159, 161—167, 169—173, 175, 178—181, 185, 214, 258, 262
冷战思维 27, 235
李光耀 29
李明博 233
李显龙 70
理想主义 4, 89, 237
利特尔 74, 109
连横 193, 197—199, 206, 207, 212, 258, 263
联合国 11, 12, 18, 31, 47, 62, 82, 88, 91—94, 108, 110, 111, 139, 146, 154, 174, 229, 245, 246
《联合国气候变化框架公约》 92
《联合国宪章》 18, 31, 47, 75, 83, 87, 205
梁启超 73
两伊战争 61
领海基线 10
六方会谈 35

卢梭 213
鲁哀公 165
鲁仲连 196
罗斯伯格 23
罗斯福 146
洛克文化 52,132,133,248

M

马克思 109,241
麦金德 64
毛泽东 73,221
《美苏关于限制反弹道导弹系统条约》
（《ABM 条约》） 13,14,16,62
美西战争 57,58
《美英法意日五国限制海军军备条约》 58
孟子 87,89,94,107,108,116—118,
  120,121,150,156—163,165—175,
  177,179—181,184,185,214,236,
  246,254—258
米尔斯海默 4,6,7,18
民主体制 51,52
民族国家 5,19,76—79,83,108,
  109,128,237,250
明治维新 137
摩根索 3—9,107,118,134,150
《莫斯科议定书》 59
莫卧儿帝国 79,221
墨子 120,157—159,161,163—167,
  169,171—173,175,176,179—181,
  184,185,214,247,258—261
穆巴拉克 14,90

《穆斯林的无知》 96

N

奈 152
南奥塞梯问题 50
内因决定论 132,133

O

欧盟东扩 65
欧元区 65

P

潘恩 6
平等原则 92,111,212
朴槿惠 233
普法尔茨格拉夫 107
普京 27,29,50,235
普世道义 114

Q

齐桓公 131,147,176,178,195,196
齐闵王 202,205,208,262
气候变化 92,187,226,228
巧实力 234
秦惠王 193,198,200,201,206—208
秦穆公 195
秦武王 201,203
秦昭王 173,198,204
清华学派 107
丘吉尔 66
裘援平 104

权力转移　33，34，62，72，73，105，183—186，188，189，240—242

权威　7，12—15，32，134，143—146，156，172—175，179，187，188，220

全面分析　133，134，185

犬戎　54，55，260

R

穰侯　205

人才战略　220，221

人道主义　37，51，95

仁慈的霸权　88，90

仁政　89，116，160，179，181，184

日俄战争　57，58

儒家文化圈　67

软实力　21，73，85，98，99，136，210，211

S

萨达姆　12，61

三十年战争　78

商汤　53，122，134，135，145，176，177，184，194

商鞅　107

商纣　53，122，134，135

实力要素　8，9，21，106，180，192—194，241

世界和平论坛　91，97，246

世界贸易组织　17，154

世界权力中心转移　20，23，63，64，68—73，83，84，86，97，105，106，211

守成型领导　26，28，30，244

双重标准　32，33，40，42，43，47，49—51，53—56，59，61，62，90，121，236，248，250

舜　142，176，178，181，184，193—195

司马错　180，191，193，200，201，219，256

斯大林　189，221

斯德哥尔摩会议　92

斯奈德　36

宋襄公　44，143，195

苏代　196，197，208

苏秦　48，192—194，197，198，202，204—206，208，211，257，258，262

索马里战争　61

汤普森　4

T

韬光养晦　106，227，246，251，253

"铁幕"　66

W

王道　85，88—91，132，136，145，237，251，252，254

王斗　196

王日华　108，118

王制　42，43，89，90，113，115，116，118，120，128，132，133，137，139，145，147，148，153，157，164，167，170，171，177，180，216，222，243，

246，256，258，259，261

王钟 194

威尔逊 6，39，58

《威斯特伐利亚和约》 77，79，108

威斯特伐利亚体系 74，78，80

"为了"型 36，37

维也纳体系 74，77，78，80，81，249

魏襄王 199

温特 52，74，118，132，133

文正仁 73

沃尔兹 17，74，110，113，118，133

乌克兰危机 61，62，70，225，231

无为型领导 26，243

无政府体系 19，110，118

无政府性 42，110，156，212

吴起 195

吴王阖闾 147，176

五服体系 74，129，154—156，236

伍子胥 131，132

物质和观念的二元论 161

物质决定论 115，132，158，160，161

物质主义 161

X

郤缺 22，49，233，263

夏桀 51，122，134，135，184，195

先发制人战略 41，79，208

现实主义六原则 150

小布什 10，13，16，21，37，46，52，62，146，188，189，201

效仿 32，37，45，46，48，51，58，72，91，99，217，218，249

辛格 74

新型大国关系 97

行为原则 35—37，39—47，50，51，56，58，59，61，248，249

性善论 116，117，165

修昔底德 109，168

徐进 73，105，115，116

荀子 12，15，16，18，42，43，48，60，74，89，90，96，113—118，120—122，127—161，163—175，177—181，184，185，190，214，216，218，222，243，246，255，256，258，259，261，263

Y

雅尔塔体系 74，77—79，83

亚当斯 6

亚太再平衡 71，225，231

"亚洲四小龙" 63，70

严格分析 133，134

燕哙王 196，197

杨洁篪 64

杨倩如 108，112

样板作用 6，46，48，115，190，249

尧 178，181，182，193—195

叶利钦 49

伊肯伯里 38，46，47

伊拉克战争 14，21，37，61，62，94，231

以色列入侵黎巴嫩战争 61

意土战争 58
因变量 40，129，133
"因为"型 36
印巴战争 61
印度核试验 13
英布战争 58
宇野宗佑 29
禹 49，134，135，137，141，142，176，181，184，193—195
远交近攻 204
约翰逊 37
越柬战争 61
越南战争 37，60

Z

长子继承制 54
曾国藩 73
战略信誉 12—14，22，23，29—34，121，226，244，262
张伯伦 29
张锋 105，117
张仪 193，194，198—201，206，207，263
赵武灵王 195，196
争霸战略 203，212
争斗型领导 27，28，30，244
整体主义分析法 129
政治决定论 21，25，34，119，137，179，190，214，251
政治实力 20—22，30，106，107，119，120，136—139，142，180—183，185，192—197，210，211，214，220，222，255
知识经济 97，123，137，216
制度主义 132，149，152
中东战争 61
中国学派 104，105，107
中印边境战争 61
中越军事冲突 61
种族隔离 94，95
周公 131，134
周天子 74，108，200，202
周武王 53，122，134，145，176，177，184，194
诸侯国 48，53—55，74，76—78，90，108，110，128，135，143—145，148，173，174，176，200—203
猪湾战争 60
烛之武 119，262
主权国家 75，84，108，218
资源性实力 9，21，194，198，210
自变量 3，23，40，81，116，125，129，130，133，134，160，183，238，239，242—244
自由主义 4，84，123，238
综合国力 21，22，26，68，70，72，119，136，180，192，193，196，210，219，220，227，235，240—242，246，252
《左传》 49，119
坐山观虎斗战略 209